白石壽文・権藤順子　編著

小学校作文の鑑賞

―文集が誘う個性と文種―

はじめに

〜「まず編んでみよう（文集の五つの勘違い）」〜

文集を今までに編まれた方も編んだことがない方も「文集」は、「学年末に児童全員の作品を成長の軌跡として綴る一大イベント」という大きな思い込みと抵抗感があるのではないでしょうか。

「文集」に負担感が拭えないのは五つの勘違いがあるからだと思います。

まず、その固定概念の殻を破り、文集の枠を広くとらえることで児童一人一人の文章を今後に生かす役割を文集に委ねることができそうです。

一（時期）　学年末　↓　いつでも
二（対象）　全員　↓　数人
三（内容）　完璧・集大成　↓　発展途上・ヒント集
四（目的）　児童自身や保護者への記念　↓　次の作品へのスタート
五（終着・活用）　思い出　↓　作品を読み合い言葉、技法、考え方を生かす
○（装丁）　目次付きの分厚い一冊の本　↓　一枚の紙・新聞程度

これら五つの勘違いに惑わされている方は少なくないと思います。

しかし、大がかりな「文集」ではなく、普段の授業では、児童の作品例を数点意図的にまとめ、児童のヒントとすることもよくあります。これも文集と考えました。

多くの作品を読むことで　異なる文種に気づく、使ってみたい言葉や技法に気づく、チャレンジしたいテーマに気づく、これらの未知との出会いを卑近なミニ文集で創出することができると考えました。

「文集」を、「まず編んでみる」そこから多くの可能性が広がるのではないか。本著は、文集をもっと気軽に、そして、作った後の活用を楽しみに編んでいただく方途を示しております。

本著の特徴は、「文種」との二本立てです。新指導要領で取り上げられた言語活動の中には、「随筆」「図表を使った文章」など新たなものもあります。文種の指導もまずこの文種はこうあるべきという固定概念を破ることが始まりかもしれません。

「文集」は左綴じ、「文種」の定義とQ＆Aは右綴じになっております。

お好きな方からひも解いてお読みくださり、気軽に文集を編んでいただければ幸いです。

実践への誘い

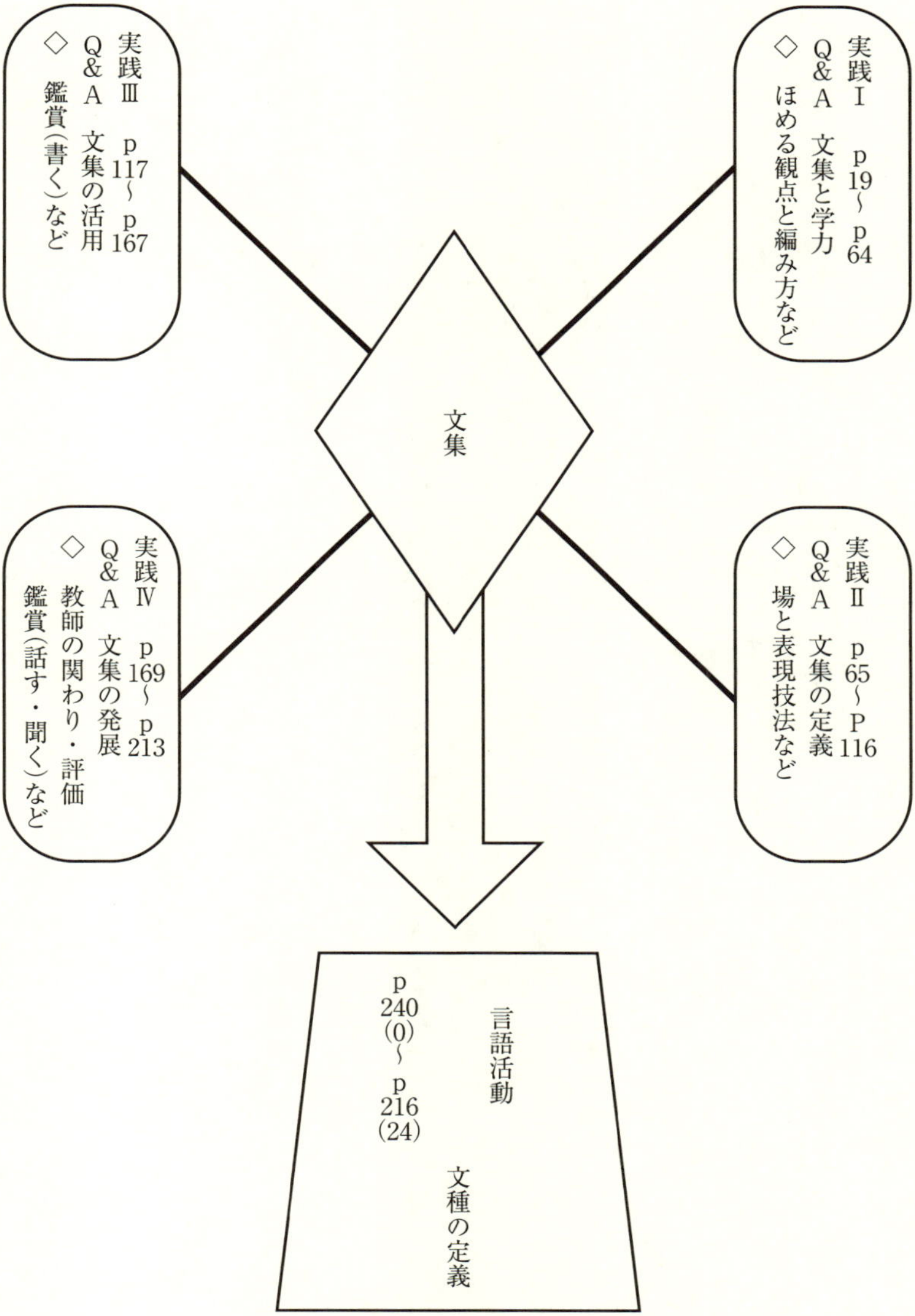
実践Ⅰ　p19～p64
Q&A　文集と学力
◇　ほめる観点と編み方など
実践Ⅲ　p117～p167
Q&A　文集の活用
◇　鑑賞（書く）など
文集
実践Ⅱ　p65～P116
Q&A　文集の定義
◇　場と表現技法など
実践Ⅳ　p169～p213
Q&A　文集の発展
◇　教師の関わり・評価
鑑賞（話す・聞く）など
言語活動
p240(0)～p216(24)
文種の定義

小学校作文の鑑賞～文集が誘う個性と文種～

目　次

気軽に編み、愉快に語り合う

—鑑賞で絆と表現力が育つ—

白石壽文

一　既刊『小学校作文の単元―個人文集への誘い―』の意義

作文教育に造詣が深い大内善一氏は、我々の先輩が13年前に刊行した『小学校作文の単元―個人文集への誘い―』について、次のように論評されている。

資料①「短期集中的な教科書作文単元の空白を埋めて、小単元による作文学習を積み重ねて各学期ごとにひとまとまりとなる大単元に集約し書きためられた作文で世界に一冊の『個人文集』を作らせるという趣向の実践研究を行っている。本実践集に紹介された作文ジャンルは、説明文を中心とした実用的文章から想像的作文まであらゆるジャンルが網羅されている。例えば、1年生1学期の『わたしは1年生』という大単元の中の8本の小単元の一つに『となりのともだち』という単元が紹介されている。『隣の席の友達について、その人の好きなところ、ほめたいところ、いっしょにしてみたいことを書かせる』というものである。2年生1学期の『わたしの家』という大単元の下に『わたしの家の春』という小単元が紹介されている。『自分の家のまわりで発見した春』について説明させるという趣向である。2学期には『どうぶつえほん』という小単元がある。本実践は小学校における組織的・体系的な作文指導実践としては稀に見る優れた実践提案となっている。」（日本国語教育学会編『国語教育総合事典』２０１１・12朝倉書店、第Ⅱ部実践研究編、「書くこと」の「9説明文」２９３ぺ）

白石壽文・桜井直男編著『小学校作文の単元―個人文集への誘い―』１９８７年　教育出版センター）は、教室にそのまま持ち込めるワークシートを、全ての小単元に添えたことも、歓迎された。後に、ワークシートだけを、別冊で刊行した。今回の『小学校作文の鑑賞』は、この姉妹編といえる。

個人文集は、大村はま氏によって衝撃的に認識を新たにさせられた。9冊の『～の本』（内、1集～3集は、実際に学習者の書き込みがなされている。）初めから冊子となっており、表紙、目次、各ページには、書くべき内容・項目が示され、書きたい時に、どのページにでも書き込みができるようになっている。中学校1学期に1冊、3年間で9冊、自分の今後の展望が学習者には暗黙的に見通せるように構成されている。

資料②「この文集は、作文を集めて作る文集でなく、作文と並んでいる文集である。（中略）一つ一つの作文による作文指導と並んで、文集による作文指導なのである。文集（のわく、形）が先にできていて、そこに書きながら仕上がっていく文集である。これは、いろいろな作文のアイディア集ではない。一冊または三冊、九冊が一つのテーマにつながって、一つのハーモニーをなしている『文集』という作品である。」（大村はま著『大村はま国語教室』6　1983・4　筑摩書房　243―244ぺ）

資料③「全体のテーマは、『自分を見つめる』です。（中略）一年生の『私の名前』などから始まって、自分をあらゆる面から眺める文集をというふうに思いまして、それで、『私の本』という題で、全九冊になっていまして、（中略）三年間通したようなテーマもあれば、一年特有、二年特有といったものもございまして、とにかく、自分というものをいろんなところから浮き彫りにしよう、それを全体が集まって『私の自叙伝』になるようにと、そういうふうにおもいました。」（大村はま白寿記念委員会編『かけがえなきこの教室に集う』2004・11　小学館　186ぺ）

私は、この独創的な個人文集に出会って以来、小・中学校に招聘されると、文集意識の覚醒を願って『私の本』9冊を必ず紹介するように心掛けた。

二　佐賀県の中学校「個人文集」代表的実践例

個人文集の着想、教育意義、自己凝視、継続的表現の内容・方法・形式の基礎的な力の育成、相互に読み合う愉しみ、創作と記録など、中学生に、実践指導された代表例は、山口順子教諭（当時、武雄市立武雄中学校・同川登中学校）であろう。

三泊四日の南九州修学旅行を絶好の「個人文集」実現の場として、両校に勤務された期間、毎年、見事な「文集」指導で成果をあげられた。

資料④『個人文集□の旅の本』武雄市立川登中学校　平成12年5月10日〜12日（注・□に名前、表紙絵を）

もくじ　前書き・旅の初めに　◇私の旅姿　スケッチ　◇旅立つ気持ち、期待、抱負　◇素直に　すっきりと昔の修学旅行　◇行き先・費用・交通機関・禁止品目・人数・旅館・食事・取って置きの思い出など　◆（　）さんにインタビュー　詩・萩原朔太郎『旅情』、（注・以下、各ページの見出しのみ）川中旅行団（　）名　いざ出発、鹿児島はこんな所、方言詩『桜島ん灰（へ）』、知覧特攻平和会館、鹿児島・夕食のメニュー、尚古集成館は何の跡、磯公園はこんな所、鹿児島自主研修、くつろぎ入浴タイム、日記・鹿児島の夜、桜島ってどんな島、水俣病資料館、クイズ百点満点、絵葉書（　）さんへ、楽しい総合学習課題、旅の思い出…パンフレットコーナー、後書き・旅の終わりに

全26ページの「個人文集」の一例である。各ページに小さく◇で書く際のポイントが簡潔に指摘され、◆で参考例や読み物、資料が示されている。訪問先が年により異なる場合は、当然関係した部分の修正がなされている。

どれほどに用意周到に修学旅行の目的と旅行中の記録、何をこそ表現に集約させるべきか、計画的に、かつ日常的

に書く生活に培うべく見事に企図されている。旅行中には、毎夕食後、書き込みの時間が確保され、相互に見せあって楽しみ、加除修正もなされた。帰宅後、家族と『個人文集　旅の本』で旅行中の楽しいエピソードに花が咲き、表紙絵が完成され、翌日、学校の職員室前の廊下の長机に全て並べられる。教師と全校生が閲覧し、表紙絵賞、記録賞、ユーモア賞、調査研究賞、表現工夫賞等々の各賞が投票で決められる。修学旅行後には、この展示がなされることが分かっているので、旅行中も、どの生徒も力をこめて書き込みに専念する。付き添いの教師も、助力に大忙しであったと聞いている。学級の各自の自薦作品を寄せて、例えば『3の8の旅の本　南國見聞録』を改めて編み、巻末には表紙絵賞、内容賞、入選作品リストなど、「学級文集」も別冊で発行されている。

同様の手法で、『□の職場見学記』も書かせておられる。

資料⑤もくじ（学校としての）職場見学の目的・合言葉、前書き…職場見学の初めに…、（　）さんにインタビュー、友と私と夢を語る、見学職場はこんなところ（事前学習）、私の職場見学　1〇〇（株）（注・会社名）、（　）（注・製品）はこうして作られる、インタビュー・メモ、〇〇を見学して（注・他の会社2、3の職場について、同じ項目構成）、十年後の私…あこがれの（　）…、お礼状、職場見学の思い出（写真・パンフレット）、後書き　職場見学の終わりに

全16ページの体験記録集（個人文集）になっている。職場を訪問する本人の肩書は、「ルポライター」である。各ページに◇で簡潔に表現のポイントが指摘され、スケッチ、写真、グラフなどの職場に適した資料の添付と活用が示唆されている。携帯し易いB6サイズの年もあるが、内容充実には、B5サイズがいいようである。

この実践の背景に、国語の授業はもとより、学級経営、特別活動、放課後、土曜の午後など、学級全員参加での仲間づくり、強固な人間関係の構築を根底に、『私の愛唱詩集―アンソロジー詩集―』編集、自作詩と解説『生い立ちの詩　作品鑑賞文集　花のメロディー』など、次から次へと絶えず表現活動・文集編集の積み重ねがなされていた。更に、学級での人形作り、三種類の人形劇『かにむかし』、人形劇『一寸法師』の上演、詩による朗読暗誦劇『浦島物語』

の上演、影絵と群読による『平家物語』の上演、教師も参加した朗読劇『平和への扉―娘よ、あれが長崎です―』の上演など、総合的な表現活動を継続し、学級全員の表現力を鍛え、学級としての協力態勢と仲間づくりの盤石の実現がなされていた。脚本・演出には、白石も手伝わせてもらった。人形劇の材料はじめ、衣装、上演用舞台装置、大道具・小道具等、全ての費用を山口教諭が自己負担し、学級全員に責任分担させ、必要図書も自費で購入された。同僚教師を誘って『ひびき・先生の話』第1集―話したこと、そのままに―（平成5年9月、武雄中学校）、『ひびき・先生の話』第2集―話の素材集―（平成6年2月、武雄中学校）など、教師が自らも内面を語り、生徒と繋がる努力をされていた。『ひびき』第2集の「発刊に寄せて」に学校長が、「…一人一人の生き方に貴さに接することの喜びと共に、自分を語ることの大切さ素晴らしさを、今、ひしひしと感ぜずにはおれない。…」と、生徒に、教師個人の文章作品の鑑賞に導き、全身全霊で向かい合う一人一人の執筆者に敬意を表している。

学習者のために供された右の「個人文集」の陰には、こうした個々の生徒への細心の配慮と周到な計画、地道な蓄積が豊かな土壌として準備されていればこそ学級一丸になっての実践が展開されていたのである。（白石壽文編『国語の授業を愉しむ―理論と実践相補を志向して―中等教育編』２００３年３月、私家版　に関係資料所収）

三　「文集」観の基本的認識

「文集」の教育的価値の高いことは、夙に認められている。我々は、「文集」についての基本的認識を否定するものではないが、作文単元学習後に、表現スキル応用としての「文集作り」をやらせたり、文種の特性を学ばせた後、「新聞編集」をさせたり、学年末の「記念冊子発行」などの、いわゆる「文集」で文章表現に結実させ、個人及び学級の成長を確認する活動を生かしつつも、それに留めず、更なる脱皮と超克を企図して実践を重ねた。

「文集」についての、国語教育学会（資料⑥・⑦）と生活綴り方（資料⑧・⑨）の基本的な考え方を見ておこう。

資料⑥定義「文集とは、表現学習をした結果の産物として児童や生徒が作ったいろいろの文種の文集を集めて、特定の編集意図のもとに編集し、印刷し、発行したものをいう。中には、一枚文集という形で継続して発行していき、学期末か学年末に一つにまとめて製本する場合もある。個人文集などの場合には手書きのままのものをとじて、文集にすることもある。」（国語教育研究所編『国語教育研究大辞典』増田信一氏縞　88年　明治図書　747ぺ）

資料⑦指導の意義「文集を作る目的は、児童・生徒の言語による表現力を伸ばすこと、その活動を通して思考力や論理力・創造力などを伸ばすためである。それを具体化すると次の三点に分けられる。

⑴文集に自分の書いた文章が載るのだということを意識させることによって、文章を書こうとする意欲を高め、書く目的をはっきりさせる。⑵他人の書いた文章を鑑賞したり、批評し合うことによって、自分の今後の表現活動に取り入れたり、活用すべきことがらを発見させ、自分の表現活動を充実させる。⑶文章をまとめ上げた満足感や、自分自身が自分の考え方を変容することができた達成感を味わわせる。

個人文集の場合には、一人一人の表現意欲や表現技術などの向上を図ることが主な目的であり、学級文集やグループ文集の場合には、この活動を通して学級やグループ仲間同士の連帯感や、お互いに励まし合って向上していこうとする意識を養うことが主な目的である。また、学校文集や地域文集の場合には、優秀作品に触れることによって、ものの見方や考え方を変えていく手だてとすることが主な目的である。」（同書）

資料⑧（生活綴方の文集）定義「文章は、子どものためにつくられるものである。子ども自身がつくった綴方・詩などを内容として、学級または学校・地域の全児童とその父母を読者対象とし、教師、または子どもの力によって編集・印刷・発行するものを文集（児童文集）という。作品を原稿のまま、とじ合わせて保存（例「私の文集」）または回覧（回覧文集）させるものを文集という場合もある。しかし、商業上の目的で、出版社が児童作品を集めた単行本などの場合は、ふつう、文集とはいわない。これは例外である。文集は、子どもと教師が生みだす、教室または学校・地域の文化財のひとつといえる。」（日本作文の会編『生活綴方事典』柳内達雄氏稿　1958・9　明治図書　467ぺ）

資料⑨目的「子どもを正しくのばし、高めるため―これが文集をつくる目的である。大別するとつぎの五つになる。⑴子ども自身がつくった学級の読み物として、創造の喜びを味わわせるため。⑵教材として、文章表現の学習に役立てるため。⑶作文の集積として、教師の指導と児童の成長のひとつのまとめとし、つぎの指導と成長への出発の手がかりとするため。⑷生活勉強の読本として、ものの見方・感じ方・考え方・行動のしかたを指導するため。⑸学級・学校の機関誌として活用するため。」（同書）

いずれも記念誌的位置付けに限定すべきではないとの認識は共通にある。印刷事情が今日とは随分異なる環境の古さは別にして、「文集」の教育的意義を重んじて、編集・発行の継続的努力を推奨している。

四　今日的「文集」観と気軽に編む「文集」の提案

最新の日本国語教育学会編『国語教育総合事典』（2011・12　朝倉書店）では、中西一弘氏が「書くことの教育」での教師の在り方の一つとして、教師への貴重な示唆を述べておられる。

資料⑩「地域・学校・学級単位で、児童・生徒の作品を掲載した文集がある。他の学級、学校のものであれ、少しずつ読んでいくことは、学習者の苦労の歩みを追体験でき、実践に効果的である。（中略）児童・生徒の作品（文章表現）に目を通すことは教材分析に相当する。多くの学習者が示す（共通する）傾向と、個人別の（相違する）諸相とを、大体にしろ頭に描けていると、指導の出発点（目標の設定）から、無理をしないで済む。文章を読むことは、したがって、有効な指導をするためのなくてはならない用意である。」（122ぺ）

同書の第Ⅱ部実践研究編で入部明子氏は、「文集、出版学習」の見出しのもと、「出版学習が文集学習を内包している」と位置付け、冊子出版学習での一般の読者からの評価が大切だとの指摘である。様々なタイプの「本作りの学習」は、既に　昭和初期以来実践され、現在ではパソコン活用やデジタルカメラ利用による紙面作り、印刷・製本法の軽便化など、全国で実践されている例は多い。

今回の『小学校作文の鑑賞』での実践提案は、気軽に発行し、伸びやかに鑑賞し合う、いわば手作りの、表現の遊び場としての「文集」である。日本国語教育学会や生活綴り方の「文集」観を決して否定するものではないが、練習学習でのスキル習得・活用確認の「文集」の扱いでもない、普段着の表現世界、誰しも気軽に参加できる文種に戯れる場としての「文集」を教室に、と願っての実践である。『小学校作文の単元—個人文集への誘い—』が表現力強化の主食だとして、今回の『小学校作文の鑑賞』は、自分と友人の表現と文種を味わい愉しむ、いわば「おやつ」である。国語の正規の時間に拘らず教師は、中西一弘氏の指摘を結果的に実践しつつ、児童は和気藹々とお互いの表現（言語・非言語）を話題に語り合う。国語科授業以外のあらゆる時間に「文集」を読む場ができる。

「小学校　発想は得意、鑑賞力に弱点」という第一面の横大見出しで、国立教育政策研究所の図工・美術の「特定課題調査」（小6と中3、昨年11月～今年2月実施）結果が『日本教育新聞』（２０１１年4月11日）で報道された。「中学校創作表現の工夫が苦手。言語活動を取り入れて、漠然と感じていることを意識化させることが大切」と指摘、中学校でも「伝えたい内容の中で何が重要なのかを整理し、分かりやすく伝える表現の指導が大切」との指摘がある。

「絵を見て磨く『語る力』」の見出しで、図工や美術の「対話型鑑賞教育」（ＶＴＳ）の授業に注目した記事が特集されている（『朝日新聞』２０１2年3月17日）。「発見したことは何でも言っていい」に変えていく時代」と紹介されている。

この問題は、言語及び非言語表現作品の「鑑賞力」の豊かな涵養に腐心する教師の工夫が導いた成果である。読書生活の低迷の克服も期待される。文学作品として完成度の高い教材の分析的読解中心の国語科学習指導が齎した鑑賞抜きの現状も打破できよう。我々が「文集を気軽に編んで、愉快に語る」で、「おやつ」・「言語・非言語表現は玩具」として授業外に位置付け、読み合う楽しみ・愉悦に浸り合う歓談の場としての「鑑賞」をキーワードにした所以である。「正しい・正しくない」「伝わる・伝わらない」などの分析・批評、論評から離れて、一枚の、時に幾ページかの、パンフレット型、リーフレット型、新聞形式等の、気軽に編んだ「文集」に遊ぶ一刻をもつことで、お互いの人間関係が無意識の内に強まり、お互いの個性に共鳴し、教師も一人の仲間として参加し、文章を見る目の育ちに誘う。本著の意図するところである。

付　愉快に語り合える、気軽に編む文集、題材例

これから児童・生徒に、分担執筆させて、気軽に文集づくりさせ、鑑賞会を愉しむ素材案を幾つか例示したい。

1　佐賀観光協会「佐賀の12賢人―歴史散策お楽しみ帳」２０１２年、不老不死を求めた徐福、治水事業の成富兵庫茂安、煎茶道の祖高遊外売茶翁、肥前の名君鍋島直正、佐賀の吉田松陰枝吉神陽、北海道開拓の島義勇、日本赤十字創設者佐野常民、政治と書の副島種臣、教育制度の基礎大木喬任、近代司法の父江藤新平、ドイツ医学の相良知安、二度の総理大臣大隈重信、（注・人物の紹介は観光協会による）

個人またはグループで各人物を担当し、自分の得意な文体、文種で、もしくは、話し合って統一した表現法で、平等な分量での紹介・解説・歴史的位置付け・論評などを書く。新聞形式か、人物事典か、自己紹介文か、など、気軽に書いて、愉しく鑑賞会をもつ。当然、地域の名もない人物や地名の由来・伝説などにも広げる。

素材さえ教師が視点をもって提示すれば、児童・生徒は、個人もしくはグループでグラフやデータも活用して表現に勤しむ。正確さを最優先にはしない。書き手の意のままに、随筆であれ、ノンフィクションであれ、５Ｗ１Ｈ

のニュース記事であれ、短歌・俳句であれ、レポートであれ、拘泥しない。であればこそ、後での鑑賞会で伸び伸び語り合われることになる。

2　下村湖人に倣って『論語物語』を分担創作する。

3　春秋戦国新聞編纂委員会編『春秋戦国新聞』（平成10年、アスペクト）をテキストに、分担担当して、エピソードを記事にする。

4　巨人軍歴史新聞編纂委員会編『巨人軍歴史新聞』（平成10年、日本文芸社）をテキストに、現在のことも追加して記事を、生き生きと表現する。

5　関　敬吾編『日本昔ばなし』Ⅰ・Ⅱ・Ⅲ　岩波文庫をテキストに、長者譚、動物譚、笑話譚、報恩譚、神話譚、地域譚、末子成功譚など分担して、文集に編む。

6　堀内敬三・井上武士編『日本唱歌集』・与田凖一編『日本童謡集』（いずれも岩波文庫）をテキストに、「歌が生まれた背景物語」の創作、『浦島太郎』『一寸法師』など昔話が、どう歌詞に集約されているか、また、『牛若丸』『青葉茂れる…』『川中島』『児島高徳』など歴史との繋がりも、いくらでも文集で特集号を編むことができる。

7　諸橋轍次著『孔子・老子・釈迦「三聖会談」』（講談社学術文庫）に倣って、対談・鼎談させてみたい人物を選び、普段のその人の言動を反映させた寸劇を役割分担して書く。

要は、教師の「気軽に編む」、そして「愉しく語り合う・鑑賞する」、その間に、さりげなく文章を見る目、表現内容が生きる文種と表現法の習熟に培う目標を潜ませて、継続的に、文集・文種・文体を友に、書き手への思いの丈と語り合う機会と場を、たとえ数分でも逃さないように、常に心掛けることである。

実践Ｉ

Q＆A　「文集で学力をつけることができるのでしょうか」

Ｑ　文集で学力をつけることができるのでしょうか。

一　「文集学習」が目指す効果

文集に編み、鑑賞し合うことで、どのような学力が育つのであろうか。「文集学習」では、児童及び授業に左のような効果が考えられる。この効果が児童の学力となる。

・自ら書こうとする力がつく。
・「書くこと」学習で得た知識・技能を活用する場が生まれる。
・自分の書く力について、自ら振り返るようになる。
・児童主体の学習形態を作ることができる。
・対話が生まれ、学び合おうとする姿勢を育むことができる。
・他者を認め合うようになり、児童同士につながりが生まれる。
・作文を吟味し、熟考しようとする態度が育まれる。
・作品を鑑賞し合う愉しさを知り、読み合うことの喜びが生まれる。

２００３年ＰＩＳＡ調査以来、文化庁答申、全国学力調査、教育基本法及び学校教育法の改正、学習指導要領の改訂と、教育現場は大きな変革の時期を向かえている。第三の教育改革と呼ばれる由縁である。

①基礎的・基本的な知識・技能
②知識・技能を活用して課題を解決するために必要な思考力・判断力・表現力
③主体的に学習に取り組む態度

今求められている学力は、学校教育法第30条から考えて、右の三つである。文集による「書く力」の育成は、この三つの学力をバランス良く育む効果がある。また、PISA調査以来求められている自分の考えを表現する力の育成にも役立つ。

「文集学習」は国語科授業の中に設定するのでなく、余剰時数を使ったり、総合的な学習に位置付けたり、課業前（朝の時間）を利用したりするものと、本書では考えている。①の基礎的・基本的知識・技能を国語科授業で育み、それを活用する場として「文集学習」を行う。教師は意図をもって文集を編集し、鑑賞し合わせることで、学習した内容が再度確認されると共に、児童に主体性が生まれ、自ら書こうという動機付けとなる。（図1）

授業時数の増加に伴い余剰時数は、今回の改訂では減ってはいるが、A校を例にすると、表1程度は存在する。また、「書くこと」学習の一つとして帯単元で計画する方法も考えられる。

簡単にその実践方法を述べると、例えば、教師がめざす力が表現技法の一年生の場合、国語科学習の中で、「　」（かぎ）の使い方について学んだとする。その後の「文集学習」で、あるテーマで作文を書かせ、その中から「　」（かぎ）を上手に使っている児童の作品を抽出し、文集として綴る。その後の鑑賞会で抽出された作文の共通点や相違点、類似点などを出し合う中で「　」（かぎ）の効果について児童は気付き、その効果について認め合い、褒め合うことで自分の作文に生かそうとする。これが本書が求める学習の流れであり、ボトムアップ型の「書くこと」学習である。学習で学んだことを生かそうとすることが他者に認められ、自分を更に高めようとすると共に、他者も高まろうとするような協同性・主体性に満ちた学習方法を目指した取り組みである。

教師側として、この「文集学習」を通してどんな力をつけたいのか、見据えて計画的に継続的に取り組んでいく必要がある。教師が育みたい力としては文種・内容・表現技法・構成などが考えられる。児童の主体的活動の中で力を育めるように、どんな意図で編むのか、系統立った構想が前提となる。

【図1】国語科授業と「文集学習」の関連性

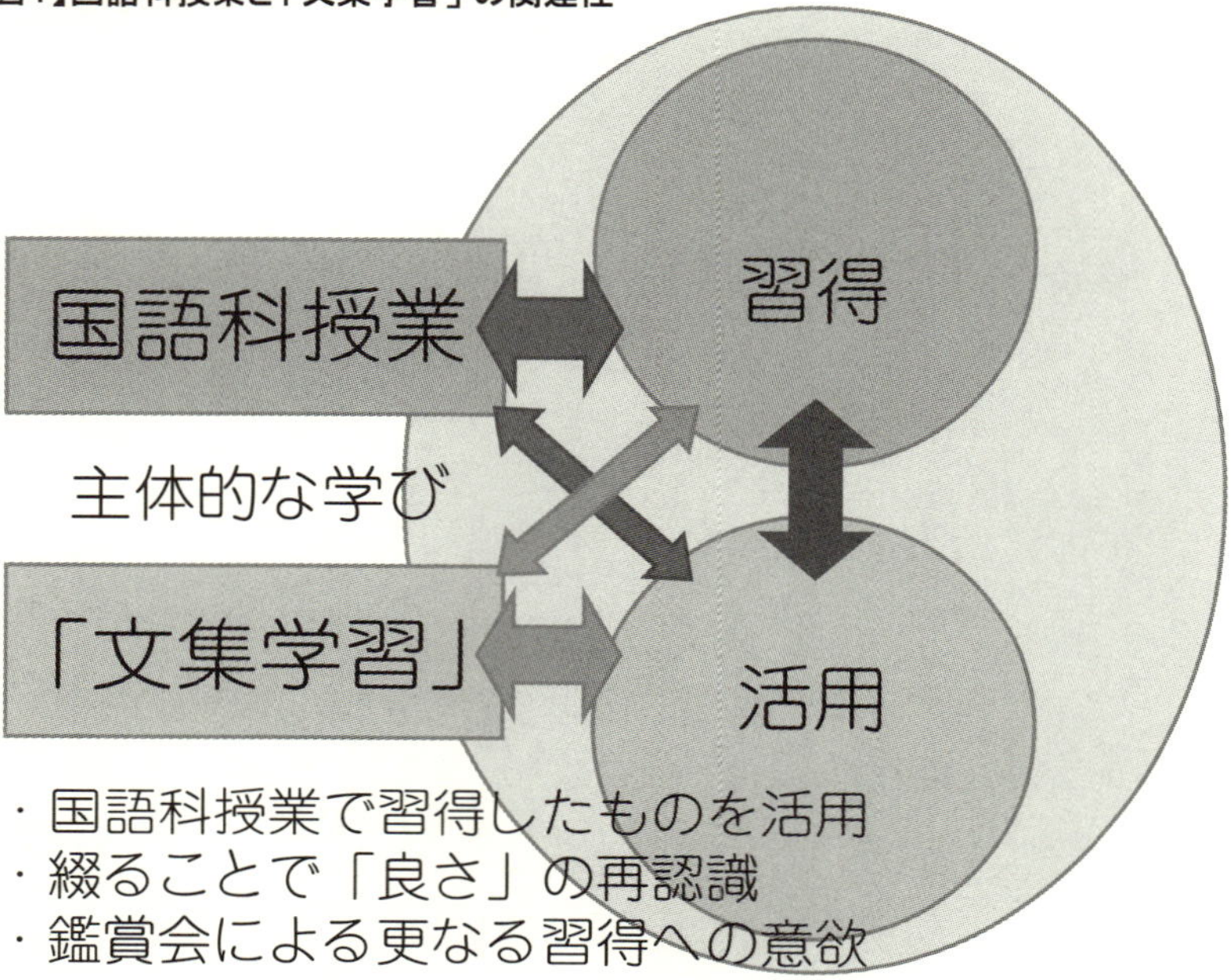

【表1】新学習指導要領における余剰時数

	1年	2年	3年	4年	5年	6年
総時数	990	1042	1083	1124	1159	1147
学校行事	50	53	55	58	67	68
欠課	18	23	32	37	34	30
児童会クラブ	0	0	0	15	18	25
実施可能授業数	922	966	996	1014	1040	1024
新標準時数	850	910	945	980	980	980
余時数	72	56	51	34	60	44

（Ａ校の例）

二　具体的な「文集学習」の流れ

【一学期のサイクル】

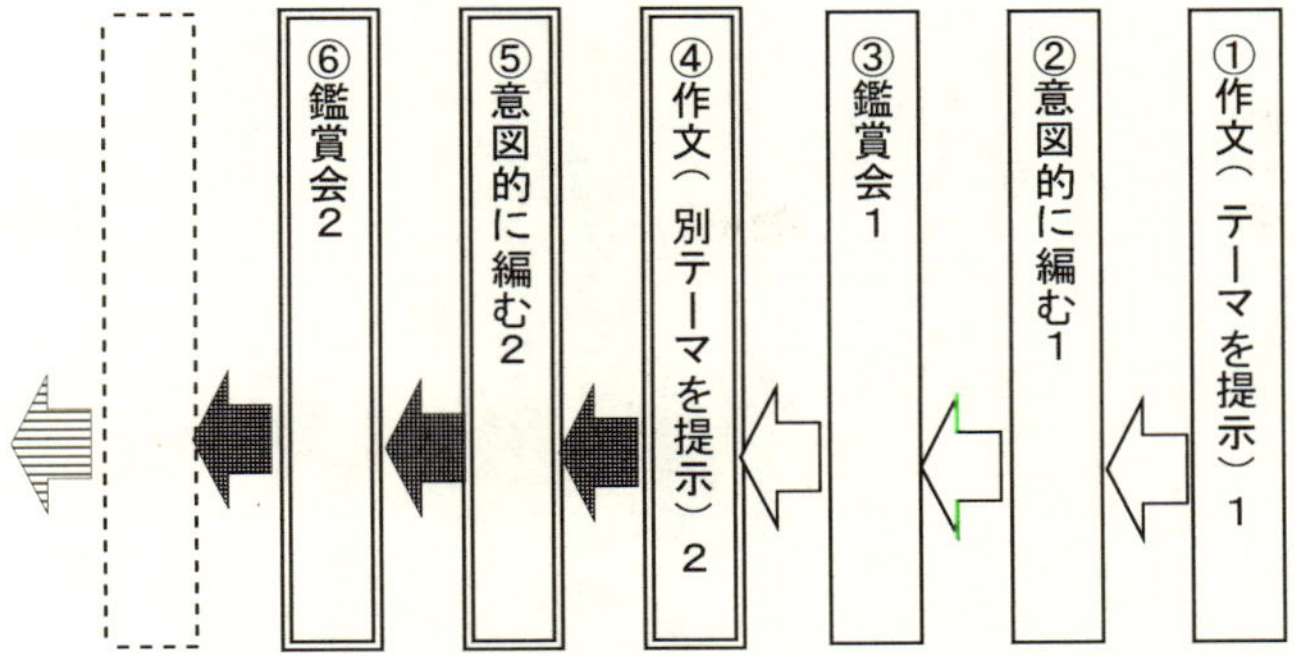

・クラスの実態を把握するために、自由作文で書かせる。
・自分のクラスの実態と学年の系統性から「文集学習」の教師テーマを決める。

【サイクル１】

・作文テーマを考え、児童に書かせる。
・教師テーマに合わせて、児童の作文から意図的に抽出し文集を作成する。
・鑑賞会を行い、文集を読み合うことで、抽出された作文の共通点や相違点などを出し合う。
・児童から出た意見を教師がコーディネートすることで、作文の抽出意図を感じ取らせる。（褒める・認める）

【サイクル２】

・作文テーマを考え、児童に書かせる。
・教師テーマに合わせて、児童の作文から意図的に抽出し文集を作成する。鑑賞会１で意図した技法・内容などを活用している児童作品についても抽出する。
・鑑賞会を行い、文集を読み合うことで、抽出された作文の共通点や相違点などを出し合う。鑑賞会１の際に意図した技法・内容などを活用している児童作品について褒め、認めさせる。（吟味・鑑賞の目を養う）
・児童から出た意見を教師がコーディネートすることで、作文の抽出意図を感じ取らせる。（褒める・認める）

※このサイクルを複数回行うことで、児童は教師の意図する書く力と同時に文章を見る目をも育んでいくことになる。なお、複数回のサイクルの中で児童全員の作文が取り上げられるように配慮する。

三　主体性を育てる教師の言葉かけ

本書が求めているようなボトムアップ型の学習を仕組む場合、児童が主体的に取り組もうとする意欲を高めていくことが重要となる。ねらいに沿った教師の声かけ、褒め方が必要となる。そこで、褒め方について考えてみる。

（一）褒める観点について

児童作品を抽出する際にも、教師が言葉かけをする際にも、鑑賞会をする際にも、児童の作文をどのように捉え、どう褒めていくのかがボトムアップ型指導には不可欠である。直接指導せず、児童に感じ取らせながら児童の力を付けていく取り組みだけにしっかりした「目」を教師自身が付けなければならない。

（二）褒める観点

1　量を褒める

○端的さを褒める。（短さを褒める）

○規定通りに書けていることを褒める。（〇字以内、用紙ぴったり）

○長さを褒める。（たくさん書けたことを褒める）

2　質を褒める

①内容を褒める

○題材選びを褒める。（「そんなことで作文が書けるなんてすごいね。」）

○内容の着眼点を褒める。（「お母さんのそんなところを見つけるなんて目の付け所がいいね。」）

○その人らしさを褒める。（「〇〇さんらしさが伝わってくるね。」）

②技能を褒める

○効果的な技法について褒める。（会話文、修飾語、オノマトペなど）

（「内容が詳しい」→内容を詳しくしている表現技法を具体的に褒める。）

○構成を褒める。
○題名の表し方を褒める。
③文種を褒める
○児童が選択した文種を褒める。（「手紙風に書くと伝わりやすいね。」「そんな書き方もできるんだね。」）

(三) コメントの書き方

作文を書かせた後、文集に載るのは全作品ではないため、載らない作品をどう扱うのか考えておかなければならない。児童に気付かせていくボトムアップ型をとるためコメントで支援していく必要がある。

〈コメントの類別化例〉
・選択した文種を褒めるコメント（物語文風に書くなんて、よく思いついたね。）
・内容を認めるコメント（そんなことを考えているんだ。すごいね。）
・内容に寄り添うコメント（○○くんの気持ちよく分かるよ。）
・内容を広げるコメント（おうちの人はその後何か言ってくれたかな？）
・内容を深めさせるコメント（○○くんは、どうしてそんな気持ちになったの？）
・題材選びを褒めるコメント（そんなことで作文が書けるなんてすごいなあ。）
・着眼点を褒めるコメント（「お母さんのそんなところを見つけるなんて目の付け所がいいね。」）
・構成を褒めるコメント（はじめ、中、おわりを意識して書いているね。すばらしい。）
・表現技法を褒めるコメント（「」を使うとその人の様子がよく伝わるよ。）
・題名を褒めるコメント（なんか読みたくなる題名だね。）
・誤りをそれとなく正すコメント（ご飯を食べたり、テレビを見たりしたんだね。）
・その子の成長を褒めるコメント（この前の作文より○○が増えたね。）

（米倉　一成）

第一学年　友達のよさを見付け、よさを感じることで表現技能が広がる文集づくり

一　私の願い

入学して学校生活に慣れてきた児童。やっと、文字が書けるようになって、自分の思いを文字で表す楽しさを感じ始めてきた。児童に、自分の思いを様々な表現で書ける力をつけてやりたい。言葉で表すことの愉しさを感じ、言葉で他者と伝え合うことができる喜びを味わわせていきたい。

二　児童の実態

《五月の実態》　共通テーマ「運動会」（六年生にありがとうのメッセージを書く。）

①文にならない（0名）　②一文のみ（0名）

③二文　（8名）…たのしかったよ、ありがとう。うんどうかい、たのしかった。

④三文　（7名）…まけたけど、こんどはぜったいかつね。たのしかったね。

①三文以上（9名）…うんどうかいでさんいになって、くやしかったけどたのしかったよ。ちびっこてんごくもたのしかったよ。うんどうかいは、あつかったね。

（抽出児A）

句読点が少しずつ使えるようになり、文の意識もだんだんと出てきた。しかしながら、文と文のつながりが全くなく、思いつきで書き続ける児童もでてきた。「たのしかった。」という言葉を何度もくりかえして使ったり、出来事だけを書いたりしていた。（抽出児童Aを含む。）児童に自分の思いやその時の様子を豊かに表現できるよう、言葉を増やし、技としての表現方法を広げさせる必要があると感じた。

その後、一学期の終わりに、児童たちが書いた「あのね日記」をもとに、一枚文集を作り、鑑賞会をもった。プリントし、それぞれに友達の「よさ」を見付けさせた。観点などは与えず、漠然と「きらり言葉」を見付けてみよ

うと伝え、「よさを見付ける」鑑賞会をした。その中で、「きらきらの言葉がいい。」とか「会話文がある。」のように、様子を表している言葉や会話文などに目を向けることができた。しかし、提示した文章が五人分だったので、一年生の児童にとっては、十分に読めない量であった。鑑賞会の最後に、児童が気付いた言葉や表現を取り上げ、「きらり言葉」として価値付けた。その後、だんだんと文章も長くかけるようになってきた児童。個人差はあるが、書くことにも慣れ、多くの児童が「したこと」だけでなく、だんだんと「きいろの」など様子を表す言葉を入れることができるようになってきた。中には、「ぴょんぴょん」のような擬態語や擬音語を使って書いたりする児童も出てきた。しかし、思いを表す言葉として「たのしかったよ。」を繰り返して書くだけの児童もまだ多く、表現するための言葉が足りない。

三　実践Ⅰ（九月・表現の工夫に目を向ける。）

（1）共通題材で書く。（「しゃぼんだまあそびをしたよ。」の絵日記形式）

二学期になると、児童が書ける分量も増えてきた。「書くこと」の授業や日記指導を重ねて、したことの事実のみでなく、思ったことや感じたことを入れて書く児童も増えてきた。教科書単元では、「会話文を作文の中に入れて書くこと」「したこと、思ったことを書くこと」を取り上げ、授業を行った。

書くことを楽しむようになってきた児童にとって、経験したことを書くのが一番書きやすいだろうと考え、「シャボン玉あそびをしたこと」という題材で、生活科の学習の後に絵日記形式で作文を書かせた。

（2）意図的に抽出して編む。

今回、児童に気付かせたかったことは、「様子を表す言葉を入れること。」また、「表現語彙を増やすために言葉を考えて文章を書くこと。」である。

鑑賞会で児童は、会話文に目を向けた。交流の中では、「Mさんのは、かぎかっこがあるからいい。」「かぎかっこがあるから、なんて思っているのかわかる。」のような気付きが出された。また、「ぴかぴかの言葉がいいな。」「にじいろみたいにの言葉がいい。」というように様子言葉にも目を向けた。

提示した一枚文集

めいじんさんの　きらりをさがそう！

① きょう、Bちゃんといっしょにしました。「Bちゃんしよう。」といいました。Bちゃんが、「しよう。」といいました。おたがいわらいました。しゃぼんだまは、そらたかくとんでいきました。

Rちゃんともしました。たくさんしてたのしかったです。ちいさいストローでちいさいしゃぼんだまができました。おおきいストローでは、おおきいしゃぼんだまができました。（M児）

② きょう、しゃぼんだまをしたとき、きれいにぴかぴかにじいろのしゃぼんだまができました。でも、ちいさいしゃぼんだまは、にじいろみたいにぴかぴかとひからなかったけれど、おおきいしゃぼんだまは、きれいにぴかぴかにひかりました。とってもしれいでした。（Y児）

注目させたい表現（言葉）

①会話表現
②空高く
③にじいろみたいに
④ぴかぴかに

最後に、「会話文や、様子が分かる言葉（様子言葉）を入れるといいね。」と話し、鑑賞会を終えた。

児童の振り返り

・Mちゃんの「そらたかく」のところがすてきなことばですごかったです。
・Yちゃんのぴかぴかのところがいいなとおもいました。

（3）その後の児童の変容

抽出児Aは「あのね日記」の文章量が増えてきた。学習の振り返りや一日の感想日記などの文章量も少しずつ増えてきている。以前は、楽しそうに書く様子は、あまり見られなかったが、少しずつ書くことへの意欲が高まってきた。「あのね日記」では、「様子言葉」の語彙に広がりが見られる。国語の「書くこと」の授業の中で、「会話文」を入れることや様子をよく見て考えて書くことを指導した。その後、少しずつではあるが、会話文が日記の中に入るようになってきた。

きのう、サラダをつくりました。まずは、レタスをてでちぎりました。そのつぎに、きゅうりとハムとかにかまをきりました。それをボールにぜんぶいれました。トマトは、おかあさんがきりました。さいごにもりつけをして、つぶしたポテトチップスをサラダにかけました。おとうさんがつまみぐいをして「うまいな。」といいました。（A児・一部省略）

四　実践Ⅱ

（1）共通題材で書く。（「本庄公園に行ったよ。」の絵日記形式）

前回と同じように生活科の学習を通しての気付きを絵日記形式で書かせた。文章から書かせ、それに合わせて絵を書かせている。今回は、本庄公園に行って、秋見つけをしたこと、その後におにぎりを食べたことを児童は、楽しんで書くことができた。数名の児童には言葉を工夫する意識が見られるようになったが、まだまだ表現の工夫についての意識はあまり見られない。

（2）意図的に抽出して編む

抽出作品は、二点。抽出数を多くすると、児童が見付けたよさをたくさん発言することで、よさを焦点化できずに鑑賞会が終わってしまうので、二点に絞った。二点を選んだ観点（気付いてほしいこと）は、表現を広げること（様子言葉）・言葉を広げることを意図して抽出を行った。抽出文の意図は、一、「どんぐりは、つるつる」のように五感を使って感じた様子に目を向けさせること。二、「はあとのような」、「コスモスのトンネルのように」の比喩的表現に気付かせること。三、「どんぐりも見つけました。」の「も」の使い方から、助詞での表現の違いに目を向けさせること。以上の点である。

一枚文集

めいじんさんの　きらりをさがそう！（パート2）

①　きょうは、ほんじょうこうえんにいきました。おちばがありました。はあとのかたちににていました。どんぐりもみつけました。どんぐりは、つるつるしていました。くじらのすべりだいもすべりました。たのしかったです。（S児）

②　「くじらこうえんのこと」
きょう、四じかんめのせいかつでくじらこうえんにいきました。さいしょに、あきみつけをしました。いちょうのはっぱやコスモスやどんぐりがありました。どんぐりがいっぱいありました。いっぱいとれました。六十こくらいとれました。いちょうのはっぱは、四まいとれました。コスモスばたけにコスモスのトンネルがありました。たのしかったです。（H児）

鑑賞会では、「どんぐりがつるつるのところがいい。さわったようすがわかるからです。」という発言があった。「六十個くらいで数もわかる。」と様子を表す言葉に目を向けることができた。また「はあとのようなは、どんなかたちか分かるし、見たことないからいい。」という発言があった。また、「どんぐりも見つけたのところで、「も」があるからほかにもあったことがわかる。」とい

児童の振り返り

・まだ、「くじらのすべりだいもすべりました。」のところがありました。わけは、「も」があったからです。

・こんどは、はっけんしたことをつかいたいです。ようすしたことをかいてみたいです。

・つるつるってかいているところがようすことばってきづかなかったよ。

うように、言葉の一つ一つに目を向けながら、友達の作品の「よさ」を見付けるような姿勢があった。最後に、たくさんの「よさ」を見付けることができた児童をほめ、「みんなも友達のよさをもらって書くといいね。」という言葉で鑑賞会を終えた。児童の振り返りには、自分が気付かなかった「友達のよさ」や鑑賞会での気付きを今後の自分の作文に生かしたいとも書いていた。

（３）その後の児童の変容

十一月の教科書単元では、様子や気持ちを思い出しながら「順序よく書く。」を指導した。教科書に提示された文章についての鑑賞会で、「会話文」や「順序言葉」「様子言葉」などねらいとする表現に気付くことができた。その後、「あのね日記」にも、様子を表す言葉を入れたり、会話文を入れたりしながら書こうとする意識が見られるようになった。児童が宿題で書いてきた「あのね日記」もできるだけ、学級通信に掲載したり、一枚文集にしたりして児童に紹介した。抽出児Aは、「あのね日記」に書く文章量がだんだんと多くなってきた。その表現にも工夫が見られるようになった。「先生、順序言葉入れたよ。」などとうれしそうに言いながらノートを提出する姿も見られるようになった。

児童の「あのね日記」

きょう、おやつにきのうとれたおいもをたべました。まず、おいもをきれいにあらって、キッチンペーパーをぬらして、おいもをくるんでラップをそのうえにまきました。それから、レンジで四ぷんあたためました。おいもは、とてもほくほくしていました。いもうとも「おいしい。」といっていました。わたしがほったおいもを「おいしい。」といってくれてうれしかったです。

（A児）

じてんしゃ
　おてんきのいいとき、じてんしゃにのってでかけると、きもちがいいなあ。
　ぼくは、じてんしゃにのるのがだいすきだよ。ようちえんのときは、ほじょりんをはずしたらたおれそうだったから、こわくてのれなかったけど、おかあさんとおにいちゃんと、それからおとうさんと、れんしゅうをしたよ。たくさんこけたけど、たくさんれんしゅうしたら、やっとのれるようになったね。ぐんぐんのれて、いろんなところにいけるようになったから、うれしかったよ。いまは、じてんしゃにのるとすいすいペダルもこげて、かぜがスッーと、ふいて、きもちがいいよ。
（K児）

五　これからに向けて

　鑑賞会を繰り返し、友達の表現の「よさ」を見付けたことで、児童の言葉や表現が少しずつ広がってきた。「あのね日記」に、「ほくほく」「すいすい」のような様子を表す言葉を取り入れたり、会話文を使ったりして書こうとする児童が増えている。一年生ということもあって、表現技能の獲得は、国語の「書くこと」授業とのかかわりが大きい。しかし、授業で取り扱ったからといって、児童が、その表現技能をすぐに使えるようになるとは限らない。学級通信に載せた友達の日記を読みながら、「ここ会話文だね。」「○さんの……がいいね。」と言う姿が見られるようになった。これは、鑑賞会を通して、友達の表現が「よさ」として認められている姿である。授業で学んだことを、実際に使っている友達の表現は、児童にとって、本当の意味での「きらりと光る言葉」となっている。

　A児の保護者から「一年生の当初は、どう書いていいのか悩んで、なかなか自分で一人では書けなかったあのね日記でしたが、最近では楽しみながら、一人で書くことができるようになっています。」という感想を頂いた。それは、A児が技を獲得したことで、思いを書き表す楽しさを感じ始めたからこその姿である。思いを表す言葉は、まだ不十分である。今後も図書の読み聞かせや国語学習と共に、文集鑑賞会を続けていくことで、児童の言葉が増えるようにしたい。また、鑑賞会の中で、児童が友達の表現の「よさ」を見付け、そこで感じた「よさ」を自分に活かしていこうとすることで、書く愉しさを感じていけるよう誘っていきたい。

（廣瀧　由紀子）

第一学年　多様な内容に出会い、作文の楽しさを感じる文集づくり

一　私の願い

少しずつ自分の思いを文に表すことの喜びを感じ始めた一年生。書く内容を広げるための鑑賞会を行うことで、児童は、作文を書く時の着眼点が増え、自分の思いをいろいろな角度から書けるようになるであろう。そのことは、表現の技能を身に付けることにもつながる。児童は、すらすら書けるようになることで、書く楽しさをさらに味わうことができるようになる。また、友達や自分のよさにも気付くことができる。

ここでは、「〇〇さんだから書けるんだ。」「〇〇さんらしい見方だなあ。」「こんなふうに思ったんだ。」ということから始め、次第に「〇〇さんらしい書き方だなあ。」「こんな書き方もできるんだ。」「ぼくも、今度こんな言葉を使ってみよう。」と、文章世界に誘っていく。

二　児童の実態

一学期は、生活科のことやプールのことを中心に書かせた。児童は、自分がしたことや感じたことを一、二文書いており、「〜をしました。」「〜がおもしろかったです。」など、型にはまった書き方が多く見られた。何事にも慎重に行動する傾向が強く、「〇〇のこと、書いていい？」と確認してから書く児童も多くいた。また、題材が見つからず何も書けない児童も五名いた。そのたび、私が話し合いながら書かせたり、いくつかの例文を示し、まねして書かせたりしていた。そのため、どうしても教師に頼る気持ちが働いているようである。

《五月》　・あさがおのたねをまきました。はやくめがでるといいな。（A児）

・あさがおのたねをまいたよ。たのしかったよ。（全体的な傾向）

《七月》　・ぷうるがありました。みずがつめたかったです。（全体的な傾向）

三　実践Ⅰ

1　作文　テーマ　楽しかった体育大会《九月》

テーマについては、書く時の意欲、鑑賞会の意欲につなげるため楽しい内容であり、かつ多様な表現ができるように内容に広がりのあるもの、ということを第一に考えた。

2　鑑賞会（着眼点を増やすために）

その児童だけが知っていること、他の児童が考えつかないことを中心に抽出した。

ア　マルモリダンスでは、れんしゅうよりほんばんが、いきいきとおどれたとおもいました。マルモリダンスは、わたしがいままでしてきたダンスのなかで一ばんたのしくなれるダンスだから、うちでもおどっています。（A児）	●着眼点…自分の得意技 ダンスの好きな児童。家でのことも書いて楽しさを伝えている。
イ　たまいれで、一かいせんでは、一いになりました。そして、かたづけきょうそうでは、三くみが、三びょうぐらいでかたづけができて、うれしかったです。二かいせんではまけたけど、たのしいたいいくたいかいでした。がんばったから、ごはんはおいしかったです。（B児）	●着眼点…気持ち 教師が、片付けが上手だったことをほめたため、素直に共感し、片付け競争に勝ってうれしかったことも書いている。
ウ　まっすぐはしれで、プールにとびこむようにとおもいながらはしったら、一いになりました。うれしかったです。きんかんバンドは、マーチングでいっぱいみたけど、たいいくたいかいのが、一ばんじょうずでした。だがっきや、かんがっきがすごかったです。（C児）	●着眼点…家族 姉が入っている金管バンドのことも書いている。姉のことを思いやる気持ちが感じられる。

アでは、（T）「どんな人かなあ。」（C）「ダンスが好きな人じゃないかな。」（T）「どうして。」（C）「家でもおどっているって書いてあるよ。」ということから、（T）「おうちでのことも書いてあるね。」とつなげた。

ウでは、この児童の姉が金管バンドに入っていることを知っている児童も多く、すぐ当てることができた。（T）「金管バンドのことを書いた人。」ときいたが、他に手が挙がらなかったことで、（T）「〇〇さんは、お姉さんが出ていたから、このことを書きたかったんだね。」（T）「兄弟や家族のことも入れて書けるんだね。」とつなげた。

四　実践Ⅱ

一学期末より、毎日、連絡帳に、その日の出来事を書かせ始めた。九月の鑑賞会の後から、教師が、着眼点が増えるような文や使わせたい表現がある文を紹介し続けたことで、少しずつ内容や表現の幅が広がっていった。児童は、書きたいことを自由に書いていいんだ、という気持ちにもなり始めた。また、入学して半年近くたったことで、自分のことだけでなく、友達のこと、まわりのことにも目を向け始めるようにもなってきた。

1　作文　テーマ　修学旅行で心に残ったこと《十月》

鑑賞会が生きるかどうかは、テーマや文の種類に因るところが大きい。一回目と二回目は、文種も内容も似たものを意識した。前回の体育大会と同様、大変印象が強く楽しかったこと、自分がしたことを中心に書けるもの、同じ経験でも多様な見方ができるものということで、テーマを修学旅行にした。

2　鑑賞会（着眼点を増やし、書きぶりにも目を向けさせるために）

内容を広げるためには、数多くいろいろな見方に触れさせる必要がある。今回は、前回とは違う着眼点も加えて抽出した。また、内容面でのその児童らしさと表現面でのその児童らしさ、両方に目を向けられるようにした。説明風に書いている児童もいたため、文体にも気付かせてみた。その際、表現技法（五感や会話文）そのものを扱うのでなく、着眼点を示すことにより自然に表現技法にも気付くようにした。

ア　くじゃくは、はねをひらかなくてざんねんでした。しいくいんさんに、どうしてはねをひらかないかきいてみると、ひらいたときにみえるはねが、いまはぜんぶぬけているんだって。とてもざんねんでした。（A児）

イ　一ばんきけんなだちょうもいました。ねているかとおもったら、だちょうがはしってきました。目のまえにきました。にげようとしたら、もどっていきました。みんなは、へいきでした。（D児）

●着眼点…他の人との関わり
A児は、自分のことだけでなく、飼育員さんとの関わりも書いている。飼育員さんに質問できるのは、この児童ならではである。D児は、自分と対照的な友達の様子も書いている。

ウ　きつねは一ぴきしかいなかったけど、かわいかったです。目のいろが、ひだりとみぎとちがっていたから、びっくりしました。ひとりぼっちでかわいそうでした。（E児）

●着眼点…気持ち、立場
きつねの立場に立って見ている。この児童のやさしさが表れている文章である。

エ　ちょうるいセンターで、たかを見ました。たかは、スピードが二ひゃく四十キロメートルにもおよぶとりです。あんまり見られないとりですが、うみにいったらいるとおもいます。たかは、きちょうなとりです。人にはきけんなとりです。（F児）

●着眼点…自分の得意技、説明風の文章
見た事をきっかけに、自分の知っている事を付け加えて説明風に書いている。いつも鳥の図鑑を見ているこの児童らしい文章である。

鑑賞会では、名前を伏せてプリントを配布した。教師が読むのを目で追いながら、上手だと思うところにサイドラインを引かせた。サイドラインを引いたところを出し合いながら、誰のだと思うか当てさせた。

今回も一回目と同じ方法で鑑賞会を行った。いろいろな表現のよさを見つけ、出し合わせた後、誰の作品か考えさせた。（C）「○○さんだと思う。」（T）「どうして、そう思ったの。」というやりとりの中で、その児童らしさが見つかり、着眼点に気付かせることができた。

アの文章では、（C）「飼育員さんにあんな風に質問できるのは、○○さんか△△さんだと思うよ。」という言葉が児童から出た。そのことで、（T）「飼育員さんにきいたことも書いているんだね。」とつなげた。（C）「ぼくも（飼育員さんに）きいたよ。」という児童がいて、その児童は作文に「　。」を使って文章を書いていたことから、その児童の作文も紹介した。

エについては、クラスのほとんどが、書いた人を当てた。読んだ時、（C）「『およぶ』ってどういう意味。」というつぶやきが聞かれた。言葉の説明をした後、（T）「そうね。みんなは、ふつう、こんな言葉を使わないよね。」と言うと、（C）「ずかんとかに、こんなこと書いてある。」という声も聞かれたことから、説明するような書き方であることにも触れた。

五　児童の変容

ずっと追ってきたA児は、自分が知った技法を使ってみようという意欲が見られる。生活科で秋の物を使った工作をした日には、連絡帳に作り方を書いていた。

《十月》

・きょう、せいかつで、ツリーとネックレスとバッジをつくりました。ツリーのつくりかたは、まず、まつぼっくりをよういして、それのいちばん上に、ほしがたのビーズをのせます。そのつぎに、かざりをつけます。それにモールをまくとできあがりです。…（中略）…ともだちのツリーもじょうずでした。（A児）

他の児童の生活科ワークにも、内容の広がりが見られた。必要に応じて説明する文を入れたり、友達と比較したりするなど、鑑賞会で取り上げた着眼点を使って書く児童が多くなった。会話文を入れて書く児童も出てきた。

・二ねんせいのところにいって、さかなつりをしました。八ひきとりました。でもMくんは、九ひきとれました。Rちゃんは、一ぴきとったんだって。（F児）

・ぼくは、どんぐりごまをつくりました。ぼくは、せんせいにがびょうをかしてもらいました。ねんどにどんぐりをいれて、どんぐりのはんたいにがびょうをさして、つまようじをさしたらかんせいです。…（後略）…（G児）

はじめは、全く書くことができなかった児童も、着眼点が増えたことで、自分の知っていること、友達のことなど、何か題材を見つけて書くことができるようになってきた。

・（二年生のわくわくランドにいって）さかなつりをしました。さかなをつると、すぐつれて、とてもたのしかったです。Yくんは八ひきとれたとききました。…（後略）…（H児）

六　これからに向けて

鑑賞会では、誰の文章か当てながら行ったことで大変盛り上がり、文章をきっかけに、友達とのコミュニケーションがよくなってきた。また、自分の得意技を見つけ、楽しんで書くようにもなり、その児童らしさが文章によく表れてきた。保護者の方にも、「いろいろなことが書かれていて、読むのが楽しみです。」という感想をもらった。

教科書単元では、会話文や五感を使って書くことなどを表現技法として学んでいる。着眼点を増やすことと組み合わせることで、表現技法がより生きてくる。また、教科書単元では、同じ手順を踏み指導していくため似たような文章になる場合も多いが、今回のような実践を入れることで、個性的な文章が多く出てくる。

着眼点は、テーマによって違う。テーマによっては、着眼点が次の作文に生かせない場合も多い。また、内容は、一朝一夕にふくらむものではない。たくさん鑑賞会をすることでふくらみ、広がっていくものである。何回も気軽な鑑賞会を重ねることが大事である。児童の視野は成長するにつれ自然に広がるが、今回の鑑賞会は、視野の広がりを意識させ、文章にも表すことができるようにするための一つの具体的な方策となった。今後は、社会的な視野の広がりも期待しつつ、表現技能をさらに高めることでより豊かな文章が書けることも目指していきたい。これからも、いろいろな文章に出会い、楽しんで書く児童を育てるために、文集づくりを続けていく。

（須田　千華）

第二学年　豊かな表現が広がる、書くことが好きになる文集づくり

一　私の願い

二年生に進級し、友達の作文から、友達の考えていることを読み取ったり、その人らしさを感じ取ったり、読むことを楽しむようになってきた。文集に編み、他者の文章を読み味わわせることによって、児童が、書きたいことを豊かに表現できるようにするとともに、書くことが好きな児童を育てたい。

二　児童の実態

《六月の実態》テーマ　町たんけん

●町探検全体の流れを書いた児童　二十三名　訪問先を一カ所に絞って書いた児童　九名

●文章をうまく書き進めることができない児童　一名　短い文や単語を並べて書いている児童　二名

●「楽しかったです。」「うれしかったです。」「とってもとっても」を繰り返して字数を埋める児童　二名

ほとんどの児童が、四〇〇字詰め原稿用紙を前にしたとき、一枚を字で埋めようとする。しかし、できごとを書いた後に「楽しかったです。」「おもしろかったです。」「またしたいです。」という文で終わる児童が大半を占めていた。このような実態をふまえ、本学級においては、文集の鑑賞会を通して、内容を豊かに表現させるための文集の編み方を工夫できるように心がけた。

三　実践Ⅰ

六月になかよし集会をテーマに書いた作文の中から、思ったことや感じたことを、「楽しかったです。」「うれしかったです。」「すごいです。」ではなく具体的に書いている児童の四作品を意図的に抽出して一枚文集に編んだ。その鑑賞会では、教師が着目させたい言葉についての意見が交わされ、感想にもその良さを書いていた。しかし、鑑

賞会後に続けて、集会をテーマに書かせてみると表現の仕方に大きな変容は見られなかった。これは、最初の集会は自分たちが表現する側に立ったものであり、後の集会は受け手として参加した集会活動であったためであろう。低学年における鑑賞会のための作文のテーマは、児童が実際に体験したことがよいのではないか。

1　書く　テーマ　運動会　（九月）
2　鑑賞会　鑑賞会では、自分が「いいな。」と思った表現に線を引きながら読み、線を引いたところについて発表することで意見交換をした。

四作品（・作品と鑑賞会における主な児童の気付きと発言）

「たのしかった体いく大会」

九月二十五日に体いく大会がありました。ブレイブや大玉はこびや玉入れやいろいろありました。

一ばん心にのこったきょうぎはブレイブです。そのわけは、一ばんがんばって一ばんれんしゅうしたからです。

一ばんさいごだったけど、いつのまにか二いになっていたから、うれしかったです。一いではなかったけど、おうえんでゆうしょうできたのでやったぁと思いました。（A児）

・一ばん心にのこった「わけ」までかかれていて気持ちがよく分かった。
・「わけ」まで書くと詳しく分かる。

「おうえんしてくれたこと」

わたしがダンスをしているときにおかあさんがおうえんしてくれました。

着目させたいことば
●一つのことをくわしく書く
・その中でも一ばん心にのこったのは～。
●つなぎことばをつかって内容を詳しく書く
・～ので
・～だけど、～。
・そのわけは
●気持ちの表現の仕方の工夫
・心があたたかくなりました。
（うれしい）
●会話文
・「〇〇ちゃんがんばれ。」

おべんとうもおいしかったです。あと走っているときにもおうえんしてくれたのでとってもうれしかったです。

二十五日はとってもいい日でした。

「〇〇〇ちゃんがんばれ。」

とおかあさんが言いました。

わたしは心があたたかくなりました。「がんばれ。」というと心があたたかくなるんだなあと思いました。（B児）

・「がんばれ」ということばは、心をあたたかくすることがわかった。

児童は、詳しくわけを書くと気持ちが伝わりやすくなることに気付き、うれしい気持ちの表現の仕方がいろいろあることにも気付くことができた。鑑賞会後の感想には、気持ちが伝わってきたので自分はどのように思ったかを書いている児童が多く見られた。

3　鑑賞会後の書く活動　テーマ　最近のできごと　（十月）

七月になかよし集会をテーマとして書いた時と比較すると次のような変容がみられた。

鑑賞会の効果

「なかよし集会」　どきどきしました。だけどどきどきしなくなりました。（C児）

どきどきしたわけを入れ詳しく書くようになっていた。学んだことを生かしている。

「サガントス」　ぼくは、日曜日にサガントスをみるのははじめてなのでどきどきしました。（中略）サガントスは0―0でどうてんでしたけどたのしいいちにちでした。（C児）

「なかよし集会」　今日、なかよし集会でした。みんな暑い中で大声を出してがんばっていました。ことばをわすれたときは、よこの人が教えてあげていました。わたしは、わすれた人にやさしく教えてあげている人を見てすごいなぁと思いました。（D児）

書き出しの文末を「しょうかいします。」と読み手を意識して書いてみたり、広さや楽しさの度合いを工夫して表現したりしている。午前の出来事、午後の出来事それぞれに会話文を一つずつ入れ、そのときの様子が、読み手により伝わるように書かれていた。

「たのしかった一日」　十月二十三日にあったことをしょうかいします。午前は、おまつり「いまりトンテントン」に行きました。なぜ行ったかというと、（中略）　午後は、げいひんかんに行きました。げいひんかんは、広くて大声を出さなくてもひびきそうな広さでした。（中略）おもしろい一日でした。またこんな一日があればなと思いました。（D児）

四　教科書単元の効果

十月は、児童が自発的に書きたいと言った作文、テーマ最近の出来事から三作品を抽出し鑑賞会を実施した。

鑑賞会（・作品と鑑賞会における主な児童の気付きと発言）

夜ごはんをよういしました。（中略）そしたらお父さんが「Hっぺ、じょうずかね。」、つぎはお母さんが「Hじょうずかね。」と言ってくれたからうれしかったです。こんど、お父さんやお母さんも作ってみたいなぁと言っていました。すごくたのしかったです。また作りたいです。毎日作りたいとわたしは思いました。お父さんやお母さんや、おとうとやじいちゃんばあちゃんいとこに教えたいぐらいです。（E児）

着目させたいことば

●どのくらいかが、わかりやすくなることば

・も　・ほど　・くらい

●様子をくわしくすることば

・つるっとすべる

・「毎日作りたいぐらいうれしかった」「お父さんやお母さんや、おとうとやじいちゃんばあちゃんいとこに教えたいぐらいうれしかった」ということばで○○さんのうれしさがわかった。
・会話文を入れているところが楽しかった。

このように鑑賞会直後の書く活動では、会話文に挑戦したり、「くらい」「ぐらい」などの言葉を積極的に使ったりしていたが、様子を詳しく表現するための擬声語や擬態語や、喩えなどはなかなか出てこなかった。

十一月の国語科教科書単元「秋の一日」（光村図書）の学習は、生活科における「あきみつけ」や「やさいをそだてよう」との関連が深い。国語科の学習において教科書の作品を含め四つの詩を鑑賞した後、生活科での「あきみつけ」や「いもほり」をテーマとして詩を作った。全児童作品を一枚文集にして配布した。鑑賞会は行わなかったが、鑑賞会を重ねてきていたので児童は積極的に読んでいた。その後の書く活動　題材「草むしり」（十一月）の作品の中には喩え等、今まで鑑賞会だけでは出てこなかった表現の仕方が見られるようになった。これは、教科書での学習が、児童の作品に影響しやすいと言えると同時に、一枚文集を配布することの効果であろう。

五　実践Ⅱ

1　書く　　題材「草むしり」（十一月）　　生活科での体験活動を題材として取り上げた。
2　鑑賞会
　児童が十分に作品を読み、鑑賞し合う時間がとれるように作品数を四つから三つにした。

「だいこんさん」
　わたしは、だいこんの草むしりの時へんな虫を見つけました。体は少し太かったです。だいこんの草むしりの時へんな虫を見つけました。足はいっぱいありました。さいしょは、「むかでなの。」と思っていました。またへんなめずらしい虫をみつけたいです。（F児）

着目させたいことば
●たとえの表現
・お肉のほねみたいな形
●様子をくわしくすることば
・きゅっきゅ　・ちくちく　・ざらざら
・つるつる　・はなにつーんとくる

児童の鑑賞会後の感想には、以前と比較すると、気付いたことに加え「まねしてみたいと思います。」「次は形をくふうして書きたいと思います。」というような、学んだことを生かしていきたいという発言が増えた。「気持ちがいいことを『きゅきゅっとした』と表現しているところがすごいです。」「だいこんのにおいの『つーんとした』からわさびを思い出します。」などの具体的な感想も増えた。

また、文集を綴り続けることで児童自身の、作文がもっと上手になりたいという意欲を高めるだけではなく、児童間の相互理解が深まるという効果も見られた。鑑賞会の中で、作文の内容から「○○さんらしいと思いました。」という声もあった。文集による学習は、自己表現、相互理解の手段となり学級経営の基盤となっている。

3　鑑賞会後の書く活動　　題材「ピーマンパーティー」（十二月）

（略）食べてみました。パンとピーマンとチーズがふんわりしていたり、さくさくしていたりしていたのでおいしかったです。（G児）

（略）おいしそうなにおいがしてきました。パンの上にチーズをのせてレンジでチーンとしました。その音を聞いたら耳がキーンとしました。（略）（H児）

今回の鑑賞会で学んだことやこれまでに学んだことを生かして書こうとしていた。それに加えて順序を表す言葉を積極的に使ったり、読み手を意識して書いたりしている児童がみられた。国語科の単元で説明文の学習をしているからであろう。児童の作品には、教科書単元でそのとき学習していることが大きく影響することがわかる。ほとんどの児童が題名や、書き出しに自分なりの表現の工夫をしようとするようになった。D児は、相手意識を持って文章を書き（　）を使って自分の心の声を織り交ぜて書くなどの今までの文集に出されていない書き方の工夫を見つけていた。

六　これからに向けて

この実践を通して、児童は文集学習で学んだことを生かし、思いや様子を豊かに書き表せるようになってきた。文章が長く書けるようになり、さらに新しい表現を求めて教科書教材や読書によって得た言葉や表現の仕方を進んで取り入れる児童も多く見られるようになった。鑑賞会直後の書く活動では教師が意図する書き方を生かすことができなくても、鑑賞会を重ねているうちに以前学んだことを取り入れて書くようになる児童もみられた。新しい書き方に挑戦することを楽しんでいる。また一日の生活ふりかえりカードの一言欄に、進んで日記を書き出す児童が増えた。書くことが好きになり、楽しみ、だれかに読んでもらうことを喜ぶようになっている。文集学習が、児童の表現の仕方を豊かにし、文章を書きたいという意欲を高めたと言える。保護者から「最近自分で文章が書けるようになってきました。ちょっと成長したかな。この子のよさをみつけて伸ばしてあげたい。」という言葉をいただいた。書くことが成長を感じさせ、その児童の特技として認められていくことを実感した。

文集の鑑賞会で、互いを高め合う学習を成り立たせるためには、教師の日頃の学習環境づくりが大切である。特に低学年においては他教科における体験活動や、日頃の読書活動が大きく影響する。他教科や日常生活の中でより五感を豊かにし、その中でことばの知識が広がる教師の言葉かけを大切にしていく。その積み重ねの中からさらに豊かな言葉の表現がふくらむ。また、読書により、児童の作品からまだ出されていない表現技法と児童とを出会わせることができるだろう。今後は文集学習を学級経営の基盤とし、鑑賞会が児童―児童、児童―保護者―教師の心をつなぐ場となるように、学級作りとしての文集作りに挑戦する。文集により、児童の主体的に学ぶ姿勢が高まり、豊かな表現の技法が広がっていくことの可能性、文集そのものの可能性の追求を重ねる。

（浅井　のぶ子）

第三学年　いろいろな文種を楽しむ児童が育つ文集づくり

一　私の願い

思いを書き表すために、この文種で、こんな言葉を使えば、伝わりそうだと、楽しんで書く児童を育てたい。そこに至るには、まずいろいろな文種で書くところから始まる。児童の文種を広げるための一枚文集のあり方について探る。

二　児童の実態

題材　リコーダー講習会（四月）　G児のように、どの児童も生活文で書いていた。

> 教えてもらったこと　（G児）
>
> 今日、リコーダーのプロの方が来てくださいました。まず、シの音の出し方を教わりました。シの音の出し方は、うらの一つだけのあなをお父さんゆびでおさえました。そして、おもてのいっぱいあながあるところの一番手前の方を人さしゆびでおさえました。そして、息をフウーとふくとシの音が出ました。なぜきれいにふけたかというと、一番さいしょに習った、すって息を止めて、そして、息を出して、息を止めるという練習をしたからです。次に、ラを習いました。やり方は、…（略）……そして、中学生になるとアルトリコーダーがふけるそうです。早くアルトリコーダーをふきたいです。…（略）…わたしも、リコーダーのプロになりたいです。

三　実践Ⅰ

1　作文　題材　なでしこジャパンゆうしょう（七月）

2　鑑賞会　一枚文集で複数の文種を示し、生活文以外の文種への広がりを期待した。（吹き出しは発言）

なでしこジャパン世界一（L児）

きのう、テレビで、

「なでしこジャパン世界一。」

と聞いた時、心がぱあっと明るくなりました。

テレビに耳をかたむけたら、客せきにいた人の、明るくてうれしそうな声がたくさん聞こえました。

メダルなどを持っていたなでしこジャパンもとてもうれしそうでした。

ここで、わたしは、五・七・五がうかびあがってきました。なでしこは／みんなのこころ／てらすんだ
この五・七・五には、意味があり、くわしく言うと、なでしこジャパンは、世界一になり、みんなの心をてらしてくれるという意味です。

わたしは、なでしこジャパンがかってうれしいです。

なでしこが
ちからをあわせ
ゆうしょうだ
だって、みんなとちからををあわせたら、勝ったから。

C：詩や五七五が載っています。
T：同テーマでもいろいろな文種で書けますね。

C：詩みたいになっています。
T：教科書の詩『夕日がせなかをおしてくる』のように、繰り返しの「はじめて」で、強調されていますね。

なでしこ耐えて満開
はじめての、
ゆうしょうかざった、
金メダル。
はじめての世界一になり、
はじめての金メダルをとり、
はじめてのちょうてんにたっし、
はじめてのなでしこ一位になり、
はじめて、
ゆうしょうかざった、
すごいサッカー部
なでしこジャパンだ。

なでしこジャパンがはじめてかった
今日ニュースでなでしこジャパンが
はじめてかったと言っていました。
なでしこが
はつゆうしょう
うれしいな

3　その後の作品に見る児童の変容（九月）

9／8　朝のおはよう　（J児）
プルルルルル
おはよう
大あくび
まだまだねむいよう
くんくん朝ご飯のにおい
おはよう
まぶしい太陽さしてくる
みんなおはよう

9／12　朝のあいさつ　（J児）

おはよう！
おはよう！
朝のあいさつ
まずは、トイレにおはよう！
おはよう！
朝のあいさつ
つぎは、服におはよう！
おはよう！
朝のあいさつ
朝ごはんを食べて元気もりもり
いってきまあす

雨がふってむこうに行きました。（N児）
かけぬける
大雨横に
ならんでく

（P児）
帰るとき
前より暗い
秋だなあ

J児、N児、P児他、日記に、生活文以外の文種で書く児童が出てきた。

J児の9／8の詩では「おはよう」が繰り返され、9／12の詩では「おはよう！おはよう！朝のあいさつ」が繰り返されている。一枚文集で詩という文種に触れ、鑑賞会で話題になった繰り返しの手法を取り入れて書いている。9／8に続き、9／12も詩を書いたことから、詩を書ける楽しさ、生活文以外の文種で書く楽しさを感じ始めている。

N児は、一文の後に五七五を加えている。一枚文集で、複数の文種を楽しみ、自主的に五七五に挑戦した結果である。この後、五七五シリーズを続けて書いている。

鑑賞会で、複数の文種に接したことに触発された結果である。

一枚文集で複数の文種を示したことが、生活文以外の文種へ広げた。

四　実践Ⅱ

1　作文　題材　遠足（十月）

2　鑑賞会　複数の文種で書いている同一児の作品を一枚文集で示し、いろいろな文種で書けることの楽しさを価値づけることで、文種の広がりを期待した。左は一枚文集の一部。（吹き出しは発言）

＜４月リコーダー講習会＞

リコーダーをふいたよ（K児）

今日、二時間目に、リコーダーをふきました。わたしは、とても楽しみにしていました。わたしは、はじめて、リコーダーのいろいろなしゅるいを知りました。そして、そうじのし方やおき方を知りました。E先生のえんそうは、スピードがはやくて、すごかったです。わたしもいつか、E先生のようなえんそうができるようになりたいです。今日は、きいたり、見たりしてとても楽しかったです。E先生のお話は、わかりやすかったです。今度リコーダーをふくときは、シはしずかに、ラはらくに、ソはそっとの三つの言葉をしっかり頭に入れてふきたいです。

＜９月F園＞

F園にはいろいろありました。（K児）
五七五でまとめてみました。

いっかいに／ベッドがあって／べんりだな
（絵ベッドの手すり…車いすの人にべんり）
べんりだな／ろうかの手すり／歩くとき 絵

C：いろいろな文種で書いています。

＜10月遠足＞

「昔のどうぐ」研究レポート（K児）

1　調べたこと・調べた理由

わたしは、昔はどんなどうぐがあったのか調べました。調べた理由は、遠足ではくぶつかんに行って、昔のどうぐを見て調べてみようと思ったからです。

2　調べて分かったこと

（1）有明海でつかう昔のどうぐ

①ウナギカキ

有明海のひがたでうなぎをひっかけてとるどうぐ。

②オシイタ

…（略）…

3　調べた感想

調べる前は、昔のどうぐのことは、ぜんぜんわからなかったけれど、遠足ではくぶつかんに　…（略）…

昔のどうぐと今のどうぐは、作るざいりょうや、形もちがいます。

…（略）…

3　その後の作品に見る児童の変容　（十一月）

秋の風（G児）

詩①
秋の風はつめたいな
風といっしょにわたしもふきとばされそう
君といっしょに……

詩②
風がつめたくなってきました
わたしといっしょに……
つめたいのが秋
でも季節がかわり、わたしの体温かえてやる

おにぎりを作ってもらって食べたよ（M児）

（五七五）
おいしいな
おにぎりべんとう
手作りだ
（だって、おばあちゃんの
おいしくなあれという気
持ちがこもっているから）

（手紙）
おばあちゃんへ
おにぎりを作ってくれて
ありがとう。
五こも作ってくれて
本当にありがとう。
でも、足りなかった。
けれどうれしかったよ。

G児は、日記に、詩を書いてきた。自分が今までに書かなかった文種（詩）を書いているG児他、日記で複数の文種で書く児童が出てきている。一枚文集で、いろいろな文種に挑戦している友達を知り、鑑賞会で、その楽しさが分かったのが意欲につながった。

また、M児のように、一つの題材を複数の文種で書く児童が出てきた。同様に、一枚文集、鑑賞会に触発された結果であり、いろいろな文種で書くことへの意欲がうかがえる。

同一児の作品を一枚文集で示し、鑑賞会でいろいろな文種で書けることの楽しさを価値づけたことが、文種を広げる意欲につながった。

今までの一枚文集の作品を見ながら、「わたしも書いてみよう。〇〇さんのを真似しながら書けば、書けそう。」と、意欲を示す児童。一枚文集が文種を広げる効果の一つであろう。

五　実践Ⅲ

1　作文　題材　おにぎり弁当（十一月）

2　鑑賞会　一枚文集に、左L児の作品、前頁M児の作品等を載せた。この文種でこそ、自分の思いが伝わることを話題にし、文種を選んで書くことに誘う。

おにぎり作って食べる（L児）

一
おにぎり、おにぎり、おにぎり、おにぎり、
作って食べたい時には、お水であらおう
きれいに、きいれいに、あらおうね

二
おにぎり、おにぎり、おにぎり、おにぎり、
作って食べたい時には、
たこうよ、たこうよ、かたいお米をたこうよ

三
おにぎり、おにぎり、おにぎり、おにぎり、
ふっくらになったご・は・ん
具を入れてのりをまいて
作るの終わり

四
おにぎり、おにぎり、おにぎり、おにぎり、
自分で作ったおにぎり、あいじょう、あいじょう
たっぷり、たっぷり、できあがり

○　鑑賞会の様子

（一枚文集の作品をもとに、各文種でこそ伝えられる思いが話題になる。）

C：Lさんの作品には、繰り返しがあります。

C：詩みたいになっています。

T：「おにぎり」という言葉が繰り返されている詩だから、おにぎりを作って楽しいことが伝わってきますね。

C：リズムがあります。

T：繰り返しのある詩で、リズムがあるみたいということですね。一緒に読んでみましょう。

（Tの手拍子に合わせてCも手拍子を打ちながら一緒に音読する。）

C：歌みたいになっています。

C：作り方の順番になっています。

T：この詩だったら、リズムがあって歌みたいになっているので、初めておにぎりを作る一年生でも、作り方の順番を覚えられそうですね。……

3　その後の作品に見る児童の変容　テーマ　北校舎が取り壊される（十二月）

さようなら北校舎（L児）

わたしは、もうすぐとりこわされる北校舎には、思い出がたくさんつまっています。

まず、入学した時、北校舎が「これからよろしくね。」と言ったようにきこえました。

夏は、わたしのきらいなプールでした。（ぜんぜん泳げない。）とわたしは思いました。すると、また北校舎が、「だいじょうぶ。だれだって、できないのはあるんだから。」と言った気がしました。

秋は、いもほりをしました。おわったあと、わたしは、友だちと「つかれたねえ。」と話しながら歩いている時、北校舎が、「おつかれさま。」と言った気がしました。

二年生になると、北校舎は、話しません。（どうしてかなあ。）と思いました。（やさしくみんなをつつんでくれているから、つかれたのかなあ。）とわたしは思いました。

それから、三年生になりました。しばらくして先生が「北校舎は、もうすぐとりこわされます。」と言いました。「えっ。」とわたしは、おどろきました。

それから北校舎を見るたびに、わたしは、ためいきをつき、とぼとぼと歩きます。「北校舎。」とわたしは、つぶやきます。

そして十二月になり、だんだん寒くなっても、毎日、北校舎は、しずかです。何も言わない北校舎に（さようなら。）という思いをつたえて、わたしは、いつもどおりにもどりました。


L児は、物語にした理由を、「物語にしたら、分かりやすくみんなに伝えやすいから」と記した。他、「五七五の方がまとめられるから」「手紙で北校舎の思い出を伝えたいから」など、文種選択の理由としては不十分さが残るものの、児童なりに思いを伝える文種を考え始めたことがうかがえる。一枚文集をもとに、その文種だからこそ伝えられる思いを話題に鑑賞会をしたことが有効に働いている。

六　これからに向けて

実践から、一枚文集で複数の文種を示すことと、複数の文種で書いている同一児の作品を一枚文集で示し、いろいろな文種で書けることの楽しさを価値づけたことが、児童の文種を広げることにつながった。

また、そのことを、次のことが支えた。

・一学期に、児童がかいてきた絵に、俳句を添えて話をした。このことが、実践ⅠのL児他に生かされている。

・教科書単元での手紙を書く学習、研究レポートを書く学習が、実践ⅡのK児、M児に各々生かされている。

・日常を切り取り、「男は」で始まっている物語を紹介した。このことが、実践ⅢのL児に生かされている。

一枚文集を学級便りで見た保護者から、どうしてこのように児童の書く力が伸びるのか質問があり、実践を例に紹介した。「文集」が大事な宝になっているとのことである。

L児は、日記で、次のような物語を書き始めた。

　もしも〇〇小学校の三のDに……

ある日、みんなが帰り、しずまった後、一ぴきのてんとう虫が、「今日はここでおやつを食べよう。」と言い、三時のおやつを食べました。しばらくすると、ちょうがとんできて、いっしょにおやつを食べ始めました。「ごちそうさま。」と二ひきは声を合わせ言ったとき、3のDの教室に、羽を広げたものがやってきた。…

他、五七五シリーズを続けている児童もいる。ここに、いろいろな文種を楽しむ児童の姿を見る。G児が日記に随筆を書いてきたので、取り上げて紹介した。今後も、様々な機会をとらえて、児童の文種を広げていきたい。

（多々良　美由紀）

第六学年　内容に応じて文章の形式を選んで楽しんで書く文集づくり

一　私の願い

児童は、これまでに教科書単元で手紙や新聞、詩など、様々な形式と文種について学習してきている。しかし、指導者は児童が学習した形式と文種をその後の表現活動に生かすことに対して意識が薄く、児童が行事をとおしての思いや相手に何か伝えたいことを書く際には、ほとんどが日記形式の文章になっていることに問題を抱いていた。また、「作文は長く書かなければいけない。」と考えている児童が多く、文章の量が負担になり、書くことに対して消極的な児童も多い。

多様な形式と文種に気づくことができるような文集づくりと鑑賞会を行い、教科書単元で学習した形式と文種を目的に応じて児童が自ら選択し、意欲的に書くことを期待した。

二　児童の実態

○　「書くこと」に関しては、苦手意識をもつ児童が多い。日記は時々書いているが、ほとんどの児童がしたことを時系列で書いている。

○　書いたものを互いに読み合ったり良さを見つけたりする経験が少なく、高学年になり友達に読んでもらうことに抵抗がある児童が多い。しかし、友達の書いたものを読むことは好きな児童が多い。

○　「作文＝生活文」と考えている児童が多く、書く目的によって自分で形式や文種を意識して書くことができる児童は殆どいない。

○　抽出児について

【A児】国語を苦手（算数はとてもよくできる）としていて、書いて表現することはとても苦になっている。日常の国語の学習の中でも自分の考えを書くときにはなかなか書けない。

【B児】自分の考えを書くことはできるが、書いたものを読み直したり、校正したりすることが苦手である。

三　実践Ⅰ

1　書く（テーマ「学校のよさが分かるように紹介しよう」）

・新学期に江北小に赴任した先生方に学校のことを知ってもらうために学校の紹介をする。

・Ａ４版、罫線のみの用紙

・書いたあと、意図的に抽出した児童の作品を文集にし、鑑賞会をもった。

2　児童が書いた「江北小学校の紹介」

【抽出児Ａ】

江北小学校の紹介

体育館の工事があってきれいになりました。工事後は前とちがっておどろくぐらいです。かべにあった穴も消えてしまいました。ゆかとステージはいちばんきれいになっていました。こんなにきれいだと前よりよごさないようにしようと思うほどです。

【抽出児Ｂ】

江北小学校ってどんなところ

江北小学校では、おもに国語、算数、理科、社会を勉強します。他にも、音楽、図工、総合なども勉強します。授業中はクラスのみんなと楽しく勉強して休み時間には外でボールを使ってドッジボールなどをします。五～六年生からは委員会活動などが始まり、四年生からクラブ活動が始まり、いろいろなことを楽しんだり、ちょうせんしてみたりもできます。毎年、一～六年生までは修学旅行があります。修学旅行ではいろいろなことを見学して見たり、聞いたりします。あと、江北小学校の先生たちはみんなやさしいです。
このように、江北小学校は、とても楽しいところです。

3　文集づくり

教師が意図的に四つの作品を選んで編み、一枚文集にして配布した。そのうちの一つは形式の違いに気付かせるために教師がパンフレット形式にして書いたものである。パンフレットについては、教科書単元で学習していた。鑑賞させる際に、「四つの作品それぞれのよいところを見つけて作品の横に書きこみましょう。」と誘った。

提示した四つの作品の内容は次のとおりである。

作品①…「あいさつ」や「思い出の木」について良さを書いたもの
作品②…春夏秋冬の行事についての紹介をしたもの
作品③…各教室の紹介をしたもの
作品④…「遊具」「行事」「あいさつ」について、パンフレット形式で書いたもの（教師作）

楽しいよ　江北小学校
自まんその１　遊具がいっぱい
中庭には、ブランコ、うんていなどの遊具があります。鉄棒もあるので、授業で学習した技を休み時間に練習することもできます。大きなボールに乗ってゆらゆらゆれて遊ぶものもあります。どの遊具も人気です。
自まんその２　いろいろな行事
１学期には遠足や、修学旅行、２学期には体育大会、風の子マラソンがあります
（後略）

【作品④（教師作）】

4　鑑賞会（見つけた良さの交流・鑑賞会の振り返り）

それぞれの作品についての良さを出し合い交流させた。ほとんどの児童が四つの作品のそれぞれの良さ（または内容を認める言葉）を書いていて、友達の作品を読むことを楽しんだ。最後に作品④について、他の三つの作品との違いについて考えるように促した。書いて表現するときには、内容や目的によって文章の形式を選んで書くと、読み手をひきつける効果があることに気づいた発言が出され、それを全体に広げることができた。

最後にこの鑑賞会の振り返りを児童に書かせた。今回の鑑賞会のように、作品を読み合って互いの良さを交流することは初めてであった。自分の良さを認めてもらったり、新しい形式に気付いたりすることができ、鑑賞会

を行ったことは、児童にとって有意義なことであった。

【抽出児Aの感想】

今日、四人の作文をかん賞して書き方が④さんだけちがっていた。私は④さんの書き方の方が小見出しなどがあって見やすかった。形式はちがってもいいということを初めて知り、書くことに合わせて選んで書こうと思った。

【抽出児Bの感想】

今日のかん賞会の①さん②さん③さん④さんの中で④さんのが見やすかったです。④さんは、パンフレットのように書いていました。このようなものを書くときは、いろいろな書き方で書きたいです。

四　実践Ⅱ

1　書く（テーマ「思い出を残そう」）

・十月に行われた体育大会のあと、小学校最後の体育大会の思い出を書かせた。

・①A4版、罫線のみの用紙、②外枠だけの用紙（新聞・パンフレット用）、③短歌などを書くことができるように歌を書く欄とその歌にこめた思いを書く欄がある用紙、計三種類準備した。

・書く前に、以前の鑑賞会を想起させ、これまでに学習した文章の形式について確認した。児童から「新聞」「ポスター」「図鑑」の形式に加え、「短歌」「俳句」「詩」などの文種も出され、今回は自分の思い出が最もよく表すことのできる文章の形式や文種を選んで書いてよいことを確認した。

2　児童が書いた「体育大会の思い出」

書きたい文章の形式に合わせて各自が用紙を選んだ。短歌や五七五調がすぐできると思い取り組んでいたが、思いを表す言葉をうまく歌に合わせることができず、他の形式に変更する児童もみられた。中には、「新聞」と「短歌」とで書く児童も現れ、意欲の高まりを褒めた。書きながら、席を離れて、同じ形式で書いている友達のところへ行き、言葉の使い方などを参考にする児童もみられた。また、違う形式で書いている友達の作品に興味をもち、自然と読み比べたりする姿がみられた。

【抽出児Aの新聞】

> **体育大会新聞**
>
> **応援合戦優勝**
> 　応援合戦で赤組は、みんなで協力して大きな声を出し、優勝できました。練習のときはあまり出ていなかったけど、本番になるとみんな出ていました。田中先生は「青と黄は本番前日内容を少し変えたりしていたけど、赤組はそういうことがなくて（以下略）
>
> **踊りきれた江北ソーラン**
> 　今年の江北ソーランは六年男子がやぐらを作りました。私はやぐらをとても見たかったけど、見れなくて残念でした。ソーランが終わった後にお母さんに聞いたら、「すごかった」と言っていました。それを聞いてやっぱり見たかったです。
>
> **親子レク走**
> **おもしろかった**
> 　二人三脚が全然合わなくて苦戦しました。しかもポーズがハートだったので、うまくできたか不安です。
>
> **あとがき**
> 　今年総合優勝はできなくておしくも二位だったけど、応援合戦では優勝できよかったです。

【抽出児Bの短歌】

> やぐらくみ
> ポーズが決まった　そのしゅんかん
> はく手をもらって　うれしさいっぱい

抽出児Aは、新聞用の枠を選んだ。これまで、行事の感想などを書く際にはなかなか進まず、時間内に仕上げられなかったことも多かったが、この新聞は一気に書きあげることができた。

抽出児Bは、教師のアドバイスをうけ、指を折りながら短歌形式に合う言葉を探して、表現することができた。

3　文集づくり

教師が意図的に四つの作品を選んで編み、一枚文集として配布した。形式や文種の違いによる効果に気付いてほしいと考え、新聞形式を二つ、あとは散文と短歌を抽出した。また、鑑賞会で褒められることにより書く意欲を高めて欲しいと考え、四つのうちの二つは抽出児童の作品を取り上げた。一回目同様、鑑賞させる際に、「四つの作品それぞれのよいところを見つけて作品の横に書きこみましょう。」と誘った。

4　鑑賞会（見つけた良さの交流・鑑賞会の振り返り）

それぞれの作品についての良さを出し合い交流させた。全ての児童が四つの作品それぞれについて、内容に共感したり、文章から分かる気持ちを考えたりするコメントを書いていた。形式や文種に着目した感想も多く、次に書くときには、違う形式や文種で書きたいと意欲が高まった児童も多くみられた。

【抽出児Aの感想】

今日のかん賞会に自分の新聞が出ていてびっくりしました。自分の新聞のいいところを言ってもらってよかったです。他の人の作文も参考になりました。

【抽出児Bの感想】

（前略）「そのしゅんかん」というところは、一しょうけん命考えて作ったので、ほめてもらってうれしかったです。短歌を作ってよかったと思いました。

五　児童の変容

学年当初は、作文用紙を目の前にして鉛筆がなかなか動かない児童が多くいた。しかし、形式と文種に気付くことができるような文集づくりや鑑賞会を行ったことで、児童が書きたい内容に合わせて形式と文種を選ぶことができることを知った。その後は、形式と文種を統一せず、複数の形式や文種の提示をしたり用紙の工夫をしたりしたところ、書くことへの抵抗がなくなり、楽しんで書く子どもが増えてきた。また、書くことへの苦手意識をもっていた児童は、鑑賞会で友達の作品を読むことに興味を示し、内容に共感したり表現や言葉のリズムのよさを見つけたりすることをとおして、友達から書いた文章を褒めてもらい、書くことに自信をもつことができた。

六　これからに向けて

これまでは、教科書単元や行事のあとで書くことを行ってきたが、書いたものは教師が添削して掲示することまでしかしていなかった。しかし、本実践では「形式と文種を選んで書く」ことができるようになることを目指して、児童が書いたものを一枚文集に綴り、鑑賞会を行った。実践をとおして、教師が児童に身に付けさせたい書くことの力を明確にもち、その手立てとして文集づくりや鑑賞会を行うことは、大変有効であった。今後も、書くことをとおして、教師が児童にどのような力を身に付けさせたいのかをはっきりさせ、文集づくりや鑑賞会を続けたい。「文集をつくりたい」「鑑賞会をしたい」「もっと書きたい」と書くことに意欲的な児童を育て続けるべく努力する。

（今泉　博枝）

第六学年　資料を基に自分の思いや考えを表現した文集づくり

一　私の願い

第六学年の社会科を受け持っている。社会科は、教科の特性から、文章のみではなく、いわゆる非連続型テキストを読み解くことが求められる。社会科学習の中に、資料から情報を取り出し、意味を解釈し、熟考・評価したものを表現する行為を観点として設け、資料を基に自分の思いや考えをもつ児童を育てようと企図した。この「取り出し」「解釈」「熟考・評価」「表現」の観点をひとつのプロセスと考え、児童の作品を抽出して文集をつくり、鑑賞する。児童の自発性により、段階的にそれらの力が育まれることを期待した。取り組む作品は「歴史人物特集」とした。

二　児童の実態（七月）

テーマ「織田信長特集をつくろう」　児童数35人

① 教科書等に掲載されている内容数に対して、児童が取り入れた内容数ごとの人数

1…0人　2…四人　3…七人　4…六人　5…三人　6…七人　7…七人　8…一人

② 全体像を示すために年表を取り入れた人数　十九人（55%）

※通常の授業において、教科書等に記載のある年表は、主として小単元の末に内容を時系列順に振り返る際に利用している。年表は、人物を中心とした紀伝体的な内容を補完する役割として編年体の典型と考えている。児童は、年表に書かれている出来事を、ひとつの小見出しのように、あるいは、その時代の目次のように捉えている。

③ 項目ごとに小見出しをつけた人数……二十七人（78%）

④　イラストや図を用いて説明を補った人数……九人（26％）
⑤　資料の文章を自分の言葉に書き換えて説明している人数……六人（17％）
⑥　信長に対する感想を述べた人数……二人（8％）

資料の量から、8つの内容を書くことが適当であろうと見込んでいたが、①のように約半数の児童が見込みの半数以下の4つの内容であった。見方の狭さや事柄同士のつながりの希薄さが気になった。信長の生涯を大づかみに伝えるものとして、年表の有効性を感じているであろう人数は、②で示すように半数強であった。③の小見出しについては、前学年までの新聞作りの経験等を考えると少ない。④からは、イラストや図の長所を十分に理解させる指導が不足していたことで、それらを表現に生かそうと発想する児童を育てるに至っていない。⑤解釈したことを独自の目線で表すことへの魅力に、まだ気付いていないことを表す。⑥の信長に対する感想を述べた二人は、自分の尺度を大きく上回る信長の人となりに触れたことで、自発的に感じたことを書き表したくなった児童であった。

三　実践Ⅰ（九月）

1　書く

自分の「織田信長特集」を一度推敲させた。

2　鑑賞会

最初の段階として、推敲した「織田信長特集」を基に「取り出し」と「解釈」という観点で児童の作品を抽出し、文集をつくった。その際、内容ごとにA、B、Cと類別した印を付け、作品同士の共通点や相異点を児童が見付けやすくした。A、B、Cの内容は次の通りである。

A…年表を記載しているもの（信長の生涯を年表にしたもの…A－①、戦の年表…A－②）
B…信長の人柄や戦、政策など複数の内容を取り入れたもの（教科書と同じ小見出しを付け、文章も転記…B－①、教科書の文章を区切って小見出しを付けたものB－②、教科書とは違う順序でまとめたものB－③）
C…図などを入れたもの（資料の図解を引用…C－①、多少の解釈を入れ、内容をイラストで示したもの…C－②）

文集を一通り読ませたところで、類別した記号について尋ねると、児童は文章の分け方の違いや図説の有無に気付いた。次に、それぞれにどのような効果を感じ、どの表し方を支持するかを問うた。文章の分け方について多くが教科書とは違う「小分け型」を支持した。逆に、出来事の流れが分かりやすいという理由から「長文型」を支持する声も聞かれた。図説については、全員が分かりやすさや読み手の目を引くことを理由に支持をした。

四　実践Ⅱ（九月〜十月）

1　書く

次の単元の終末に再び特集を書くこととした。書きたい人物を尋ねたところ、別々の名前が挙がったため、統

Ａ－①の例

※長篠の戦いについて教科書の文章を転記 （内容省略）	※信長の出生から没年までの年表を教科書から転記 （内容省略）

Ｂ－③の例

〜全国統一の３人〜 （内容省略） 〜全国にその名を広めた戦い〜 （内容省略）	〜安土城と信長〜 （内容省略） 〜豊富な貿易〜 （内容省略）

Ｃ－①の例

〜信長の勢力〜 ※日本地図で勢力範囲を図示。 〜天下統一をめざす〜 （内容省略）	〜信長の妹お市〜 （内容省略） 〜信長の人柄〜 （内容省略）

一を図らずに取り組ませた。書く前には再度、文集に作品の特長を振り返らせた。

2　鑑賞会

「取り出し」を中心に据える段階から、「解釈」「熟考・評価」「表現」の段階へと進めたいというねらいをもち、児童の作品から、自分なりの解釈と感想などの記述があるものを抽出し、文集をつくった。

A…文章の中に図説がある

B…事柄の終末に一言感想を入れる

C…終末に「感想」の欄を設ける

Aの例

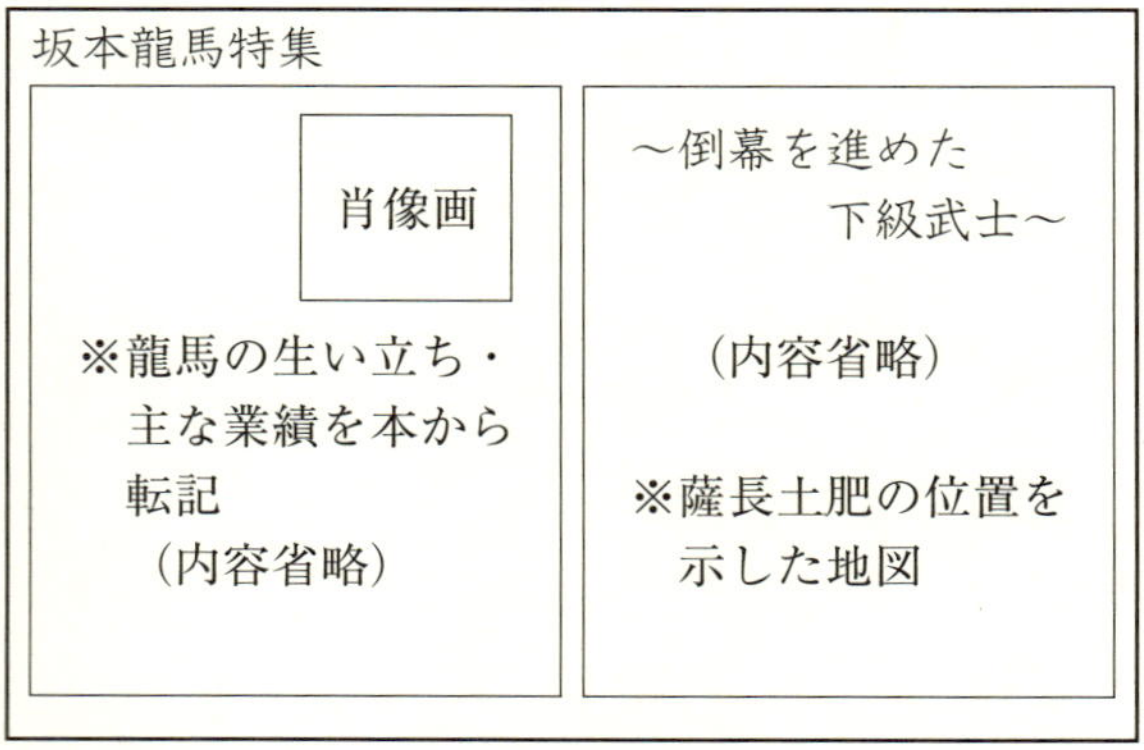

Bの例

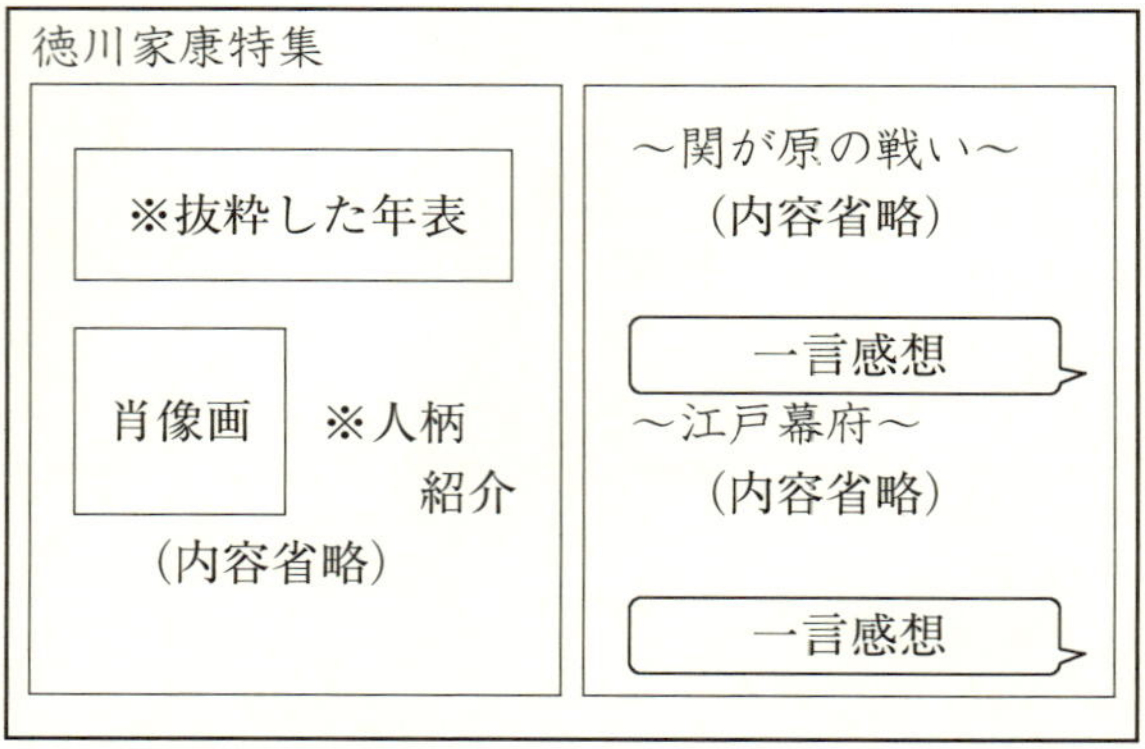

Cの例

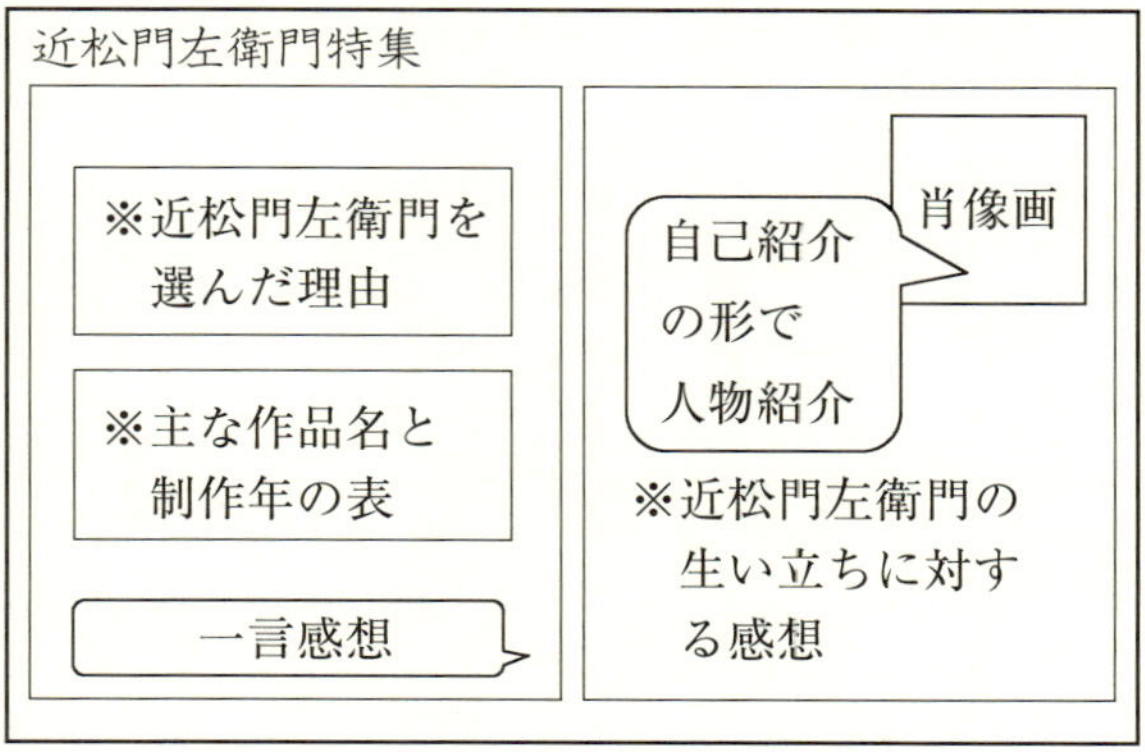

「今回の文集には、どんないいところが見つかりましたか?」の問いに「図やグラフがあると文章も分かりやすくなる。」「感想があると、歴史の人物がどんな人だったか伝わってくる。」「感想があると、自分と同じとか、違うとか感じておもしろい。」などの意見が出た。一つ一つの意見にまわりの児童はうなずいていた。

五　児童の変容

実践Ⅱの文集の鑑賞会後、歴史の学習の締めくくりとして、個々に人物を決めさせ、三回目の特集を書くこととした。児童は、ノートや教科書、資料集を見返し、学習した人物の偉業や当時の出来事などを思い返しながら書き進めた。

1　抽出児童に見る変容

> ○不平等な条約
> 1　日米和親条約
> 　日本は，下田，函館の両港をにアメリカの船が，水・食料・石炭などの調達のためにに入港することをゆるすこと！
> 2　日米修好通商条約
> 　輸出入品については，日本の役所に税金をおさめること。
> 　しかし，税金の額は日本で決めず，アメリカと相談して決めること。
> →関税自主権がない！
> 　アメリカ人が日本人に対して罪を犯した場合，日本の決まりで裁判しないで…以下省略

実践Ⅱ　ペリー特集の一部

> ○悲しみのびっくりニュース
> 　大変です。大塩平八郎が自殺しました。しかし，乱はとどまることを知らず，各地で反乱が起きています！大塩の影響です。みなさん！乱やデモは絶対にしないでくださいね。
> ○感想
> 　私も大塩平八郎に影響を受けました。不正を許さず，自分を犠牲にしてでも人々の苦しみを救おうとしたところは，まねしたいと思いました。でも，納得できないところがあります。それは，暴力を使ったことです。乱やデモを起こさないように，法律をきちんと決めなければいけないと思いました。（※波線は筆者による）

12月　大塩平八郎特集の一部

本児童は、実践Ⅰでイラストを使って、信長の戦の様子を表した。しかし、説明は、箇条書きであり、それらのつながりやイラストとの関連も薄いものであった。実践Ⅱでは、右頁上段のように箇条書きではなく文章で表している。また、文末に「！」を付け、自分の言葉で表そうという思いも見える。ただ、事実を列挙する書き方は残る。12月は、右頁下段のようにテレビ番組に見立てて事柄を解説し、「みなさん！乱やデモは絶対にしないでくださいね。」と、私見を加えている。ここに本児童が「取り出し」から「解釈」へと段階を進めたことを確認でき、さらに、大塩平八郎を評価するような感想と歴史事象を現代に生かすには、という意味の考えを述べている。本児童は、文集の作品に触発されて「熟考・評価」し、自分の思いや考えを「表現」していくまでに力をつけた。

2　学級全体での変容

○「取り出し」にかかわること

・独自の小見出しをつけた人数　七月…十三人（37％）　↓　十二月…三十五人（100％）

○「解釈」にかかわること

・自分の言葉に言い換えた人数　七月…　六人（17％）　↓　十二月…二十二人（63％）

○「熟考・評価」「表現」にかかわること

・思いや考えを述べた人数　七月…　二人（8％）　↓　十二月…二十五人（71％）

六　これからに向けて

取り組みを進めていく中で、児童は、「熟考・評価」「表現」の前提として、十分な「解釈」が必要であることに気付いた。また、事柄や人物を詳しく知るほどに自然体で「解釈」をし、これらが蓄積する中で「熟考・評価」を行い、思いや考えを「表現」するに至った。本実践を通して、児童の自発性により、「取り出し」「解釈」「熟考・評価」「表現」の力を段階的に育むことができた。今後も、このプロセスを経た意見文の鑑賞の場を設け、異なる見方や考え方に数多く触れさせる。これにより、個々が一旦は結論付けた判断を揺さぶり、事実認識を更に深める必要を感じさせる。即ち、「取り出し」から始まるプロセスの次なる段階を展開する。

（山口　孝治）

実践Ⅱ

Q＆A「文集にはどのような種類がありますか」

Q　文集にはどのような種類がありますか。

A　**読み手や編集者による分類**をすると、以下のようなものがあります。

①［個人文集］：児童一人一人の作品をまとめたもの。一定期間での授業や家庭学習で書いた手書きの文章をまとめる場合が多い。指導者の意図として、児童が自分を見つめて綴るような題材の工夫をしたり、自分史をまとめさせたりして児童の成長や学習の歩みが分かるものを目指したい。

②［学級文集］：主に国語科の授業として、年度末や単元終末にまとめたものが多い。高学年では、編集を児童に委ねていく場合もあります。担任の裁量で編集・発行ができるので、最も自由度が高い。冊子形式で発行されることもあれば、学級通信と同じ形式の「一枚文集」として発行されることもあります。

③［学年文集］：その学年に所属している児童の作品を集めたもの。主に共通の行事を題材にしたものが多い。また、卒業アルバムに付加する実践もよく見られます。

④［学校文集］：全校児童の作品を集めたもの。行事や児童会活動の記録、読書感想文等を集めたものや、各学級に編集を委ねたものなどがあります。広く校区内外の方々を読み手としている性格上、教師の編集・校正となる場合が多く、一般的に「優秀な」作品が集められる傾向があります。

また、学校文集は、六学年の発達段階をうかがうことができます。学校行事の異学年交流を題材にした作品を載せれば、交流による心のふれあいを違う学年の目線から知ることができ、たいへん興味深いものとなります。

⑤［地域文集］：県、市、町単位で、それぞれの地域の児童の作品を集めたものです。編集には、各地域の代表の教師が当たることが多い。その地域の作文コンクール等に入選した作品を中心に構成されています。

また、**発表媒体によると**、以下のような分類ができます。

①［冊子文集］：作品をまとめた原稿に、表紙、目次、前書き、後書き、奥付などを付けて、印刷・製本したもの。

個人文集の場合は、ファイルに綴じてまとめることもあります。

② パンフレット、リーフレット状の文集：取材活動、調べ活動の後に、学習のまとめとして作成したり、ある内容を読み手に紹介したりする場合に用いられます。国語科以外の教科・領域と連携して作成されることも多い。

③ 一枚文集：各学級で発行され、学級通信に準じた形式で出されることが多い。紙面の都合上、一名～数名の掲載となるため、担任の編集意図がより明確に表れます。焦点化した紙面になり、冊子文集よりも、表現のよさを価値付け、次に生かす指導が容易にできます。

④ 教室環境としての「文集」

学級経営の一環として、教室壁面を用いた「文集」があります。同じテーマの作文や新聞等を掲示したり、クリアファイル等に児童自身が作品を更新したりします。いずれの場合も、貼り出した当初は、多くの児童が興味を持って読み進めますので、定期的な更新が不可欠です。また、読んだ感想を付箋に書いて貼ったり、一番お勧めの作品をクリアファイル前面に持ってきたりというアクティヴな仕掛けが、児童の意欲につながります。

⑤ デジタル文集　Ⅰ【ＣＤ等の記録媒体を用いたもの】

同じワープロのファイルを使って作文を書き、ＣＤ、ＤＶＤ等の記録媒体を用いたもの。原稿用紙作り、原稿用紙印刷、記述の修正、ページ印刷、製本等の手間が大きく省けます。難点は、各家庭すべてにパソコンがあるわけではないということです。

⑥ デジタル文集　Ⅱ【Ｗｅｂを発表の場として】

ホームページ、ブログなどを発表の場とするもの。無料のＷｅｂページを使って、児童と教師がやり取りしている実践例があります。その場は、広義の「文集」と言えます。問題点は二つあります。一つ目は、すべての児童が参加できないことです。二つ目は、教師が介在しないと、情報の負の面が出てしまうことです。俗に言う「学校裏サイト」がこれに当たります。情報モラルの育成が欠かせません。

タブレット型端末やツイッター等、情報機器や表現形態の変化は、日進月歩です。新しい表現方法を取り入れながらも、手書きのよさを勘案しながら書く活動を行っていきたいものです。

※　参考文献　日本作文の会編　『生活綴方事典』（一九五八年　明治図書）
国語教育研究所編　『国語教育研究大辞典』（一九九一年　明治図書）
日本国語教育学会編　『国語教育事典』（二〇〇一年　朝倉書店）

Q　個人文集と集団文集（グループ、学級、家族など）では、どのような違いやよさがありますか。

A

	個人文集	集団（複数人）による文集
読み手	書いた本人とその家族。学級の仲間。	決まった範囲ではありますが、不特定多数。
編　集	期間内に表した作品をまとめます。製本したり、ファイルに綴じたりします。書いた児童らしさが表れるような題材を予め冊子状にしておき、そこに書き込んでいく方法もあります。 時系列、ジャンル別、お勧めの作品順など、その個人の思いに応じた編集が可能です。多くは、ページ数に制限がありません。	発行目的や発行同人の人数によって、全員分載せたり、数人分を複数回に分けて載せたりします。 決まったページ数に作品を収めます。
よ　さ	書いた個人の生活や考えを、細部までうかがい知ることができます。 編集した期間の中での表現力の伸びや人間的成長が分かります。 多様な文種が見られます。	多様な文種を載せることができ、読み手は様々な表現技法に触れることができます。 発行した後に、一斉授業の中で学習に使用することができます。

Q　文集になりそうな文種には、どのようなものがありますか。

A　読み手や編集者による分類をすると、以下のようなものがあります。今回、本書では、「書くこと」領域の文種について、学習指導要領（平成二十年公示）に示された指導事項や言語活動例を参考にしました。これは、一応の配慮であり、学年を超えた指導が可能です。児童の発達段階や書きたい内容に応じて導くのがいいでしょう。

学　年	示されている文種
一、二年	想像文、記録文、説明文、メモ、手紙
三、四年	詩、物語、報告文、説明文、学級新聞、手紙（依頼状、案内状、礼状）
五、六年	詩、短歌、俳句、物語、随筆、報告文、意見文、図表やグラフを用いた文、推薦文

Q　読み返す、大勢の目に触れる、ということを考えた場合、どうしても楽しい内容を載せることになりますが、それでよいのでしょうか。

A　文集は、学級の児童のみならず、保護者をはじめ家庭や地域の方も目を通します。当然、その内容については教育的配慮が必要で、人権・同和教育的に適切な表現か、また、家庭にとって知らせてほしくない情報でないか、事前のチェックが必要になります。

ただ、楽しい内容に限ることはありません。先に挙げた文種の例でも、児童が心を動かされ、それを綴りたくなるのは、楽しいことばかりが対象になるとは限りません。臍を噛むくらいに悔しかったこと、涙が出るくらいに憤ったこと、悩み抜いて考えた末の意見などは、読み手の心を揺さぶります。本人や保護者の了解を得た上で、文集に載せていきたいものです。鑑賞会で吟味されたその表現が、次に学級のだれかの表現に生かされることでしょう。

（本村　一浩）

第四学年　気軽に参加して表現技能や文種が広がる文集づくり

一　私の願い

本学級の合い言葉は、「絆」である。一年間で、みんなの絆が深まるようにとの思いをこめている。様々な学習や行事を通して、お互いに助け合いながら成長していこうと話し合った。さらに、その足跡を思い出として残していくために冊子文集づくりを提案した。年度末に苦労してやっと出来上がる記念誌的なメモリアル文集ではなく、事あるごとに、気軽に参加できる文集づくりを目指した。表現技能の向上そのものは授業中の指導に重きを置き、楽しんで文集づくりを続けることで、学習したことが活かされることが期待できる。また、この学級でしか味わえない共感を持って、友達の作品を読み合いたい。文集づくりを通して、友達の文章に触れ、友達の思いや良さを感じながら自分の良さにも気付き、意欲的に書こうとする児童を育てていきたい。

二　児童の実態

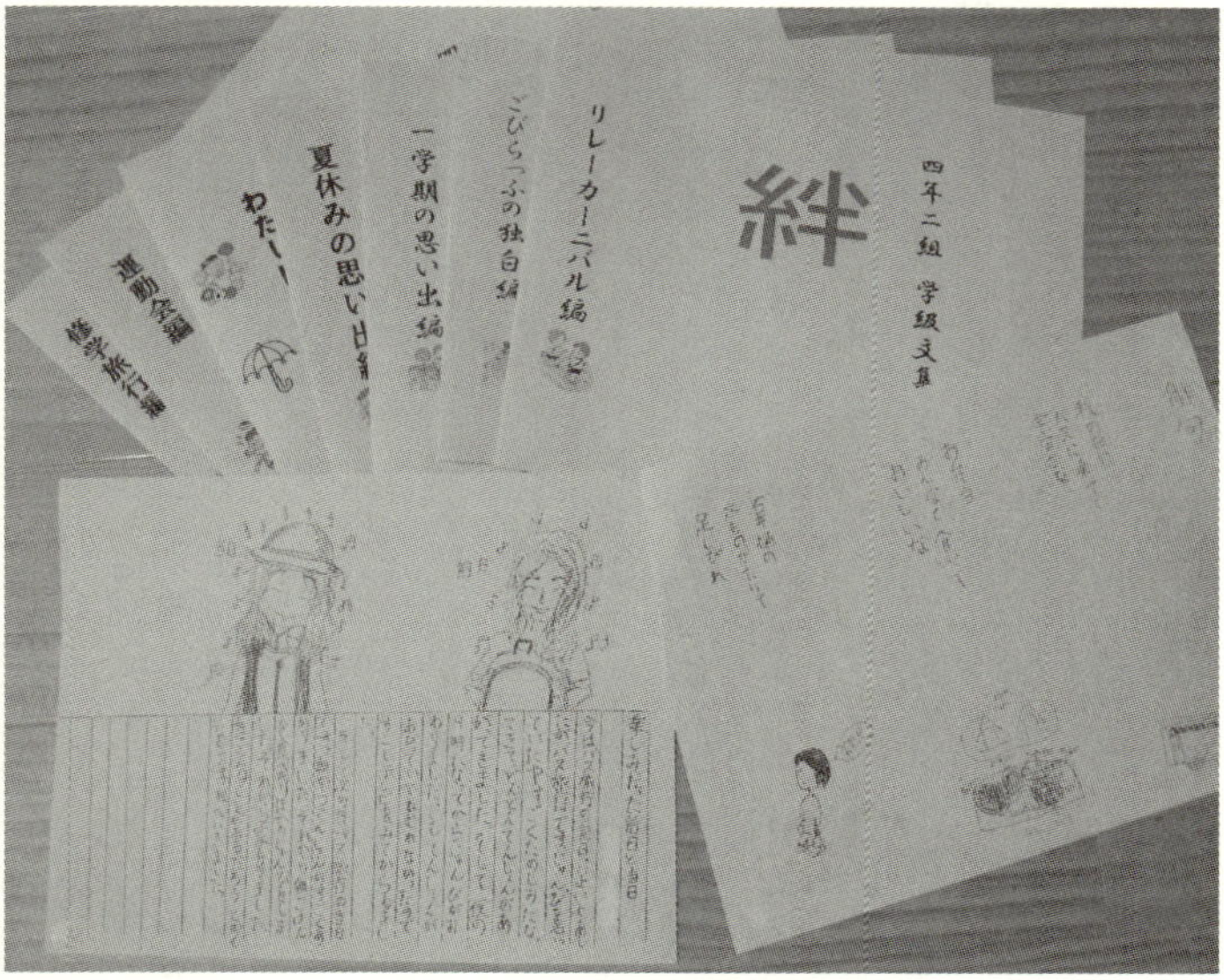

4月～10月で編んだ冊子文集例

1　作品例　五月実践

（A児）

今日、私は家族で、おばあちゃんの家に行きました。それから、私の家族とおばあちゃんとおじさんで清香園に行きました。そこで、やき肉をいっぱい注文して、いっぱい食べました。その中で私が特に（おいしい）と思ったのは、かみやすい、うすいピンクと白色の肉です。その後は、チョコバナナサンデーを食べました。とってもおいしかったです。今度は他の店に行きたいです。


（B児）

五月七日（土）にいとこのお姉さんとえい画を見に行きました。えい画の題名は「クレヨンしんちゃん嵐をよぶ黄金のスパイ」という題名でした。かん想はとても楽しくてとてもおもしろかったです。

2　児童の作品から見えること

いつ、どこで、誰が、どうした、という書き出しから始まり、したことを順序良く書いて最後に感想を書くという作品が多く見られる。出来事のあらましは大体わかるが、表現には、工夫の余地がある。文種は、日記か絵日記風がほとんどである。お互いの作品を読み合うという経験は少ない。

3　文集づくりの構想

児童が共通体験したことを題材にする。鑑賞会をする際、クラスメートならではの共感を持って、いいところ探しができる。用紙は罫線のあるものと、ないものから選択できるようにする。用紙が選択できることで、様々な文種で書く児童が増える。そして、書き上がった作品を文集に編む際には、敢えて全員の作品ではなく数名の児童の作品を載せる。一回限りのメモリアル文集ではなく、数回にわたって発行する中で結果的に全員の作品が載るようにする。発行されるたびに、自分の作品が載っているか、どきどきしながら読むであろう。鑑賞会で、いいところ探しをする際にも、作品数が少ないとじっくり読むことができる。

三　文集づくりに挑戦　Ⅰ

1　「はじめの一歩」の手立て

五月に、クラス皆で練習し、力を合わせて頑張ったリレーカーニバルのことを、思い出に残そうと、文章に表すことを提案した。

自分の気持ちや皆の頑張りを後で読んでも良く分かるように残すには、どのように書いたらいいのかを話し合った。具体的には、前の学習で書いた文章の鑑賞会を開き、いいところ探しをした。友達の文章でいいと思ったことやみんなで出し合った多くのいいところを参考に、書くよう導いた。

2　作品例　五月実践

（D児）

カーニバル　一位でゴール　うれしいな
Aチーム　力を合わせて　一位だね
あきらめず　バトンつないで　一位だよ

（B児）

五月十三日は、リレーカーニバルでした。はじめに（中略）一組と三組の人は、足がはやい人だったので、練習でもどきどきして、本番でも練習と同じでどきどきでした。本番で、走るとき横をちらっと見たら、お母さんが見えたので、ほっとしました。自分が走っているときは、歩いているような気がしました。さい後まで（後略）…。

3　鑑賞会

十一人の児童の作品を文集に綴り、読み合った。自分の作品を見つけてにこにこしている児童、載っていないのを見てがっかりしている児童、仲良しの友達の作品を探す児童、誰もが文集を手にして食い入るように読んでいた。その後、自分の好きな作品を選んで、その理由を出し合った。「Cさんの『横をちらっと見たら、お母さんが見えたので、ほっとしました。』というところで、緊張していたんだなあとわかります。」「Cさんの『自分が走っているときは、歩いているような気がしました。』のところが一生懸命走っている様子やあせっている気持ちがわかります。」など、表現についての良さがいくつも出された。さらに、「Dさんの俳句は『一位』という言葉がどれにも入っていて、走るのが速くて負けず嫌いのDさんらしい。一位がよっぽどうれしかったんだと思います。」という意見が出され、それを聞いた皆は、大きく頷いていた。これまでにない「〇〇さんらしい」という観点を出したことで、本学級の鑑賞会はますます盛り上がった。表現技法には疎い児童でも、やる気を出して参加するようになった。

4　児童の変容

リレーカーニバルという、共通の体験を題材に文章を書かせたが、用紙を罫線のあるものとないものから選択させたことで、日記や絵日記以外に俳句・川柳、新聞、詩という文種が加わった。文集に編む際には、それぞれの文種から作品を選んで載せたので、同じ題材でも飽きない読み応えのある文集になった。また、作文と聞くと「何枚書いたら合格ですか?」と、すぐに言っていた児童が、「先生、今度いつ『絆』つくるんですか。僕も載せてね。」と言うようになった。

四　文集づくりに挑戦　Ⅱ

1　「ひろがる」手立て

毎回、鑑賞会で出された良さや好きな表現を教室に掲示し、いつでも参考にできるようにした。書き出しの工夫、比喩、倒置法、繰り返し等表現技法の工夫がよく分かる作品。その子らしさが分かる作品。様々な文種の作品。鑑賞会で出されたものは全部貼り出した。休み時間に眺めている児童の姿が見られた。

書かせる際に、自分が書きたいことにぴったりの文種は何かを考えさせた。題材は運動会。その中で、一番心に残ったことを詳しく書くなら日記風、心に残る瞬間を短く切り取って書くなら俳句や詩、いろいろな競技について、それぞれ書きたいなら新聞かポスターにする等の意見が出された。さらに、自分以外のものになりきって、別の目線から書くことも面白いと誘った。

2　作品例　十月実践

（B児）

バンバーン、今日は運動会です。ぼくたちの最初のきょうぎは、めざせ金メダルでした。めざせ金メダルは、最初からおそくて最下位でした。

（後略）


（E児）

思い出に残ったことが三つあります。一つめはめざせ金メダルです。一番むずかしいところはボールのドリブルです。なげたときにしっぱいしたことがくやしかったです。二つめは（後略）

（F児）

ぼくは、白色のプラスチックとぬののようなものでできているセンスだ。「おうぎ」と言う人もいる。ぼくは、ずっと体そう服入れの中でねていた。ダンスがはじまる前までは…。いよいよダンスだ。ぼくはまだねている。いきなり強い光が目をこじあけるようにはいってきた。だがこんな物でおきるぼくではない。いじでもねてやる！と目をとじていたが、いきなり「むねおどーるー」と聞こえたので、何事だと思いはねおきた。前にはSくんがいる。そうだ、今日運どう会だっけ、思っていたらいきなりおどりだした。「むちゃだ」と思った。ぼくは、練習のときほねがおれてしまっていた。（後略）

3　鑑賞会

十二人の児童の作品を文集に綴り、読み合った。「Bさんの書き出しが音で始まっているところがいいと思います。」書き出しの工夫については、鑑賞会の度に出されていて、他の児童にも多く見られた工夫である。「Gさんが、『私のがんばった競技は、めざせ金メダルです。』と最初に一番伝えたいことを書いているのがわかりやすいです。」という意見も出された。「Eさんが、『思い出に残ったことが三つあります。』と数を書いてから、一つずつ書いているところがわかりやすい。」E児のように、始めに自分が書きたいことを数に表してから書いていく技法は、一学期に国語科で報告文を学習した時に学んだことが生かされている。また、今回は題材が運動会だったからか、絵日記で書いた児童が多く、鑑賞会では「絵と文の両方あった方がわかりやすいです。」「絵があると、競技の様子がとてもよく思い出されます。」といった、文章だけでなく絵があることでの良いところが出された。さらに、想像文が初めて登場したが、「Fさんがせんすになってダンスの時のことを書いているのが、面白かったです。」「今度は、私もFさんみたいに書いてみたいです。」等、たくさんの意見が出され、いろいろな文種が読めることの楽しさを感じて、次への意欲にもつながっている。

4　児童の変容

文種については、日記、絵日記、俳句・川柳、新聞の他にポスターと想像文が加わった。ここでいうポスターとは、絵に関連したキャッチコピーやあらすじ等、有効な言葉を付け加えたものであり、一学期に国語科で学習した。それが文集でも生かされている。想像文は事前の話し合いで、文種について考えさせたことが生かされている。

五月に「リレーカーニバル」という題材で書いた時は、日記で書いている児童が三十六人中十九人と圧倒的に多かった。しかし、次第に他の文種にも目が行き始め、十月の「運動会」では、三十六人中、日記八人、絵日記十三人、俳句・川柳八人、ポスター三人、新聞三人、想像文一人と、かなりの広がりが見られた。

文種を自由に選択できるようにして、五回文集を編んだ。どうしても、自分の書きやすい文種にこだわる児童もいるが、五回とも同じ文種で書いた児童は一人もいない。文集に編む回数を重ねるうちに、鑑賞会で友達の作品を読んで文種が広がっていった。A児は、日記→詩→ポスター→俳句・川柳→日記とバラエティーに富んだ文種に挑戦している。最初と五回目が日記であるが、題を「ピカピカ！で上手上手《うまうま》！のおべんとう」として、弁当についてくわしく書いている。文種は同じでも、他児と違った視点で書いているのが面白い。同様に、「楽しみだった前日と当日」「時間が短かったお昼ごはん」等、題名の工夫が見られる作品が増えた。

しかし、中には文種に偏りが見られる児童が数名いる。日頃の授業や日記指導の中で、様々な文種で書くことを数多く経験させて抵抗感をなくすことが必要である。

五　保護者の声

文集ができると、鑑賞会の後、家に持ち帰らせ保護者にも読んでもらった。自分の作品を読んで「お、すごいね。」「上手だね。」と言ってもらった児童。友達の作品に「〇〇さんの作品は上手だね。」と感心される保護者。「いろいろなパターンの作品があって面白いね。」「いろいろな友達の作品があって、見るのが楽しいね。」といった意見も聞かれた。家庭でも、小さな鑑賞会が開かれていたのだ。保護者の「〇〇さんの書き方面白いね。」という言葉を聞いて、友達の書いた文種を真似して書いてみようと、いろいろな文種で書くことに挑戦していた。ちょっとした一言でも、児童にとっては、喜びになり、もっともっと書き続けたいという意欲につながった。

六　これからに向けて

学級で何か体験する→文章にして思い出に残す→文集に編む→鑑賞会で読み合う、というサイクルで文集づくりに取り組んできた。回数を重ねるうちに、授業で学習したことが生かされた表現や新たな文種が自然と出てきた。そして、「今度は、何（の文種）で書こうかなあ。」というつぶやきが聞こえてくるようになった。文集に作品が載ると、友達が良いところを探してくれるから、うれしいと、意欲的に書くようになった。書きっぱなしではなく、必ず誰かに読んでもらえる、そしてほめてもらえるということが、次の文章への意欲につながる原動力である。また、鑑賞会の中で、「〇〇さんらしい。」という言葉が多く聞かれるようになった。その子を知っているからこそ言える言葉である。第三者には評価されないかもしれないが、学級内では共感を持って理解し合えることが、児童たちの意欲の高まりにもつながっていった。まさに、学級の絆が深まった、文集ならではの効果と考える。さらに、自分で書き方（文種）や紙を選べるので書きやすいと、書くことに抵抗がなくなってきた。どの児童も、学年当初に比べると、楽しんで書くようになってきた。「友達の作品を真似して書いてみていいんだよ。」と声かけをしていたので、文集自体を次に書くときの参考にして書くことができることも、抵抗を無くし、より良い文章を書こうとする意欲につながった。個人差はあるものの、作品に表現技能の広がりや文種の広がりも見られるようになった。

文集づくりを通して、児童は文章を綴り、読み合うことの喜びに目覚めた。今後も児童が文章を綴り続けてほしい。そのためには教師が意図的に表現する場や発表し読み合う場の工夫が不可欠である。

（木村　比奈子）

第四学年　読み手を意識して書く文集づくり

一　私の願い

日々の生活の中で、伝えたいことを見つけ楽しんで書こうとする児童を育てたい。また、伝えたい内容を読み手に解りやすく書こうとする児童を育てたい。伝えたい思いは、読み手がいてこそ明確になる。読み手を常に意識しながら、楽しく書く場を考えた。

四年生では、国語の学習で新聞づくりに取り組む。一枚の紙面にいろいろな内容・文種が盛り込める新聞づくりは書き手の自由な発想が生かされる楽しい活動である。その新聞づくりの学習を生かして、学級の出来事や書きたいことを楽しく表現する学級新聞づくりに取り組む。書き手を交代しながら一年間継続して発行し、鑑賞会や感想カードによる交流を重ねることにより、伝えたいことを見つける目や、読み手を意識して解りやすく書く力が育つと期待する。実際には、例えば下記のような構成の新聞を作成した。

できあがった新聞には、学校行事や学級の

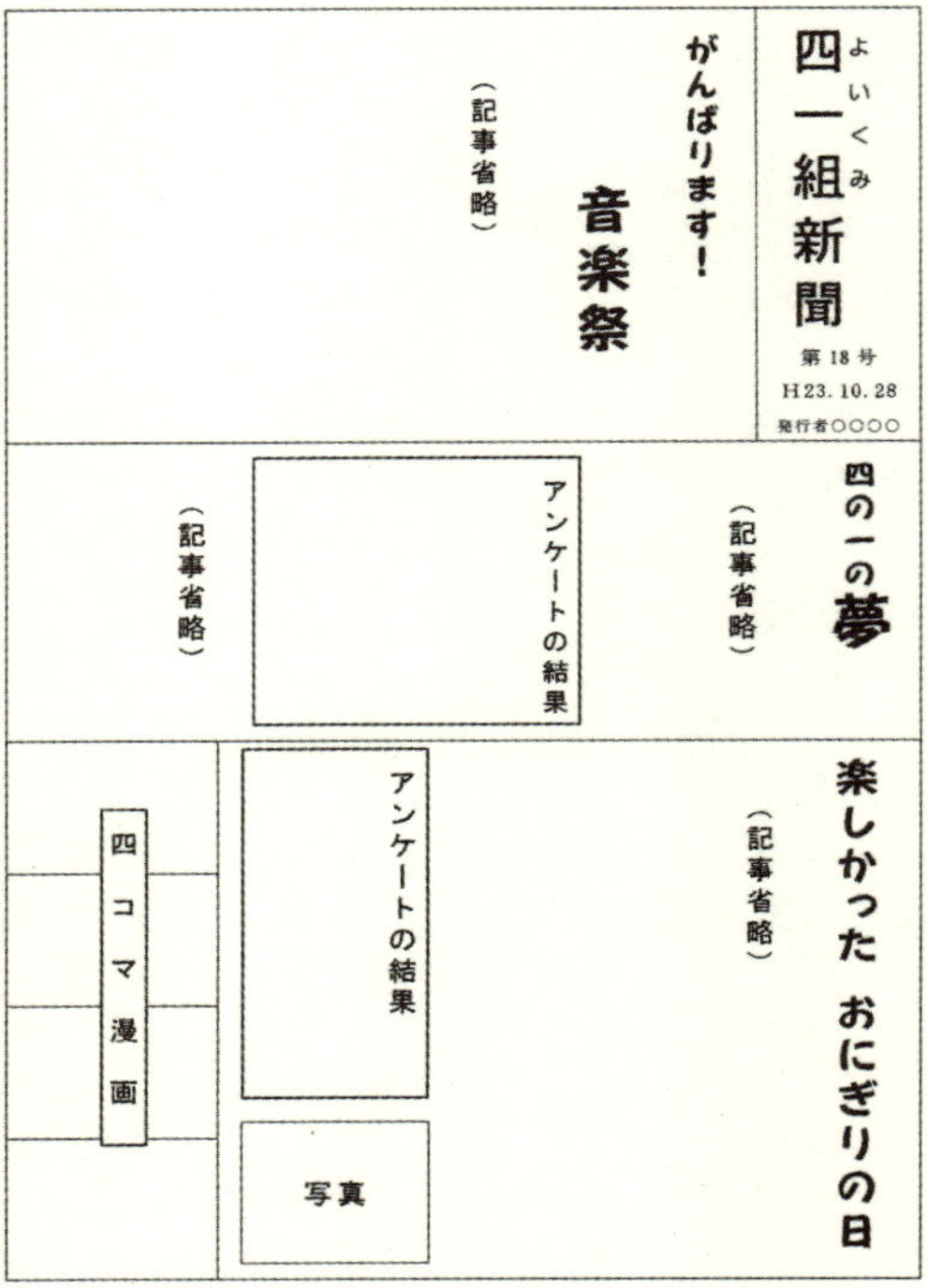

出来事、俳句や漫画など児童の視点で見つけた伝えたいことが表現され、児童の手による一枚文集ともいえる。発行した新聞は、読みあった後、順次ファイルしておく。一年間の学級新聞が積み重なり、児童にとっては、その時々のニュースや思い出がずっしりと詰まった学級文集になる。

二　児童の実態

1　作品例　「春の遠足新聞」　五月実践

すきなおかずランキング　（A児）
みんなのすきなおかずはなんでしょう。
一位　からあげ　7人
二位　玉子焼き　6人
三位　カツ　3人
四位　ウインナー　2人
　　ハンバーグ
五位　ベーコンまき　1人
　　チキン

遠足で遊んだ遊具の事　（B児）
わたしたちは、遠足で、遊具のターザンをした。そのターザンは、けっこう速くて、おもしろかった。つぎに、がけの山に行って友達と、シートに乗ってすべった。それも、とっても速かった。

2　児童の作品から見えること

楽しかった遠足のことを記事にしよう、と取材ノートを持って行き、気付きをメモしたり、アンケートを取ってランキング形式の記事を書いたりと意欲的に取り組み、新聞づくりを楽しんだ。八班に分かれて作ったが、どの班も三年生までの経験を生かし、絵や写真を入れて、楽しい紙面に仕上げている。しかし、ランキング記事を書きたい、漫画を描きたいといった書き手の興味・関心が優先し、読み手に何を伝えたいのか、読み手は何を知りたいかといった読み手意識は低い。A児の「すきなおかずランキング」は、取材の時はノートにメモを取って熱心に調べていたが、記事になったものを見ると、おかず名と人数のみである。B児の記事も、楽しかったことを伝えたいという思いはあるが、新聞記事としてどのように書いたらよいのかわからず、日記のような書きぶりである。また、割り付けをする、見出しを付けるといった新聞づくりの基礎となる知識がなく、分担した場所に思い思いに書いている。完成した新聞を読みあったところ、いろいろな記事があって楽しい、と多くの児童が新聞のよさを感じていた。その一方で、読みにくい、内容がよくわからない、内容に重なりがある、といった感想もでた。鑑賞会での友達の反応から、もっと読みやすい新聞になるように工夫したいと考える児童も出てきた。

3　文集づくりの構想

Ｂ４用紙（表裏印刷）に仕上げた学級新聞を一枚文集とする。また、一年間に発行した新聞を綴じたものを学級文集とする。この文集づくりを通して、次の児童を育てたい。

・伝えたいことを　楽しんで書こうとする児童
・伝えたい内容を読み手に解りやすく書こうとする児童

児童の実態から、まずは、新聞の作り方を学ばせることが必要と考え、国語の学習で全てのグループが同時に作成した。二学期以降は、一班ずつ順に発行する。休み時間に編集会議をし、家庭学習で取材をしたり書いたりする。教室に設置したポストに投稿された記事の中からも掲載し、３～４週間に一回の割合で発行する。国語の学習とは別に、学級の年間を通しての取り組みに位置付けることで、生活の中で見つけた伝えたいことを楽しんで書く活動とする。新聞という形式をとることで、ニュース性のある記事から、四コマ漫画まで幅広く表現することができる。さらに、読み手の感想を鑑賞会や感想カードで伝えあうことで、相手意識をもって書くことができる。読み手を意識して書くことで、自分が何を伝えたいのか、どのような書き方をすれば読み手に伝わるのかを考えて表現することをねらう。

新聞ができたら、学級で読み合う。基本的には、朝の時間に配布して読み、帰りの会で感想カードに書き、意見交換をする。その後、保護者や身近な教師にも読んで感想を書いてもらう。書いてもらった感想カードは、新聞を作った班と次に作る班が目を通し、次の新聞作りに生かす。主なものは教室に掲示して学級全体に知らせる。

三　文集づくりに挑戦　Ⅰ　七月実践

1　「はじめの一歩」の手立て

「新聞を作ろう」（光村図書四年上　七月教材）による学級新聞作り

教材文と日刊新聞を用いて、見出しの付け方と割り付けの仕方を学ばせる。次に、四～五人の班で編集会議をして、記事にしたいことは何か、トップ記事はどれにするかを話し合い簡単な割り付けをした。その後取材活動をし、記事を書いた。

2　作品例　各グループのトップ記事より

> **夏に行きたい　夏祭り**
>
> （C児）
>
> 祭り鳥栖二〇一一が開催されます
>
> （中略）……………………
>
> 開催日時　平成二十三年七月……………
>
> 会場　　鳥栖市中心市街地
>
> （中略）……………………
>
> 私たちがぜひ見てほしいしゅもくは、「ギネスに挑戦!!人間イス行列」です。時間：十六時ごろにあります。みなさんも、ぜひ、見にきてください。

> **がんばった水泳**
>
> （D児）
>
> 六月八日から、みんなが楽しみにしていた水泳が始まりました。六月十日に25ｍをはかると六人しかいませんでした。
>
> （中略）……………………
>
> なんと!!
>
> 七月十二日に記録をはかってみると、六人だったのが十九人になって三倍以上になりました。みんながんばったからだと思いました。

3　鑑賞会

八班分の新聞を一度に配り、各自で読む時間をとった。新聞を手にすると、読みたい紙面から思い思いに読み始めた。その後、良いところを中心に感想を伝えあった。「見出しを大きく書いたり、かこんだりしているので何が書いてあるかわかりやすい。」「（C児の）夏祭りの記事は、日時とかがはっきり書いてあるので、行きたい人の役に立つ。」「（D児の記事は）日付や人数がはっきり書いてあるので、みんながんばったことがよくわかる。」といった感想が出された。お互いが読み手になって、見出しの工夫や数字を用いた記事の良さを見つけ合う会になった。

4　児童の変容

教科書教材「新聞を作ろう」で見出しや割り付けについて学習し、実際に日刊新聞を用いてどのように工夫されているのか考えた。その上で、新聞作りに取り組んだので、出来上がった新聞を見ると、多くの記事の見出しが、大きくくっきりと書かれていて読みやすく仕上がっていた。見出しの付け方も工夫がみられた。各グループで編集会議を行ったことで、トップ記事を意識し、一枚の新聞としての統一感が見られるようになってきた。トップ記事（C・D児）を見ると、内容・分量ともに、各グループの伝えたい気持ちが表れたものになっていた。しかし、学級全体でみると、相手意識をもって記事を書くことができている児童はまだ少ない。

四　文集づくりに挑戦　Ⅱ　2学期いっぱい実践

1　「ひろがる」手立て

二学期からは四人一グループの新聞班に分けて一班ずつ順に新聞を作り、出来たらみんなで読み合う。新聞作りを担当する班は、休み時間に編集会議を開き、どんな内容の新聞にするか話し合う。また、より楽しい新聞になるように、教室に設置した投稿ポストへの記事・作品（漫画・俳句・物語等）の投稿を呼びかける。自分たちが取材して書く記事と投稿されたものから採用する記事を組み合わせて、B4用紙表裏一枚分の割り付けを考えて新聞に仕上げる。その際にトップ記事は何にするのか、それぞれの記事で伝えたいことは何かを考えた。担当班が作ることによって、学級の中でも作り手と読み手が明確になり、読み手を意識して書こうとする。読み手は、「今度はどんな新聞かな。」と楽しみに待つ。

2　作品例　学級新聞第十八号より

がんばります！　**音楽祭**　（E児）

私達は、十一月九日の音楽祭に向けて、合唱、合そうの練習をがんばっています。……（中略）……

時……十一月九日（水曜日）

場所……鳥栖市民文化会館大ホール

鳥栖小の出番……10：45～

…………………（中略）…………………

曲の見どころ

「たとえば　空」二部合唱のところをみてほしいです。

「ジュピター」リコーダーと十種類の楽器の音の重なりをよく聞いてほしいです。

楽しかったおにぎりの日　（F児）

十月十九日は、おにぎりの日でした。おにぎりの日は…………………（中略）…………………

……………………………………………

アンケートを見ると、一人で作った人は少ないことがわかります。もっと上手になれる様に、学校の日以外に練習として、朝ご飯で作ったらいいと思います。自分で作れない人も作れるようになってほしいと思います。

アンケートの結果

○　自分一人で作った…（九人）

○　お家の人といっしょに作った…（二十五人）

3　鑑賞会

新聞が配られると、工夫された見出しや紙面に歓声があがった。それぞれに、興味があるところから読んでいく。トップ記事については、「Eさんの音楽祭の記事が一番に目に入った。日付や見どころが書いてあったのですごくいいと思う。」など意見が多数出た。「Fさんのおにぎりの日の記事は、アンケートの結果がのせてあるので、言いたいこと（一人で作れるようになってほしい）がよくわかる。」「『四の一の夢』では、少ないものは『その他』とまとめてあって読みやすかった。」と具体的な表現の良さを見つけてほめる意見も出された。投稿記事については、「三人の俳句は、秋らしくていい。」「四コマ漫画も、季節が感じられていい。」などの声に投稿者も嬉しそう。「僕は科学が好きなので、月の記事に一番に目がいった。」や「前の号から始まった『おすすめスポット』は次もつづけてほしい。」など、内容の魅力や次号へのつながりを取り上げる発言も出た。

4　児童の変容

号を重ねるにつれて、割り付けに慣れ、楽しく読みやすい紙面づくりが出来るようになった。E児の音楽祭の記事は、主に保護者に向けて書いている。日時とともに見どころ（聞きどころ）を書き音楽祭へ誘う表現となっている。F児のおにぎりの日の記事は、おにぎりの日が楽しかったことに加えて、おにぎりを自分で作れるようになろうという呼びかけが友達に向けて書かれている。自分の呼びかけに説得力をもたせるために、アンケートの結果を資料としてのせている。これは、国語の学習で意見文を書いた経験が国語の学習時間外に生かされている。このように、読み手を意識することで、伝えたいことが明確になり、書きぶりにも工夫が見られるようになった。「おすすめスポット」や「がんばってます！」など、連載のコーナーができるとともに、「次の号には、○○○○のことを書きたいな。」と取材の意欲をもって心待ちにする姿も見られるようになった。

五　保護者の声

新聞ができると、感想カードとともに保護者にも配った。毎回、たくさんの感想カードが寄せられた。カードには、「今回も、楽しく読みました。音楽祭の情報、助かりました。おすすめスポットも、ぜひ行ってみたいと思いました。」「学校行事から、理科の学習、地域のスポーツの事まで書いてあり、読み応えがありました。」「今回の新聞は、しっかり調べてかいてあるなあと感心しました。今度は、クラスの中で起こった楽しい出来事も、取材をお願いします。」と、新聞の良いところをほめる言葉や次の新聞作りにつながるような一言が書いてあった。どのカードからも、一読者として読むことを楽しみにしてくださっていることが伝わってくる。それによって、児童は学級外の読者の存在を意識し、書きぶりを振り返るとともに、書いてよかったという満足感と次号を作成する意欲につながった。

六　これからに向けて

学級新聞を一枚文集と考えて学級全員で取り組んできた。新聞をつくり、読み合う活動を続けることによって、伝えたいことを自由な発想を生かして書く姿が見られた。また、読者を明確にし、感想カードや鑑賞会による交流を重ねたことで、常に、読み手を意識して書くことができた。読み手に伝えるという意識から、その書きぶりは自ずと日記や行事作文とは異なるものとなっていった。少しずつではあるが取材の視野が広がり、見やすく楽しい紙面づくりや見出しの工夫、限られた字数の中で要約して書く力、写真や図と文章を組み合わせて説明する力、より効果的な文種を選択する力といった表現技能の高まりにつながった。今後は、読み手を全校の児童や地域の方にも広げて意見や感想を寄せてもらい、児童の読み手意識をさらに広げていきたい。

（岩橋　貴子）

第四学年　児童の文種や表現が広がる教室環境としての文集づくり

一　私の願い

　これまでの「文集」は、教科書作文単元の後に書く作文や特設単元で物語や詩を作ったものを綴じたり、学校で行われるいろいろな行事を綴じたりして冊子とした。また、年度末の学級の思い出として綴じたこともあった。文集を手にした児童が、自分の作品と友達の作品を比べながら、喜んで読む姿を多く見てきた。振り返ると、文集を作る目的は、どれも記録・思い出づくりという意識で取り組んでいた。

　これからは、その文集が、記録・思い出づくりなどのメモリアルなものに終わらず、綴った文集を、児童の次の成長に誘うものにしていきたい。

　児童の表現や文種が広がるような「文集」づくりを考えた。児童の興味・関心を高め、さらにもっと文章を書くことに意欲を向けていくためには、ただ全員の作品を綴じるだけでは、魅力を感じない。

　文集発行の工夫と作品の綴じ方や鑑賞の仕方に目を向け、児童が、でき上がった文集や鑑賞会で文章を見る目を高め、次の作品づくりへと意欲を向ける実践をと企画した。

　日記を鑑賞して、お気に入りの作品を見つけている姿。教室環境の１つである、この背面掲示も１つの文集である。

二　児童の実態

1　作品例　四月実践

（A児）
私は、バレーが好きです。バレーがしたいけど、友達がいるか心配でした。お母さんに聞いてみると、彩加ちゃんや由衣ちゃんがいると言ったので、体験に行くことにしました。予想通り楽しかったので、来週も行くことにしました。（中略）
四月は体験だけど、五月は入部する予定です。ユニフォームやくつなども買ってもらいます。これからが、楽しみです。（後略）

（B児）

昨日、白石のおばあちゃんとおじいちゃんの家に行きました。白石はとてもしずかで、車もあまり通らない所で、家も少なくて、朝から夜遅くまで、お百姓さんがお仕事をしている所です。

私のおじいちゃんは、ようしょく業で、（中略）おじいちゃんの家の道路のわきにさいていた、長いけしの花を紹介します。（後略）

2　児童の作品から見えること

本学級の児童は、低学年の頃から文章を書く経験を多くしている。四月中旬より始めた日記を掲載しているが、どの子も、二〇〇～二八〇字（五ミリ方眼ノート半分～一ページ）程度書くことができる。題材は、「学校のこと」「家」「友達」「習い事」が多い。傾向として、自分に興味のあることを継続して書く児童が多い（A児）。日記に題名を付けているが、思いつくまま書いて、題名と内容が合わない（一番書きたい内容が薄い）児童もいる（B児）。

文種は、生活文がほとんどである。中には、手紙や相談・意見などの文種もある。表現技法については、オノマトペを使ったり、会話を入れたりする児童が多い。これまでの文集の経験を聞いてみると、教科書作文単元、行事作文、グループ新聞づくりなどであった。メモリアルとして、学年末に文集を作ったという経験は多かった。

3　文集づくりの構想

文集を「作品を綴じたもの」、教室背面を使って「作品を掲示したもの」の二種考えた。

「作品を綴じたもの」は、全員の作品を綴じることもあるが、ここでは、二～六点の作品を全員で鑑賞する。この時、誰が選んで綴じるかということも考える。友達同士だけでなく、学級通信に載せて、保護者からのコメントをもとに新たな創作活動も考えられる。

「作品を掲示したもの」は、児童の日記や作文を教室背面に一コーナーとして設置し、更新制で新しい作品と入れかえる環境を年間通して行う。新聞等の作品募集を活用して、その掲載記事をそのまま文集と考え、拡大した記事を掲示することで、鑑賞会を開くこともできる。

いわゆる「文集」にとどめず、新しい文集の在り方を、特に教室環境としての生かす方向を考えたい。

三　文集づくりに挑戦 Ⅰ

1　「はじめの一歩」の手立て

東京書籍四年上に「心の動きを文章に書こう」という「書くこと」の単元がある。授業では、二つの作文を比べて、何が違うか見つけ、気持ちが伝わるような表現はどのようにすれば良いかを考えた。ここでは、特に、気持ちを表す言葉の工夫（例えば、うれしい気持ちを、「うれしい」を使わずに、違う表現で表すこと）に重点を置いた。

集めた言葉を共有財産にしていくため、教師が集約して表にまとめたものを、拡大コピーして掲示したり、印刷して日記のノートに貼らせたり、言葉を意識させるようにした。

次の作品例は、前述の（A児）・（B児）の授業後の日記である。

2　作品例　五月実践

（A児）

「やったー。」

今日は、五月十五日。ハウステンボスに初めてきました。しかも、お母さんと、二人っきりです。

ハウステンボスでは、サウザントサニー号に乗ることが、私の一番のゆめでした。昨日から、頭の中からはなれませんでした。

ねがいがかなった今、目の前にはチョッパーがいます。あまりにもかわいいので、いっしょに何枚も写真をとってもらいました。（後略）

（B児）

今日の親子ふれ合い活動は、とっても…後で教えますね。ヒミツです。

私は、お父さんが来てくれるか、とても心配でした。でも、時間前に来てくれて、ほっとした顔になりました。

大学の先生が、いろいろなゲームを紹介してくださいました。私もですが、みんなもとってもいい顔。途中ですけど、ここで一句。

ふれあいで　親子のあいじょう　深まるよ
（後略）

3　鑑賞会

本学級では、週に二～三回日記を書くようにしている。授業後に書いてきた日記の中から、意図的に四点選んで、一枚文集にした。選んだ観点は、「うれしい」や「楽しい」を使わずに表現を工夫している児童の作品である。児童は、それぞれの作品の中にある、気持ちを表す言葉の工夫を見つけることができた。ここで、自分の日記帳から、「これまでに、このような工夫をしたことはないか」を聞き、見つけたら線を引かせ、背面黒板に書き出した。

この後も、日記指導の中で、気持ちを表す言葉や様子を表す言葉の工夫について赤ペン指導を入れながら継続した。集まった言葉を共有財産とするために、本時で集めた言葉や、その後集まった言葉をまとめたものが、「集まれ！くわしくなることば」の表になる。

4　児童の振り返り

本時の中で、書き出された表現を見て、「自分も使っているよ」「似てるけどちょっと違うな」「あんな言い方もあるのか」などのつぶやき、文集に綴じたものを鑑賞することで、自分の日記を振り返ることを愉しんでいる。学級通信でも、紹介や作品を載せているので、その後の日記を意識していく。

本学級では、背面掲示の半分を個人作文を紹介するコーナーにしている（下写真）。これは、特に日記が多いが、お勧めの作品が書けたときに、自己更新制で作品を入れかえるシステムになっている。本時の後には、気持ちを表す言葉や様子を表す言葉を工夫して書いてきたので、ほとんどの児童が更新をした。その更新された作品を、友達と鑑賞する児童の姿が増えてきた。

5　児童の変容

教室背面掲示のコーナーから、新しい表現を見つけ、表に書き加える児童や、次の日記にいかす児童が出てきた。授業で工夫した表現にサイドラインを引く経験があったので、日記を出す際、その表現にサイドラインを引くことが多くなった。鑑賞会や教室掲示により、児童が表現を広げようという意欲を高めていくことにつながった。

集まれ！くわしくなることば

「気持ち編（へん）」	気持ちをくわしくする「キラリン」ことば
うれしい	ドキドキ・ワクワク・ウキウキ・ほくほく・泣きそう・はしゃぎたくなるほど・願いがかなって・とびあがるほど・やったー・顔が元にもどらない・ゆめを見たみたい・むねをおどらせる・気をよくする・うちょうてん
楽しい	ニコニコ・ウキウキ・ワクワク・クスク・ワイワイ・しあわせ・ゆかい・心がのびのびとする・思わず笑ってしまう・しょんぼり・とんぼり・イヤッホー・心待ちにしてた・心がはずむ
悲しい	シクシク・えんえん・切ない・つらい・涙が出そう・泣きそう・おこるほど・死ぬほど・心がいたむ・しんみり・むねがいたむ・むねがはりさけそうになる・心がしめつけられる・元気がない・ねむれない・身を切られる
好き	ほれぼれ・うっとり・心がひきつけられる・目がない・心をうばわれる・熱をあげる
さびしい	心細い・ひとりぼっち・ものさびしい・わびしい
はずかしい	モジモジ・ことばが出ない・あせをかく・あせる・照れくさい・キョロキョロする

四　文集づくりに挑戦　Ⅱ

1　「ひろがる」手立て

教科書作文単元や他教科の授業を通して、文種を広げたいという願いがある。ここでは、文集を教師や児童作成のものでなく、第三者が綴るという観点で具体化した。

五月より、『西日本新聞』の土曜日に掲載される「ヤング川柳」に投稿している。このコーナーでは、前月に「お題」の提示があり、その「お題」で川柳を作るものである。小学校低学年から中学生までの作品が寄せられ、選者により一席・二席・三席・佳作・次点が選ばれる。また、「選者のひとこと」があり、作品の内容についての批評や川柳を作るポイント等が掲載されている。本学級の児童は、このヤング川柳に投稿し、よく掲載されるようになった。学級の児童が掲載された記事を一つの文集と考え、鑑賞会を開くことにした。

2　作品例　十月実践

「お題（引く）」
伸びたかな　柱にそっと　線を引く　（A児）

「お題（計算）」
計算は　頭の中が　遊園地　（B児）

3　鑑賞会

鑑賞会は、一時間の授業で行った。全員にその記事を配布して、友達の作品に印を付けさせた。次に、その他の作品から、参考にしたい作品を選ばせた。最後に、なぜその作品を選んだのか理由を交流させた。交流の後に、次のお題から、どのようなイメージが浮かぶか、ペアやグループで意見を出し合わせた。

4　児童の振り返り

児童は、友達の作品が掲載されていることに喜び、どんな作品かしっかり読み込んでいた。他学年の作品を読みながら、「さすが中学生はぼくたちと使う言葉がちがうね！」「学年がちがっても、自分と似てるな」「お題の言葉から、こんなイメージもできるんだね」など、特に自分よりも上の学年の作品に、尊敬と憧れを持った。

鑑賞会を通して、児童が感じたことは、あるお題に対して、いろいろなイメージで作品を作ることができることだった。そして、お題の言葉をそのまま使わないで作品を作る技法に興味を持つようになった。

5　児童の変容

鑑賞会の後、次の月のお題とワークシートを渡し、家庭学習で取り組ませた。鑑賞会をするまでは、お題の言葉をそのまま使うことが多かったが、どの児童もその言葉を使わないで作品を作ろうとする姿が見られた。また、提出する前に、友達と鑑賞ごっこをして、言葉の広がりや作品の工夫を確かめ合う姿が増えた。

半年ほど、川柳づくりに取り組んでいる。毎週月曜日は、だれのどんな作品が掲載されたか楽しみにしている。教師が、教室に拡大して掲示しておくことで（写真）、朝の会の前には、ごく自然に鑑賞会ができるようになった。作品の批評が中心であった会話が、作品に対する「選者のひとこと」に関心が向いている。選者の言葉を受け止め、次の作品創作へ意欲的に取り組む児童が増えた。また、日常書いている日記の中に川柳を書く児童も増えた。年賀状に今年の抱負を川柳で表現する児童も生まれた。

西日本新聞2011年７月２日

五　保護者の声

前述の作文の背面掲示やヤング川柳の拡大記事は、保護者が参観日等で教室に入ると、必ずチェックされていた。感想を聞くと、自分の子と友達がどのような表現で文章を書いているか分かるのがいいと言われていた。学級通信で、参考作品や、それに対する教師のコメント等があることで、具体的な手立てが分かり、家庭での言葉声かけにも役立つということであった。

六　これからに向けて

児童の文種や表現が広がる文集として、教室環境について目を向けてきた。教室掲示のよさは、いつでも、誰でも読むことができるところにある。本実践のように、国語の授業だけでなく、朝や帰りの会、休み時間にも、児童の相互評価や交流が生まれてきた。

作品の背面掲示や新聞等の投稿を拡大し掲示することは、児童の言語文化を広げることにもつながる。このような教室環境が、次の作品づくりへと意欲を向けるために効果があることが分かった。そのためには、ただ綴るのではなく、教師が文集を綴る目的を明確にしていくことが大切である。文集に編み、鑑賞していくことで文章世界を愉しむ心豊かな児童へと導きたい。

（長野　篤志）

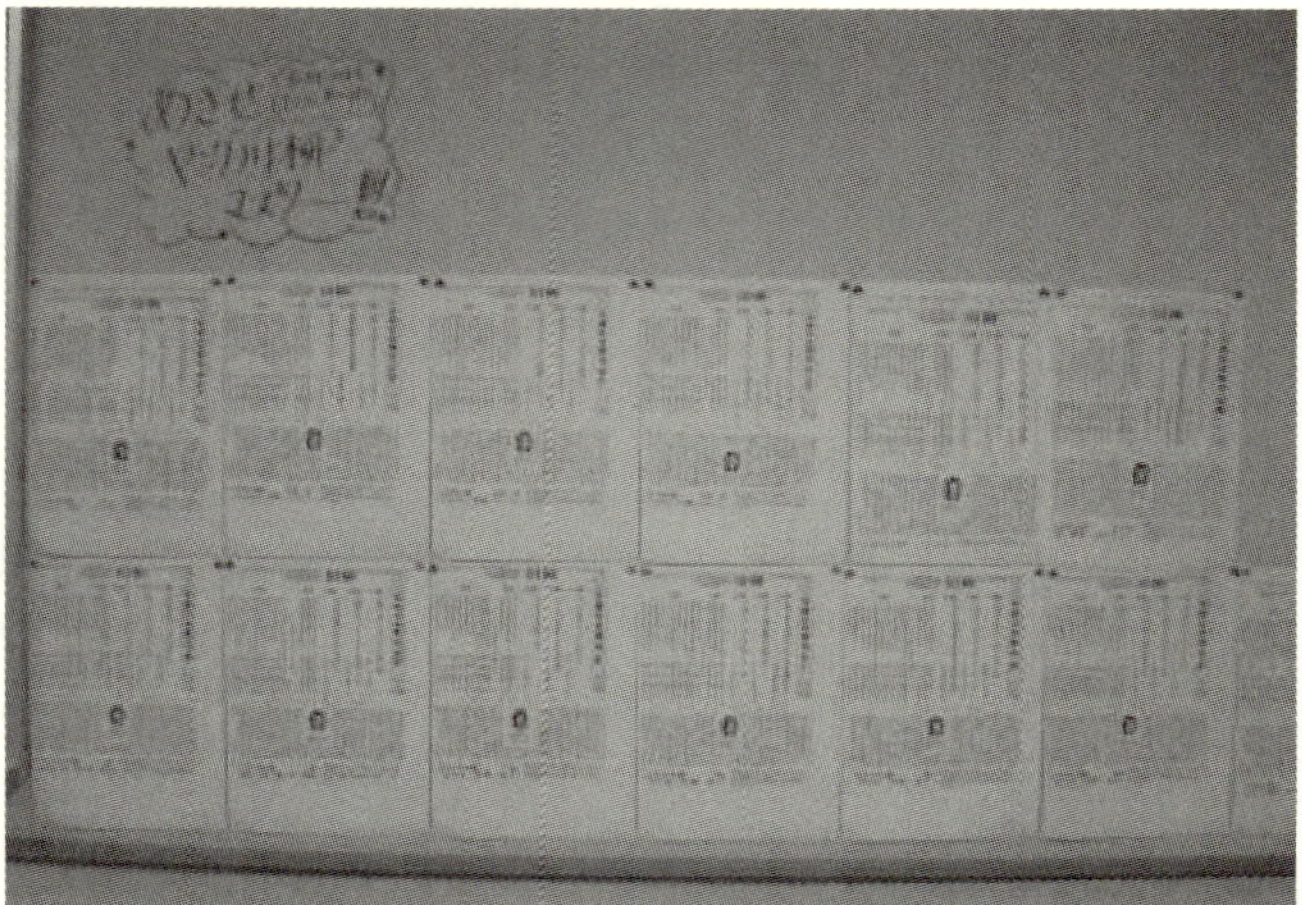

第五学年　友達の作品のよさを味わわせながら、文種を広げる文集づくり

一　私の願い

友達のよいところ『きらり』を見つけ、認め合うことを学級経営の柱の一つとして学級づくりを行っている。学級だよりにも、日記のきらり賞、自学のきらり賞など、『〇〇のきらり賞』という名称で、それぞれの分野で頑張っている児童を紹介することが多い。

文集づくりについても、楽しみながら創作を行わせる中で、技能習得を前面に出さずに、一人一人の作品のよさ『きらり』を味わわせ、認め合うことに主眼をおいて指導したい。友達の作品のよさに学ぶ児童を育てたい。

学級便り　きらり①

十月七日（土）

◎　先日、宿題で「秋」をテーマにした俳句を作ったので、紹介します。季語を入れて、秋らしさをとらえている俳句がたくさんありました。

紅色の　美し夕日　太陽と　T・T

あきのそら　オレンジ色で　わらってる　N・Y

秋の色　赤、黄、むらさき　きれいだな　N・A

秋だから　だんだん寒く　なってきた　S・A

秋になり　ちょっとずつ　すずしくなっている　S・Y

いつのまにか　秋になってたよ　びっくりだ　N・A

〈一枚文集の例〉

上の一枚文集は、「秋」というテーマで創った俳句を、学級全員分載せたものの一部である。

このような一枚文集を学級だよりにして、児童だけでなく保護者にも配布している。気に入った俳句を、理由とともに選ぶ活動も行っている。こういった取り組みをとおして、児童の言語生活を豊かにしたい。

多くの人から選ばれた句は、次の学級だよ

りで紹介する。その際、どういう理由で選ばれたのかについてもふれ、さりげなく表現技能の向上も企図している。

二　児童の実態

1　作品例　あるテーマで自由に書いたもの　五月実践　（A児・B児は、以下各々同じ児童である）

（A児）

五月十三日の一、二時間目に米の種まきをしました。橋本さんからもらった種を五年生全員でまきました。種の大きさはお米ぐらいの大きさでした。初めてお米の種を見ました。（中略）なえを植えるのが楽しみです。大事に育てたいと思います。


（B児）

六月二日木曜日、まちにまったプール開きがありました。最初は寒いだろうな、楽しくないだろうなと思いました。でも、やってみたら、すごく楽しかったです。プールでシャワーをあびたとき、みんなが「ひゃ〜、冷た〜い。」と言っていました。

2　児童の作品から見えること

一つのテーマで、まとまった文章（二百字）を書くことはできるが、感じたことを表現する表現技能の工夫は、豊かとは言えない。抵抗なくすらすらと書ける児童がいる半面、書くことを面倒くさがる児童もいる。

3　文集づくりの構想

学級文集づくりをとおして、次の二点をねらいとした。

○　作品の鑑賞をとおして、一人一人のよさを見つけ、お互いを認め合う心を育てる。

○　楽しみながら創作を行わせ、表現技能を豊かにする。

4　文集づくりの計画

○　国語の教科書（光村5年）に、年四回設定されている「季節の言葉」という小単元の学習と関連づけて、季節を感じたことについての日記を書かせた後に、俳句を作り、一枚文集（学級だより）にする。

○　季語や有名な俳人の俳句を紹介した後、再び俳句を作り、一枚文集（学級だより）にして鑑賞し合う。

○　手引きを使って、日記を物語に作り替えた後、一枚文集（学級だより）にして鑑賞し合う。

三　文集づくりに挑戦　Ⅰ

1　「はじめの一歩」の手立て

国語の小単元「季節の言葉」で、「秋」らしさを感じさせる言葉を学習した後、そのことを生かして、秋らしさを感じたことを日記に書かせた。その中から、表現を工夫している例を学級だよりで紹介するとともに、秋らしさを俳句にも表現できることを紹介し、俳句を作らせた。全員の俳句を一枚文集にして配布した後、更に言葉選びや表現技能を豊かにしたいと考え、季語や有名な俳人の句を紹介し、再び、「秋」をテーマにした俳句を作らせた。全員の作品を一枚文集（名前を伏せた）にして児童と保護者に配布し、気に入った作品を理由をつけて選び、人気のあった三つの句を学級だよりで紹介した。

2　作品例

（1）　秋らしさを捉えた日記　（A児）

私は、９月の半分が終わって、やったと思います。理由は、秋にどんどんちかづいてきているからです。私は、秋らしくなってきたと思います。目で見たら葉もオレンジ、赤、茶色の色になっています。耳で聞くと、風がびゅんびゅんふいてるなと思いました。鼻はすずしいふんいきになって、秋らしくなってきたと思いました。心では、秋の方がすずしいなと思いました。すずしいから勉強もしやすいと思いました。秋がいちばんすずしい時期だと思いました。

（B児）

私は、もともと手は熱いですが、秋や冬になると手が冷たくなるけど、まどにペタッと手をつけたら、「ヒヤリ…」と手にきてトリハダがでてきました。それと体育の授業で体育館に入る時のゆかがまた「ヒヤリ」となってしまいました。それに、台風せっ近のせいかもしれないけど、ゆかが雨でぬれていてせまいから、その雨がついてる所を歩くと、「ヒヤリ…」とじんわりと感じました。これが私の「見わたした秋」です。ちょっと寒くなりそうです。

学級だより

A児の日記…葉の色がオレンジ、赤、茶色になっていると、具体的に書いている所がくわしいです。風の音を「びゅんびゅん」と擬音語を使って表現している所も上手です。

B児の日記…窓に手をつけた時や体育館をくつをぬいで歩いた時に、はだで感じたことを「ヒヤリ」という言葉で具体的に書いている所が上手です。ただ「冷たい」と書くよりも、もっと冷たい感じが伝わりますね。

秋らしさなど、季節を感じたことは、俳句にすることもできます。

国語の教科書29ページで学習したことを覚えていますか。俳句には大きく二つの約束事がありましたね。
1　五・七・五にする（五が六になったり、七が八になることもあります）
2　季語（季節の言葉）を入れる
秋らしさを感じたことを、俳句に表現してみましょう。私も、一つ作ってみました。
・ひがんばな　赤いほのおの　道つづく
〔休みの日に、山ぞいの道を車で走っていると、ひがん花がまるで火が燃えているようにつながって咲いていました。その様子が、炎のようだったので、その様子を俳句にしました。〕

（2）　秋らしさに注目した俳句

秋がきた　勉強しやすい　すずしいな　（A児）

秋になると　紅葉《もみじ》が真っ赤に　色づくよ　（B児）

（3）　二度目に作った俳句

秋らしさ　はっぱも赤い　すずしいな　（A児）

ひがん花　真っ赤に満開　さきほこる　（B児）

3　鑑賞会

二度目の俳句を作らせた後、全員の作品を一枚文集（名前を伏せた）にして児童と保護者に配布し、気に入った作品を理由をつけて選ばせた。児童からは、「ただ、『さいている』ではなくて、『さきほこっている』という表現ができていてすごいなと思いました。」や「『新米の穂』という言葉がいいと思いました。」など、言葉の使い方や選び方のよさに目を向けた意見が出た。保護者からは、「夕焼けの赤色と秋の感じられる赤色をうまく表現できている俳句だと思います。」や「素直な秋の俳句だなあと思いました。秋のおいしいさんまが待ち遠しそうな感じが出ていると思います。」など、表現の工夫や子どもらしい素直な感想に目を向けた意見が出た。人気のあった三つの句を学級だよりで紹介した。

〈人気のあった三つの句〉

・夕焼けの赤より赤い　赤とんぼ

・ひがん花　真っ赤に満開　さきほこる（B児）

・大好きな　さんまが家に　やってきた

4　児童の変容

季語や有名な俳人の句を紹介したり、一枚文集で友達の作品を鑑賞したりすることで、他者の表現の工夫や言葉選びのよさに学ぶ姿勢が見られるようになり、抽出児だけでなく、全体的に表現技能に工夫が見られるようになった。創作することへの興味・関心が高まるとともに、友達の作品のよさに目を向けるようになった。二度目の俳句を作らせ、鑑賞し、気に入った作品を選ばせた活動の後では、「誰の俳句が選ばれましたか。」「もう決まりましたか。」など、俳句を創作することへの興味・関心は、かなりの高まりを見せていた。

四　文集づくりに挑戦　Ⅱ

1　「広がる」手立て

その一では、日記から俳句に文種を広げさせた。その二では、更に異なる文種へと広げたいと考え、日記から物語へと広げさせた。

総合的な学習の時間に行った、米粉で作った白玉団子を使ったお菓子作りについて、日記に書かせた。その後、日記を物語に作り替える手引きを渡し、物語を作らせた。

2　作品例　菓子作りについての日記と物語に作り替えた作品

日記

（C児）

12月19日月曜日に、米を使ったスイーツを作りました。私たちは、サイダーやくだもの、ゼリー、米で作った白玉だんごを作りました。作り上げたときは、とてもおいしそうで、私と友だちが話しているときに、「とってもおいしそうだね。」という言葉を聞きました。サイダーも入っていて、サイダーのにおいが「プーン」としてきて、早く食べたいなと思いました。それで、みんながそろって食べ始めたら、サイダーの味がしゅわしゅわとして、おいしかったです。白玉だんごも、もっちりしていておいしかったです。（後略）

物語

（C児）

12月19日月曜日に、米を使ったスイーツを作りました。直美たちは、サイダーやくだもの、ゼリー、米で作った白玉だんごを作りました。作り上げた時は、とてもおいしそうで、直美と千代乃たちが話している時に、「とってもおいしそうだね。」という言葉を聞きました。サイダーも入っていて、サイダーやくだもののにおいが「プーン」としてきて、早く食べたいなと思いました。それで、みんながそろって食べ始めたら、サイダーの味がしゅわしゅわとして、おいしかったです。（後略）

3　教師の手立て

四―2のように日記を物語に作り替える際、次のような手引きで、物語を作らせた。

◎　昨日は、白玉だんごを使ったスイーツ作りのことを日記に書きましたね。日記は、文の主語を変えるだけで、物語に変身させることができます。次の例文を見てください。

十二月十九日に、米を使ったスイーツ作りをしました。

私（ぼく）は、この日を楽しみにしていました。何を作るのかを決めるときに、私が、「フルーツでかざったらどうかな。」と言うと、Aさん（同じグループの人の名前）が、「それいいね。アイスもそえたらいいんじゃない。」と言いました。みんなが賛成してくれたので、それに決まりました。

十二月十九日に、米を使ったスイーツ作りをしました。里子は、この日を楽しみにしていました。何を作るのかを決めるときに、里子が、「フルーツでかざったらどうかな。」と言うと健太が、「それいいね。アイスもそえたらいいんじゃない。」と言いました。みんなが賛成してくれたので、それに決まりました。

□で囲んだ所が変身した所です。みなさんも、ぜひ物語作りに挑戦してみてください。

4　鑑賞会

全員の物語を一枚文集にして児童に配布し、互いに読み合った。児童の中から、「主語を名前に変えただけで、物語になってる。すごい。」「〇〇さんの～の表現が上手だな。」などの発言があった。その後、友達の作品のよいところを見つけて、感想を一気に書いていた。

5　児童の振り返り

（B児）

私は、Dさんの作った想像上の人物「ありさ」さんの思ったことと見たことの前に、ありささんの行動がくわしく書いてあったのがよかったと思います。

Cさんの物語は、「直美さん」「千代乃さん」「之博さん」達の会話で、行動がよくいかされていると思いました。（後略）

（E児）

Dさんの作品の「プーン」という所が工夫していてよかったと思います。あと、「サイダーの味がしゃわしゃわとして」のところもどんな風なのか分かったので、工夫していていいなあと思いました。

6　児童の変容

日記の表現の工夫を学級だよりで紹介したり、物語に作り替えた作品を一枚文集にして鑑賞し合ったりすることで、自分や友達の作品のよさに気づいたり、表現の工夫のよさを自分の作品に取り入れたりする児童が増えた。また、その一、その二と文集を作り、一枚文集で広げてきた文種が、自主学習の中にも見られるようになった。下は、自主学習ノートに書いてきた児童の作品である。（F児）

・秋の色　赤、黄、むらさき　きれいだな
・楽しみだ　修学旅行　むねはずむ
・涼風が　ふいてきたころ　夏終わり

五　これからに向けて

俳句や物語の文集づくりと鑑賞会を通して、創作への意欲や互いの作品のよさを見つけ、認め合うことにつながりつつある。また、担任や児童、保護者が見つけた表現の工夫を、学級だよりなどで紹介することを通して、友達の表現の工夫を自分の作品に取り入れる児童も増えており、友達のよさに学ぶ姿が見られるようになった。自主学習など実の場でも、書くことを楽しむ児童が増えている。

今後は、表現する内容・目的・相手などに応じて、文種を選ぶことのできる児童を育てたい。

（最所　美紀）

第六学年　書き手と読み手を行き来しながら表現が広がる文集づくり

一　私の願い

学級開き間もない頃、学級会で「文集を作りたい」という声が上がった。小学校最後の一年間を書き残したいというのである。話し合いの結果、私が始業式以来書いていた新聞の形で書くこととなった。記者を一人または二人組で担当し、学級全員が輪番で書く。下記の作品例一のような構成の一枚新聞「きのうの新聞」とした。

本実践では、これを一か月ごとに綴ったもの「○月　きのうの新聞集」（以後「新聞集」と記載）を文集とする。また、新聞は複数の記事で構成され、様々な文体で書かれており、それ自体が文集だともいえる。たとえ、一枚であっても新聞やその記事を選択して編んだ「きのうの新聞特集号」（以後「特集号」と記載）も文集として考えた。

伝えたいこと、考えてほしいことがあるから書く。興味がある、関心があるから読む。新聞・文集づくりを介して、記者（投稿者）と読者を行き来しながら伝え合い、語り合うことを愉しむ。そこに人との交流が生まれ、おのずと表現や文種が広がる。

最終目的として新聞・文集があるのではない。日々、おしゃべりをするように、新聞・文集づくりの過程やその後の交流など一連の活動を愉しみながら、文章生活を豊かにしていくことができるようになることを願ってのことである。

作品例一　六月実践

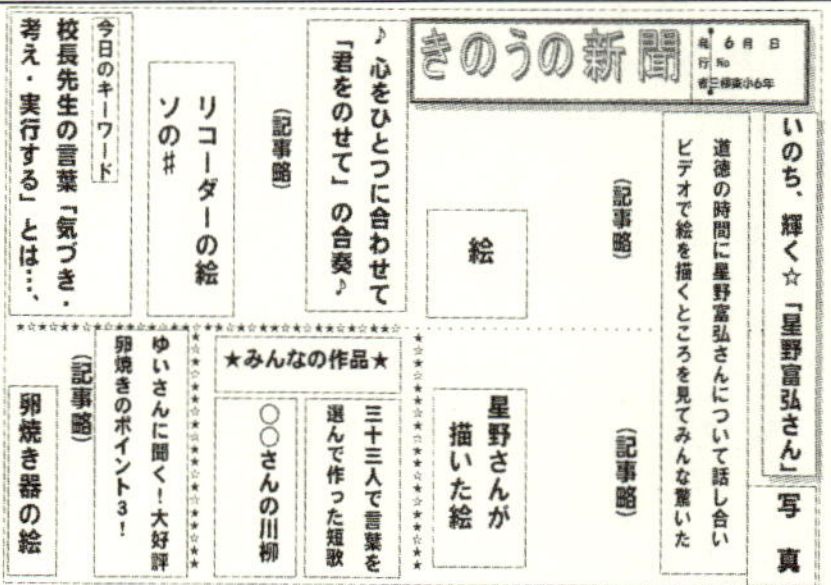

二　児童の実態

1　作品例二　「きのうの新聞」　四月実践

（トップ記事）「六時間目の図工」　（A児）

今日、六時間目にデザインがありました。男子は、魚や宇宙、女子は、花が多かったです。

光君は、三角の貝がらでした。

ちなみに、ぼくは、やりのようにとがったヒレ（?）を持つ、ヤリイカにしました。

みんな、とてもおもしろい絵を描いていました。

（その他の記事の見出し）「六時間目の図工」、「音楽の時間」、「黒板そうじ」、「ことわざ」、「今日の一句」　他

2　児童の作品から見えること

「書くこと」については、抵抗が大きく、書き慣れていない。新聞は、四年時に班でつくった経験があるものの一人で書いたことはない。関心は高いが、読み手を意識しているものは少なく、段落、見出しなどの形式が整わず、構成や文種も単純である。５Ｗ１Ｈや事実と意見・感想を区別して書くことは難しいものが多い。

「読むこと」については、文章を読むことを好む児童が多く、読書習慣がついている。本や友達の作品中の言葉や表現の工夫やよさをみつけ、賞賛したり自分の表現に生かしたりすることに意欲的に取り組む。

3　文集づくりの構想

日々の活動としてつくった学級新聞「きのうの新聞」を綴った「○月新聞集」および、適宜、新聞やその記事の中から教師が意図的に編んだ「特集号」を関連付け、活用した。

（1）「特集号」を編む。
（2）「特集号」をもとに鑑賞会をする。
（3）（2）で学んだことをもとに、「新聞集」を読み、自他の書きぶりを振り返る。

（4）　感想交流や投稿された意見や感想等を紹介する場を設定し、よさを認め合い、生活へ広げていく。

三　文集づくりに挑戦　Ⅰ　「四月きのうの新聞集」、および「見出し特集号」

1　「はじめの一歩」の手立て

新聞づくりの経験の少ない児童であるだけに、一度、新聞づくりを経験させ、それをもとに課題を持たせ、思考の流れに添った活動展開を企図した。まず、形式を問わず、自由に新聞づくりを行わせた。感想でいちばん多かったのが「何を書いたらよいのか分からない」というものであった。

題材を見出すには、取材の目を育てる必要がある。そこで「見出し特集号」を編んだ。①見出し部分のみ抽出したもの（作品例三）と、②見出しと本文を工夫している新聞（作品例四）をもとに編集したものである。見出しには、記事の内容や文章が要約され、読み手を引きつける言葉で表されている。これを取り上げることで題材や内容が広がり、表現方法も共に学べる。さらに「四月新聞集」と関連させて鑑賞会を開いた。

2　作品例「きのうの新聞　見出し特集号」五月実践

（1）　作品例三　見出しのみ抽出したもの」　（X児）

「係、もっとがんばろう　みんなのために」（B児）　「燃えるほのお、大変、危険、理科の実験」（C児）
「昼休み　お手伝いして　心ふわり」（D児）　「歌声に　心ふるえる　レーナマリア」（E児）
「豆知識、こんなこと、知っている?　日本のマンガ、はじめてはじめて」（F児）

（2）　作品例四　見出しと本文を工夫している新聞

（トップ記事）「井樋さんの　いちごは甘く、やさしい味」　（G児）　（リード文　省略）

井樋さんのハウスに入ったとたん、甘いいちごの香りがして「わあ。」と、大きな声が上がりました。

その後、みんな、笑顔で一粒ずつそっと大切にいちごをつんでいました。いちごを食べた○君に感想を聞くと

「やさしい味」だったそうです。（中略）
（その他の記事の見出し）「ブーンブンごま作り」、「さくらんぼ、もってきてくれたその人は？……○○さん」、
「あいさつ運動、始めました」、「み〜んなみんな、ぐうっと　GOOD！　A・B・C」

3　鑑賞会

「特集号」に載った新聞の見出しと本文を照らし合わせ、よさや工夫について話し合った。すると、家庭や地域社会、ニュースや本等からも情報を収集し、取材をすればよいことが再認識できた。日常の出来事だけでなく、趣味についての紹介文や委員会からの提案や意見文など様々なことをいろいろな文体で書けることも分かった。

見出し部分のみを列挙したものについては、載った理由を考えさせた。「『おめでとう三根FC、十年ぶりに県大会出場』がいい。」と具体的な数や倒置法を使っていることなどが挙げられた。児童は、五七調や韻をふんだり音や絵を入れたりする表現方法が読み手の興味を引き、効果的なことに気が付いた。何度も音読しては、書き手と読み手の立場を行き来することで効果的な書き方を探っていた。投稿ポストに読者の意見や記事を投函すること、よい表現をクラスの「技」とすることも決まった。

鑑賞会後の作品例四　五月（A児）

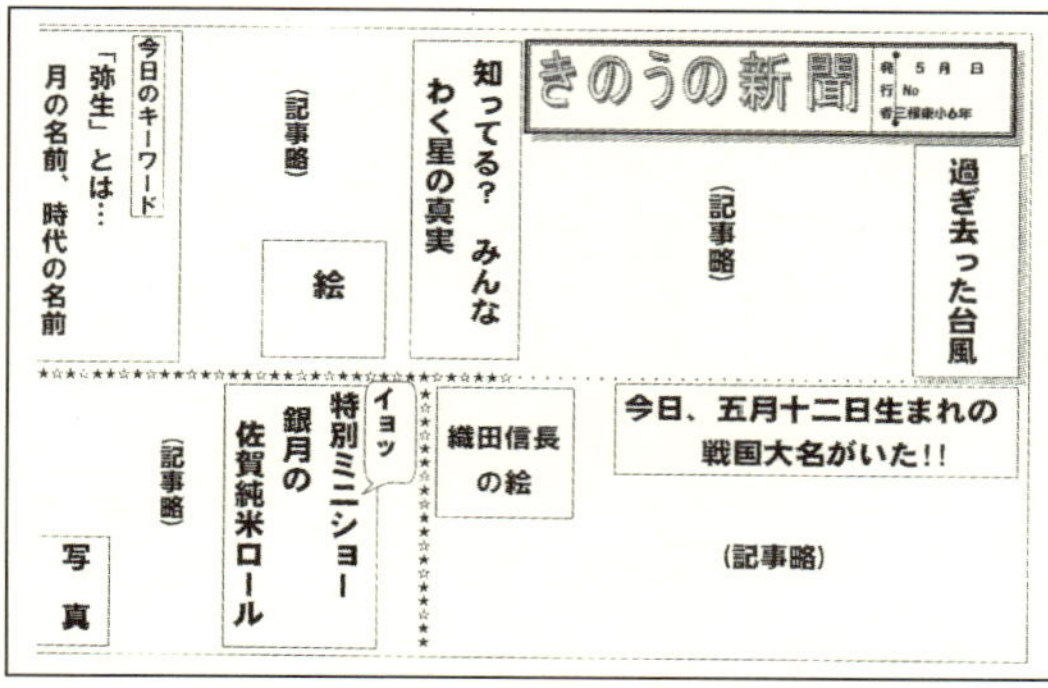

4　児童の変容

鑑賞会後、学んだことをもとに四月の「新聞集」を読み返した。

児童は、まっ先に自分の新聞を黙読し、「こうすればもっと読みたくなる」と書き手から読み手へと立場を変え、記事を客観的に批評し始めた。それが友達の新聞へと広がり、互いに新聞を音読したり、推敲したりしなが

ら書き表し方を探っていた。A児の新聞を四月（作品例二）と比較する。見出し部分が、ほとんど体言止めで書かれていたものから読者への問いかけが見られる。文章にも読み手を意識した記事や表現が見られ、よりよい新聞づくりをめざす姿が見られた。他の児童にも同様の変化が見られた。アンケートやインタビューなど取材方法が豊かになり、自分が調べたことを記事にすることも多くなった。表現にも複数の「技」を組み合わせるなど自分の思いをもって技法を工夫するようになった。命についての主張文や東日本大震災についての意見文、代表委員会の話し合いについての報告文などいろいろな文種が見られた。読者として投稿ポストに感想や自作の詩などを入れたり、一般紙を読んだりすることを愉しむ児童も増えた。

四　文集づくりに挑戦　Ⅱ「きのうの新聞　私のベスト特集号」

1　「広がる」手立て

教師が編んだ文集もよい。だが、児童に文集をつくらせることによってより文章鑑賞眼に培うことができる。そこで児童が編集する特集号「私のベスト特集号」づくりを行った。「新聞集」の中で自分が推薦する新聞や記事を選び、よさや意見・感想を読み手に伝えることをテーマとした。

2　作品例五　十二月「A児のベスト特集号」

（見出し）ぼくの一押し　Hさんの三根町への愛を感じる新聞（A児）

（リード）佐賀の乱、それは、今から百三十年ほど前に起こった。しかし、この事件はまだ色あせてはいない。今もこの我らの校区につめあとを残している。それがこのHさんの新聞で明らかになった。

（本文）Hさんの新聞は、社会の学習の時、先生が言った「この佐賀の乱に関係のあるものが天建寺に残っています。」という言葉から始まった。先生

A児が選んだ作品　十月実践（H児）

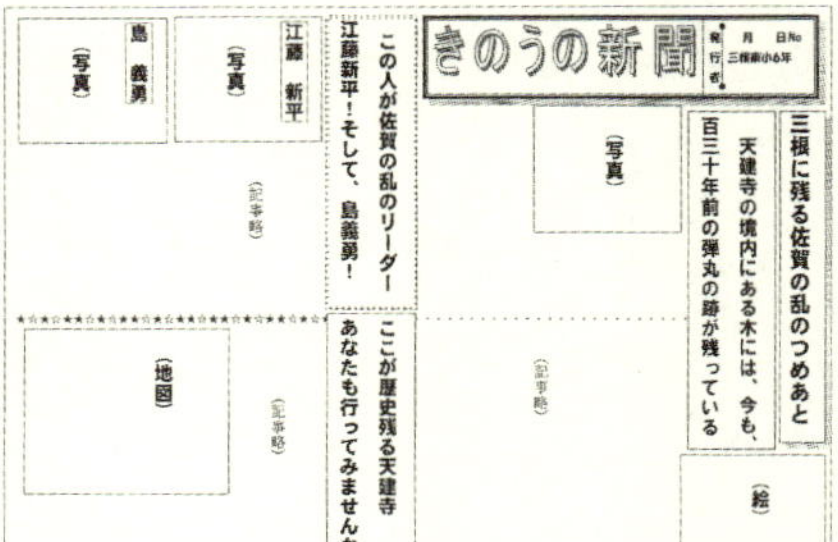

は、それが何かわざと教えてくれなかった。それをHさんは調べたのだ。この新聞のよさは、次の三つである。まず、一つ目は、写真、絵、地図等の資料を効果的に使っているところである。二つ目は、自分が知りたいことをインターネットや本、インタビューなどを使って熱心に調べていることである。三つ目は、読む人のことを考えて、初めて知る人でもわかるようにくわしくかいているところである。（後略）

3　鑑賞会

国語の時間にペアで「私のベスト特集号」を紹介し合い、語り合った。それぞれに思い入れや選択の理由があり、それが認められることを喜んでいた。中には、クイズやなぞなぞ、四コマ漫画のような娯楽的な要素の大きなものばかり選んでいるものが見られた。その子は盛んに理由を尋ねられたが、読み手が参加できることや興味や関心をひかれて読むのが楽しくなることなどをあげた。それを聞いてみんなは読み手を意識した選択に納得した。しかし、記事としてのねうちや文章のおもしろさはどうか、と疑問視する児童もいた。

多くの児童が文章だけではなく、資料をうまく活用しているものや大胆な割り付けをしたものを選択して編んでいた。それらの記事を児童と話し合いながら、黒板で分類・整理した。それにより写真や絵・グラフなど様々な資料を活用していることが焦点化できた。さらに、児童が最も興味を示す記事「〇〇ランキング」を使い、これまでの「新聞集」の記事と比較した。それらの表現は、㋐人数を数で書いたもの、㋑数はなくベスト3の項目だけのもの、㋒全員分を一覧表にしたもの、㋓表やグラフで表したものなど様々。その効果について話し合うと、目的や読み手に応じて情報を収集して適切な資料をつくること、資料だけでは分かりにくく、箇条書きや短いコメントなど、文章の種類を考えてつけるとよいことなどに気が付いた。

意見交換によって、児童は「人、それぞれ感じ方や考え方が違う」「どの子のどの作品にもよさがある」と友達の文章をより詳細に読んでは、よさとその根拠を探した。自分の新聞を見直す際にも文章の内容に合わせて「表と円グラフ、どっちがいいか」と複数の種類の資料を吟味し、取り入れ方を考えたり、本文や資料を活かせる割り付けを工夫したりした。「○○君なら、このかき方、どう思う」と友達の意見を参考に、読み手の受け取り方へも思考が広がった。しかし、詳細に書かなくては読者に分からない、と一文が長い文章を書いたり、グラフや表を活用したくても資料づくりが苦手であったりすることもあった。児童の高まった意識を、日々の新聞づくりに生かすためには、児童の思いに合わせて書き表し方を個別に支援することも大切にしたい。

4　児童の変容

書き手として読み手の関心を引き、記事の内容がよりよく伝わるように、資料の提示の方法を考え、構成や紙面づくりを工夫し、資料と文章を結び付け、これまで以上に文体を考えて書くようになった。正確に書こうと、記者の感想ではなくその場にいた人の言葉を載せたり、箇条書きにして順序が分かるようにしたり、具体的な言葉や数字を使ったりという工夫も見られた。

読み手としての姿にも変化が見られた。新聞や作文だけでなく、他教科をはじめ、生活の中で目にするキャッチフレーズや見出しなどの、言葉や表現について積極的に批評したり推敲したりするようになった。また、自由な発想で表現した絵物語などを自主的に投稿する機会が増え、「詩の募集」などのコーナーも充実した。

さらに文章以外にも視野が広がり、客観的に自分を見つめ直したり、友達や家族に意見や感想を求めたり、互いによさを賞賛し、認め合い、協力し合うことが、学級経営の上でもよい影響を及ぼした。

今回、卒業式の歌のフレーズや題名を新聞紙上で募集し、完成に至ったことは、大きな成果であった。

五　保護者の声

「○君、文章が上手になりましたね」「○○さんの新聞を楽しみにしています」という保護者の声が投稿された。文章の中にその子の思いや個性が現れ、成長が分かるというのである。文集のよさが読者に伝わったようだ。

また、読者としてだけでなく保護者の投稿をもとに記事が作られ、新聞紙上で俳句コンクール（作品例六）に参加していただき、みんなで新聞・そして文集をつくりあげることができた。さらに、新聞や文集をもとに様々なことを語り合うことが、児童の大きな励みとなり、よりよい表現への大きな原動力となった。

作品例六　俳句コンクール「夏」　七月実践

軒下の　風鈴静かな　夜明けかな　（保護者）※「かな」の切れ字に興味を示し、この後、使う児童が増えた。
川にうつる　ほたるの光　星いくつ　（Ｉ児）

六　これからに向けて

本実践を通して、単に文章を書くことや完成した作品や文集だけでなく、むしろ制作の過程に意義があること、新聞や文集をつくった後に価値があることを再認識した。児童の日々の綴りや成長がそこに見えるからである。

文章を書くことは、元来、一人で黙々と行う孤独な作業であることが多い。しかし、今回の新聞・文集づくりの魅力は、取材から発行、交流に至る一連の制作活動を仲間と分かち合えること。単発的な新聞・文集づくりで終わるのでなく、鑑賞会を経て学んだことを新たな文章表現や作品鑑賞に生かせることにある。

新聞をつくることで個々の力を育てることができる。文集をつくることで一人一人の個性が輝き、それが読み手の心に一石を投じる。読み手にも書き手にも波紋を広げる。新聞や文集づくりを介して書き手（記者・投稿者）と読み手を行き来し、交流することで相手意識・目的意識を明確にもって客観的に文章を振り返り、自らの文章表現を批評・推敲することができるようになる。それは、児童の表現技能や文種を広げ、文章生活を豊かにする。さらに、ものの見方や考え方を広げ、人との関わりを深めていくことにつながっていく。

それゆえに、教師は、日々の生活の中でどのように表現や発表の場をつくるのか。つくられた新聞をもとに文集を編み、鑑賞会とつなげるのかが大きな鍵となる。その際には、児童が書いた文章の中に個々のよさや特性を見抜くこと。そのよさを学級や児童の実態、意識や思考の流れに即して広げていくこと。文章に表したい、表現してよかったという思いを味わわせることを大切にしたい。そしてこれからも、自らも読み手となり書き手となって、児童と共に文章世界を愉しみ、共に学び、成長し続けていきたい。

（内川　敏美）

第六学年　友達の表現技法を獲得し、文種の違いに気付く文集づくり

一　私の願い

作文を書く際には、これまでの読書経験や友達の作文を読んだ経験を生かして、使ったことがない言葉を使ってみようと挑戦して書いてほしい。では、経験を生かして表現がひろがる過程での文集はどうあるべきなのだろうか。経験を生かす過程では、意識的・無意識的に良い表現を使う。しかし、それは、どちらも、他の作品としての本や友達の文章に学んだ結果である。ならば、表現をひろげる過程において、児童が自然に他の作品に学ぶような環境を教師が意図的に、整えれば効果的であろう。

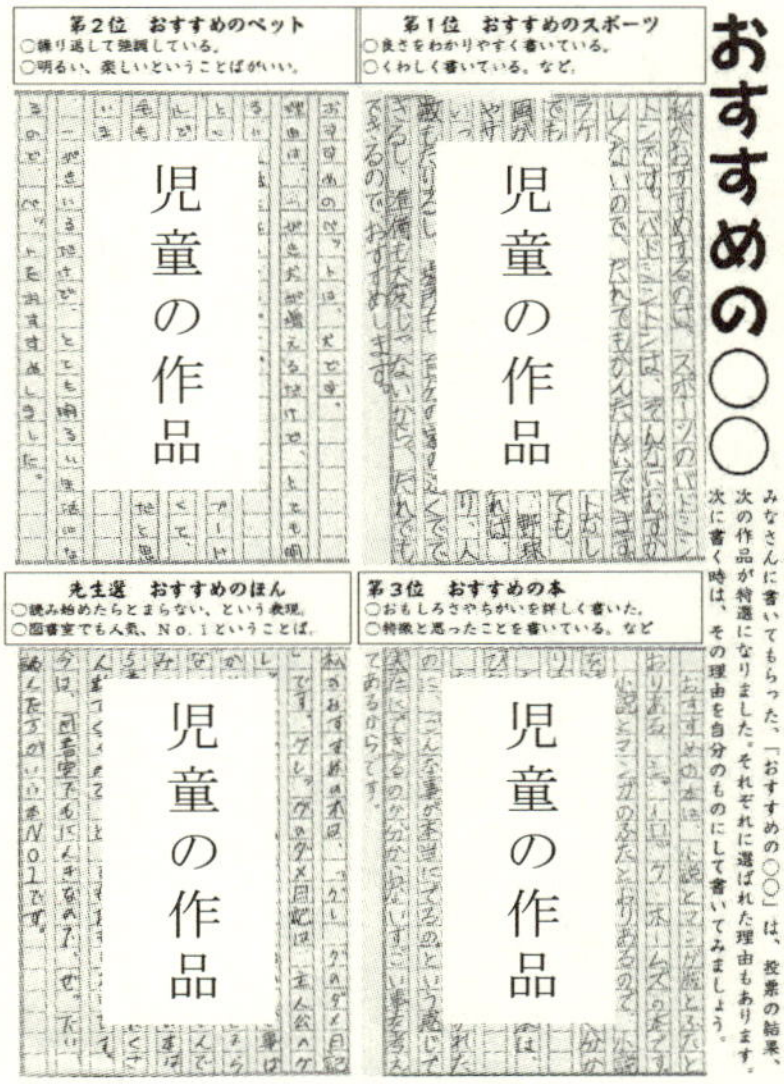

経験を生かして表現をひろげようとする児童は、参考になるものがあれば、有効利用し、書き始める。やがて、原稿用紙三枚から五枚の作品を作り上げる。それを文集にし、学級文庫に置く。児童は、読書タイム、待ち時間、自習課題が終わった後などの、隙間の時間に学級文庫にある文集を手にとり、作品そのものを楽しんだり、良い表現を参考にしたりする。また、無意識的に良い表現を使った時には、教師がその言葉を取り上げ、気付かせることで良い表現を参考にさせる。この学びの循環を支える新聞型文集というものを考えた。児童は友達の作品を読むことが好きである。良い作品に投票するのも好きである。このような活動を通して、友達の作品に触れ、良い表現を自然に獲得させようと企図した。

二　児童の実態

1　作品例　「歓迎遠足の作文」四月実践

（A児）
今日は、歓迎遠足でした。学校から吉野ヶ里公園まで行くときに一年生（Yくん）とZさんといっしょに吉野ヶ里公園まで行きました。（中略）ずうっとおしゃべりして、手をつないで歩いていました。きゅうけいの時もあまり休まず「トコトコ」と楽しそうに歩いていました。一年生と手をつないでいると、「六年生になったね。」と友達が言いました。六回あった歓迎遠足の中で、私は、たぶん一番楽しかったし、心に残ったと思います。

（B児）
私が一番、印象に残っているのは、吉野ヶ里公園に行くときです。最初はおとなしかった一年生もなんだか調子にのってきたとこもあって大変でした。吉野ヶ里公園に行く途中はしりとりをしました。Aちゃんは、物知りで知らなくていいような言葉も知っていました。（中略）そのあと、Aちゃんは、「吉野ヶ里公園に早く行きたいなあ、楽しみっ。」て言ってくれました。すごく嬉しかったです。私にとっていい思い出になったと思います。

2　児童の作品から見えること

文種については、遠足などの行事がテーマとなると、生活文のみになってしまい、創作文を書いて楽しんだりとか、報告文を意識して書くという児童は見られない。また、表現技法としては、時系列で記述していき、「したこと」を繰り返し、最後に感想や気持ちを書くといった同じようなパターンに陥っている。

会話や音をよく使っているが、これは、事前の指導で、工夫として児童から挙げられたものであり、使うようにしようと、共通に理解していたものである。

3　文集づくりの構想

一般に、作文に対する関心が低く、なかなか書き始められない。

今回の文集づくりに向けての作文を書く時間は、朝の時間や帰りの時間など、ちょっとした隙間の時間を使う。時間が短いために、全員が時間をかけずに。気軽な気持ちで書けるようにするため、二〇〇字文章を中心に取り組ませる。題材には、体育大会などの行事や日常のできごとなど、広くいろいろな題材で書かせる。

みんなで作品を鑑賞し合うことで、作文力の向上を狙うために、はじめは全員の作品をB四用紙（一枚に八人分、全部で五枚）に載せて読ませる。その際に、良いと思うものから順位をつけ、理由とともに三人分の作品を選択させる。一位に三点、二位に二点、三位に一点を与え、総得点で上位になった三人分の作品を新聞型文集に載せ、児童に配付する。作品には、選んだ理由の代表例を添えておき、どんなところが良かったのかがすぐ分かるようにする。載せる理由の観点は、教師が、ぜひ良さとして獲得してほしいと思うことを中心にする。新聞型文集については、教室に掲示しておき、いつでも、参考にできるようにする。また、以前に書いたものが読めるようにしておく。家庭学習で日記を書かせる際には、これまでに出た工夫を条件に入れながら、書かせる。他教科等との関連として、体育のティーボールや走り高跳びの学習に生かしたい。「こうすればボールが遠くまで飛ぶ」「こうすれば打てる」や「高く跳ぶために」「足はこうする」のようなこつを書かせ、読ませる。

三　文集づくりに挑戦　Ⅰ

1　「はじめの一歩」の手立て

はじめから教師が文集づくりをしようと言わず、はじめに作文を書かせた。題材は「春の歓迎遠足」である。書き慣れていない児童は、なかなか書き進めることができない。「全部を書かなくていい」「一番おもしろかった時間だけを書けばよい」というと、少しずつ書き始めた。事前に同じような作文にならないために会話文や思ったことなどをたくさん入れようと言っていたのでそれはよく使われていた。みんなが工夫していたことを伝えると、読んでみたいという意欲が高まった。実際に読ませると、楽しみながら他の作品を読んでいた。「あれがいい、これがいい」という声も聞かれた。このことをきっかけに次につなげていく。題材については、日頃家庭学習でテーマのある日記を書いていたので、次に「週末のできごと」を書くことにした。書かせる前に、前回の読み合わせのことを話題にし、「全員の作品を全部プリントに載せて、どの作品がいいか投票しよう。」と投げかける。これによって、児童の意識は全員分が載った文集へと向かっていった。

2　作品例「週末のできごと」七月実践

（C児）

私は、日曜日にお母さんと買い物に行きました。最初に髪を切りに行きました。私は髪を短く切って、お母さんは下をそろえて、髪をすかしました。私のカットは、ものすごく時間がかかったので、何度も、「もう、いいんじゃない。」と思いました。けれど、切り終わったら、スッキリしたので良かったです。その後、近くのお店に行って、たくさん買い物をしました。楽しかったです。

（D児）

日曜日、私はお姉ちゃんのたんじょう日プレゼントを買いに行きました。お姉ちゃんのたんじょう日は七夕の日なので、七夕のバースデーカードを買いました。プレゼントにはチーズケーキを買う予定です。そして、家に帰ったら、お姉ちゃんが「何買った～。」って言ったので、「ひみつ～。」って言って、お母さんと二人で笑っていました。手紙もそえて準備ばんたんです。「ああ、早く、七日にならないかな～。」私はそう思いました。

3　鑑賞会

最初の投票が一回目の鑑賞会となる。作文を書くと、児童は一覧になったものが配付されるのを待つ。配付されると、どんなものがあるのかと、興味津々で各作品を読み始める。

読んでしまうと、投票用紙に、最も良いと思うものを選択し、その理由を添えて書き始める。児童からは「読み比べていると、良いところが分かりやすい」と言う声も聞かれた。

投票した後は、新聞型文集の配付を楽しみに待つ。「自分の作品はベスト三に入っているだろうか。」「自分が選んだ作品はベスト三に入っているだろうか。」「どんな作品がベスト三に入っているだろうか。」という思いをもって読み始める。回を追うごとに「先生が選んだ作品はどんなものだろうか。」という声も聞かれた。「新聞が配られる時はどきどきして、自分のが選ばれているかどうかをまず見ます。」「友達の作品を読んで、これいい、と思ったものを参考にして書きます。」と積極性が強くなった。

4　児童の変容

児童は、自分の作品が載るかどうかと考えるうちに、ベストに選ばれた作品や教師選の作品の良い理由を見て、自分の作品に取り入れようとした。一学期の取り組みでは、表現技法に気付くように、作品の良さの部分には、「繰り返して強調している」など表現技法を中心に取り上げた。それによって例えば、会話文とともに、心の中のつぶやきもかぎを使って書くようになったり、「ナンバー一」や「〇〇で人気の」など、取り上げられたものと同じことばを使うようになった。しかし、一学期の取り組みでは、文種の広がりへは進めなかった。

四　文集づくりに挑戦　Ⅱ

1　ひろがる手立て

第二弾としての文集では、文種がひろがることを目指して、同じ題材で文種を指定し書かせた。具体的には、修学旅行を題材に、生活文、創作文、意見文、報告文、感想文の五種類で書かせた。次のように誘った。


〇生活文…特に書き方を指定せずにこれまで通りの作文を書こう。

〇創作文…今回長崎に行ったが、こんな所に行ったらと考えて、架空の場所を指定し書いてみよう。

〇意見文…例年修学旅行は長崎に行くことになっているが、ここに変更したらどうかと述べてみよう。

〇報告文・紹介文…五年生に、来年長崎に行くならここがいいよと書いてみよう。

〇感想文…修学旅行で学んだことはなんだろうか、それを感想として述べてみよう。


全員がそれぞれの文種の書き方を体験するために、全員にそれぞれの文種で書かせる。それぞれの作品を一覧にし、その中から、一位になったものを新聞型文集にした。生活文については、これまでも書いてきたので、生活文だけで一枚の新聞にした。

2　作品例「修学旅行に行って」十一月実践

《感想文》修学旅行を通して学んだこと　（E児）

長いようで短かった修学旅行を通して、私は、平和ということを改めて、良いことだと思いました。今は、こんなきれいな長崎で、本当に戦争があったのかと疑ってしまうほどです。しかし、原爆資料館で見た、ひさんな写真、語り部さんが話してくれた悲しい過去、どれも心に残っています。この恐ろしい戦争がもう二度とないように、私もこれからの未来に少しでも役立てていきたいと思いました。

《創作文》アメリカ旅行　（G児）

今年の修学旅行はアメリカへ行きました。六泊七日でした。ホテルはとても大きくて、お城みたいに大きかったです。一人一部屋で、一つの部屋がとても広くて、テレビもついていて、とても大きかったです。夜には、友だちを呼んで部屋でパーティーをしました。シェフが夜ご飯を持ってきてくれました。とてもごうかでびっくりしました。それにとて

《意見文》修学旅行に行くなら沖縄　（F児）

今、修学旅行は長崎と決まっているが、どうせ行くなら沖縄に行った方がいいと思う。理由は、沖縄にあるアメリカ軍基地などを見たり、沖縄戦のことなど沖縄にある歴史を学べたりできるからだ。それと、沖縄にしかない食べ物や伝統などを体験できるからだ。こんな沖縄には、とても学べたり、体験したり、食べたりと、長崎とちがって学べることがあるかもしれない。そういうことで沖縄がいいと思いました。

《報告文》《紹介文》修学旅行のみどころ　（H児）

修学旅行に行ったら、特に中華街に行って、角煮まんを食べて、城山小学校に行った方がいいと思う。なぜなら、中華街の角煮まんは、とってもおいしいし、城山小学校は戦争のひさんさがとってもわかるからだ。特に城山小学校の中の「詩」や「本」を見てほしい。そこには、当時のことや悲しいことなどたくさん書いてあるので見てほしい。そして、

もおいしかったです。みんなで夜おそくまで起きていました。とても楽しかったです。

中華街の角煮まんを食べてほしいと思う。

3　鑑賞会

これまでのしたことを中心に書かれた生活文から、様々な文種にひろがると、児童は楽しみながら友達の作品を読んでいた。例えば創作文では、「どんなところへ行って、どんなことをするんだろう。」とワクワクしながら読み進めた。「創作文は、いろいろと想像しながら書けるので楽しいし、友達の作品を読むのも楽しかった。」という児童が多かった。報告文や意見文では、「これは、納得だな。」や「これはぼくの考えとはちがうな。」など、自分の考えと比べながら、納得したり、首を傾げたりしながら読み進めていった。このように表現よりも内容に注目する子も多かった。文種に着目させても、表現技法の向上も目指したい。そのためには使っていることばなどにも目を向けさせることが必要である。新聞型文集にした際の題名の下には、手立ての一と同様に、児童のコメント中から、教師が意図的に良いことばを見つけて、取り上げることで、良いことばにも気づいていた。

さらに、「文種によって、書く内容が少し変わってくる。」という注目できる気付きも聞かれた。

4　児童の変容

様々な文種を書かせることで、児童の興味・関心は高まった。今回は、「〇〇文というのは、こういうことを書くんだよ」と説明をしながら書かせたが、継続することで、書き方を身につけさせたい。文種によって書く内容が変わることに気付き始めたので、今後は、逆に、書きたい内容によって、文種を選んでいくという方向にも進めそうである。また、楽しんで書いているので、加えて表現技法もすんなりと取り入れることができた。

文種などの形式に注目させて書かせると、歴史認識など内容面で指導すべき点も見受けられた。内容にも目を配り、それを基に、国語の時間、他教科の時間に、子どもの認識をひろげたり深めたりする指導も必要である。

五　保護者の声

保護者からは、「宿題の日記を書く時に、作り話を楽しそうに書いています。その作った話を読ませてくれるようになりました。」「文集新聞を見ながら、『こんなことばが使えると良いね』と言っています。」などの声が聞かれた。

六　文集づくりで見えてきたもの

文集づくりを継続して行うことで、それまでの作品の表現を生かして書くことができ、書き慣れていった。また、文集をつくることで、C児・D児のように他の作品から学んで書くという技法が身についた。鑑賞会は認め合いを引き出し、良い作品にする意欲を生み出した。いろいろな文種で書かせることで、児童一人一人が、書きやすい文種や得意とする文種がどれなのかということに気付いた。

いろいろな文種で書かせることで、同じ題材でも文種によって書く対象や取り上げる事象が変わってくることに気付かせることができる。そこから、目的に応じて文種を選ぶという指導につなげそうである。

（重松　景二）

実践Ⅲ

Q＆A 「文集を作るとき鑑賞会は必要ですか」

Q　文集をつくるときに鑑賞会は必要なのですか？楽しくなるような鑑賞会の方法があれば教えてください。

A　鑑賞会を文集の中核的役割として考え、文集づくりに生かせる鑑賞会を普段から仕組みたい。

一　こんな児童になってほしい

下記の吹き出しの言葉を無意識に使う姿こそ鑑賞会における理想と言える。

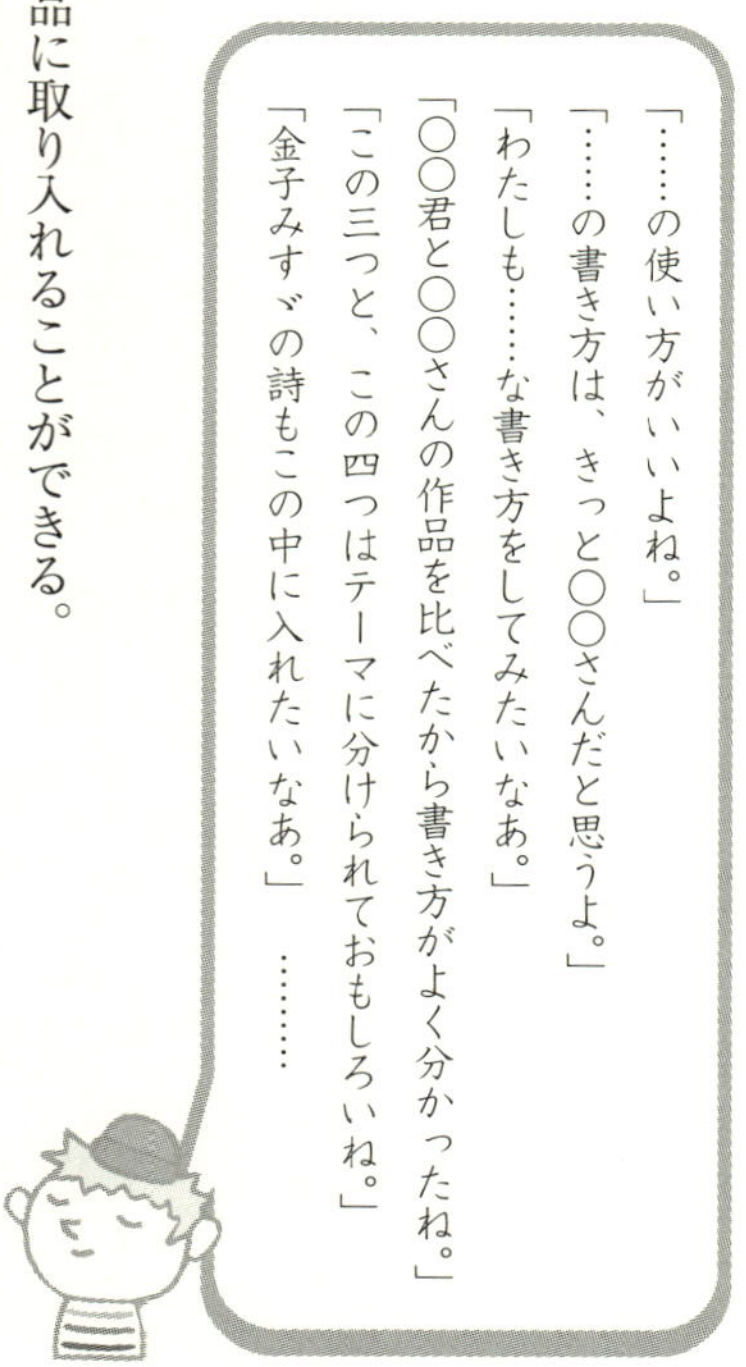

二　こんな鑑賞会にしてほしい

鑑賞会をすることで、

①　友達から多くの表現技法が学べ、自分の作品に取り入れることができる。

②　友達の作品を見ることで、今まで気づかなかった友達の考え、行動、こだわり等、新たな発見ができる。

③　文集意識が、学年末の学級文集から広がりが見られる、等の長所が見られるからである。

文章力向上のみが目的ではなく、文集にすること、文集として編むことに新たな楽しみを味わわせたい。

鑑賞会では、次の三原則に重点を置く。

①　時間（いつ、継続的）　場（椅子、床）　人数（一人、ペア、グループ、全員）　空間（壁面、紙媒体、音声　等）

②　相手　目的　③　教師の位置（指導的、クラスの一員、自作例、他作品紹介　等）

三　こんな鑑賞会をしてほしい

○　筆談鑑賞会（筆談自体も文集に活用できる）

○　きらきらNo．1鑑賞会（文章表現の良さや友達自身の良さ、文集としての綴り方の良さなどを発見する）

○　いただき鑑賞会（次の文集を書くきっかけとなる）
○　付箋紙鑑賞会（たくさんの意見を収集できる）

実践例（P120～P167まで）として、鑑賞会やその特徴を七例紹介する。

○○鑑賞会	鑑賞会の特徴	取り扱う文種
Very good!鑑賞会（地域へ発信） Grade up!鑑賞会（異学年へ発信）	グループ別お薦め文集づくり 拡大文集づくり　個人思い出文集づくり 読んでほしい相手が不特定から特定へ	推薦文
紙上鑑賞会	学級通信にリレー方式で投書を重ねることで完成する文集づくり	意見文
えんぴつ対談鑑賞会	季節の句の良さを筆談で伝え合う文集づくり 相互鑑賞の言葉も入れて文集にできる	俳句
「リレー掲示板」鑑賞会	鑑賞会からオリジナル文集づくり 鑑賞会に至るまでの手立て、ポイント確認	意見文
「説明の愉しさを味わう」鑑賞会	綴った文集から新たな文集を生み出す文集づくり 学級集団としての温かさに目を向ける	説明的文章 生活文
家族鑑賞会	家族全員で思い出が残る一枚文集づくり レイアウト、構成作業も家族で	日記　四コマ漫画 詩　所感　新聞等

鑑賞会自体の楽しさも求めるところだが、鑑賞会の特徴にも書き表しているように、「どんな文集作りにつながっているのか」、「この文集だったからこのような鑑賞会になった」等、文集と鑑賞会を繋ぐことが大切である。

（橋本　幸雄）

第六学年　やりとり弾む「えんぴつ対談」鑑賞会

＊注　［　］は児童の俳号

一　私の願い

「えんぴつ対談」とは、二人組で相互に思いや考えを書いて、やりとりをする「筆談」である。筆談での鑑賞は「話す聞く」鑑賞会に比べ、時間が確保できるため、一人一人に自分の考えや感想等を表現する場が保障できる。そのやりとりは記録として文字言語で残るため、すべての児童について考えの変容や交流の深まり等も確認できる。二人のなかに限定される非日常的な交流方法であるが、それゆえに、友達との双方向でのやりとりが弾み、楽しみながら作品の良さが味わえる。

筆談により「俳句」の鑑賞会を進めていく。俳句文集は、全ての児童の作品を一同に鑑賞し合う場が設けやすい。複数の作品を比べたり重ねたりしながら読み合っていく。一年を通して鑑賞会を進めていくなかで、四季が織り成す自然美や風物、地域の行事等に目を向け、言葉のリズム、凝縮した表現や言葉選びを楽しみ、児童の豊かな言語感覚に培う。俳句作品群の学級文集をもとに筆談を行い、交流が活性化することで俳句づくりの成就感や文集への愛着が生まれ、表現の技法も内容も充実していくような文集と鑑賞会のタイアップを図る。

二　鑑賞会

「えんぴつ対談」鑑賞会の進め方

1　俳句をつくる。
2　二人組でお互いの俳句を鑑賞する《筆談その一》
3　筆談したことを全体の場に出し合う。

4　筆談した友達の作品へのコメントを書く。
5　全児童の俳句を綴った学級文集を読んで鑑賞する《筆談その二》
6　筆談したことを全体の場に出し合う。

鑑賞会を通して出された気付きやアドバイス等をもとに、次のような俳句づくりのポイントを整理し教室に掲示しておいた。

【俳句づくり七か条】
（1）五・七・五の　リズムにのせて　夏見つけ　（まずは五七五でつくってみよう）
（2）夏（春・秋・冬）らしさ　君が感じた　季語一つ　（季語の重なりがないように）
（3）一秒の　シーンをとらえ　すぐ作ろ　（その場で作ると生き生きとした句になる）
（4）感動を　こっそりかくす　ドーナッツ　（伝えたいことを他の言葉でいいかえよう）
（5）見て聞いて　かいでさわって　味わって　（五感を使って言葉を生み出そう）
（6）入れ替えて　つなげ広げて　切り取って　（もっともっとよくするために）
（7）いつも見る　くらしの中に　新発見　（これこそ俳句の楽しみ）

夏休みは、一日一句の俳句づくりに取り組んだ。二学期にその俳句の中から一人一句、気に入った作品を選び、二人組で筆談での鑑賞会をもった。筆談の中では、お互いに工夫したところを褒め合うだけでなく、想像したことを相手に確認したり分からないところを質問したりする。

《筆談その一》

＊サングラス　借りて男の　ポーズ決め　［輝岩］

［輝岩］　おれの俳句、どこがいい？
［消助］　「借りて男のポーズ決め」が［輝岩］ちゃんらしいな。どういう気持ちで作った？
［輝岩］　時々、サングラスかけてみんなに見せる人の行動を表した。
［消助］［輝岩］ちゃんも父さんのサングラス借りてかけたんだ。
［輝岩］　サングラスは男のあこがれ。かっこいい。かけたら太陽を見てしまう。そんな気持ちを分かってほしかった。
［消助］　どんなポーズをとったの？
［輝岩］　かっこいいポーズさ。自由に想像して。
［消助］　下の句は、「ポーズ決め」より「決めポーズ」とした方がいいんじゃない？
［輝岩］　そっちでもいいけど、「決めポーズ」は何か幼い感じがした。「ポーズ決め」の方がいい。

口数が少なく普段の授業では、ほとんど発言しない児童同士の筆談である。二人とも自分の思いをざっくばらんに書いている。大人にあこがれ少し気取った表現を［輝岩］らしいと言えるのも、仲のいい二人の間柄があってこそ。筆談の鑑賞会には、「話す聞く」鑑賞会のやりとりとは違った雰囲気がある。しーんと静まりかえった中に、ほのぼのとした表情の和み、あちらこちらでふっと湧き上がる笑いがある。筆談では相手の話を出来るだけ受けて次の話へ進む。時間が確保され、心の負担も軽くなるためか、友だちの質問やアドバイスに対しても、相手の文章をよく読み、自分の考えを明確に伝えることができている。「ポーズ決め」の方がいいのではないかという［消助］のアドバイスに対しても［輝岩］は、すぐに鵜呑みにせず、二つの表現のニュアンスの違いをよく考えたうえで返事を書いていた。

一方で、筆談は時間がかかる。日常的に書

＊かかったな　バナナのわなに　カブトムシ　［海なり］
＊構えると　シュッと逃げる　忍者の蚊　［チオ］
［チオ］　［海なり］君はカブト虫を、最後にしたところが工夫してると思ったよ。
［海なり］やっぱり！気付いてくれると思った。カブトムシを初めに書いていたけど、最後の句に入れ替えたんだよ。でも、［チオ］ちゃんだって、すばしっこい蚊を「忍者」ってぎ人法で表現してるのがいいな。言いたいことをドーナッツのようにかくしているね。
［チオ］　何がバナナのわなにかかったかを最後まで残しておくところがいいね。夏休みにカブトムシを取りに行ったんだ。「わな」と、えものをとるように表現しているところも工夫してるんでしょ。
［海なり］そうだよ。質問……「シュッと逃げていく」ってどういうこと？
［チオ］　えっ？　だから……忍者のように手からシュッとすばやく逃げている様子を表したんだけど、何かおかしい？アドバイスとかあったら遠りょなく言ってね。
［海なり］はい了解。蚊はたたきそこねると、見失うから

き慣れのための速写や視写を取り入れている。

次の二人は、教室で会話することが少ない異性の組み合わせであったが、軽快で弾んだやりとりの筆談は微笑ましい。「カブトムシ」の言葉を下の句にもってきた工夫に［チオ］が気付きコメントしている。また、［海なり］は、［チオ］が蚊のすばしっこさを「忍者の蚊」と直接的な言葉で表現していない点に気付き褒めている。教室に掲示していた「俳句づくり七か条」の（4）や、（6）にあげた言葉の入れ替えの観点も生かしながらの筆談である。

これまで月に数度、一人一句つくった俳句を名前を書かずに教室の掲示板に貼って鑑賞会を行ってきた。教師の作った作品も参考例になるように、こっそり忍び込ませておきながら、題材や表現技法を広げていった。児童に気に入った俳句を選ばせ、その理由を書かせ発表させることで『俳句づくり七か条』が意識されるようになった。児童が特に興味を

「シュッ」と消えていく」としてみるのも良かったんじゃない？

[チオ]　うん。それもありかも！　でも、その時は逃げてまた見つけたから、思いつかなかったよ。ありがとう。

＊わが家で　一番がんばる　せんぷう機　[炉神]

＊せんぷう機　毎日毎日　営業中！　[自適]

[炉神]　「営業中」は、うまいね（笑）

[自適]　どやっ！　うまいやろ！でも、[炉神] 君の「がんばる」もうまいよ。

[炉神]　（笑）

[自適]　二つの俳句何かにてるね。「一番がんばるせんぷう機」「毎日毎日営業中」がね。

[炉神]　今年の夏も毎日毎日暑かったもんね。

[自適]　[炉神] 君のからも、あまりエアコンはつけなかったことが分かるね。

[炉神]　[自適] 君もつけてなかった？

[自適]　エコさ。ほぼ毎日、せんぷう機で過ごしてた。

[炉神]　毎日、毎日だもんね。

もっているのが、比喩や擬人法である。四月当初は、そのままの直接的短絡的な言葉を選ぶことが多かったが、まったく違うものにたとえる表現技法におもしろさを感じる子も増え、気に入った作品を選ぶときも、この技法が使われた俳句を好んで選ぶ傾向があった。

　次は、同じ題材で俳句を作った筆談である。「せんぷう機」をもとに今年の暑かった夏休みに思いを馳せている二人。節電によるせんぷう機の活躍は、二人の共通点となり筆談もスムーズに進んでいる。[自適] の「営業中」という言葉選びの巧みさが光った作品である。

　学級文集をつくるにあたって、作品の後に、筆談した児童のコメントを載せることにした。始め [炉神] はどんなコメントを書こうかと悩んでいた。そこで、残された筆談録をもとに、せんぷう機が活躍した裏にある節電のことや「営業中」という比喩表現について書くことを助言した。俳句に表現した内容をもう一度考え、[炉神] は節電を実践した

［自適］の行動を褒めるとともに、改めてその表現に感服したような言葉を付け加えていた。
［炉神］は、［自適］の俳句に対し、次のような賞状の文言風のコメントを寄せた。

賞状

〇〇小学校　六年一組　　〇〇〇〇様

あなたの俳句は、店ではない「せんぷう機」に「営業中」という言葉を使ったところが、とても上手なので、ここにこれを賞します。

今年は暑かったけど、あまりエアコンはつけてないことも分かりました。えらいですね。あなたは俳句の天才です。

《筆談その二》

全児童の俳句とそれに対する友だちのコメントをセットにして、学級の俳句集とした。読み合った後に筆談を行った。次の上記の筆談では、共通する題材を見つけた後、臨場感のよさや、個人でものの見方に違いがあること等を話題にしている。複数の作品を意図的に組み合わせたり、配列したりしたことで多様な気付きが出された。「宿題」を題材にした俳句が多かったが、宿題が荷になることを確かめあったり、共通点として「宿題」には、自分だけでない家族との関わりも強いことに気付いたりした組もあった。このように文集にすることで、過ぎ去った夏休みを懐しむとともに、俳句表現の特性や抒情と叙景の俳句の違いに目を向けた児童も出てきた。また、「次は、チオさんみたいな比ゆを入れたいな。」「リンゴちゃんの二つのものにかけた表現がめちゃうまい。まねたいな。」と友の作品を参考に具体的な創作の目標をあげて取り組もうとする児童もいた。

＊シャボン玉　宿題のせて　飛んでいけ　［リンゴ］
＊あと三日　宿題終わらず　母きれる　［赤音］
＊図書館で　二人で宿題　はかどらず　［哲］
＊早う書け　宿題せかす　お父さん　［ユメキュウ］

［リサリン］　この俳句集、夏休みを思いっきり楽しんだ後、宿題に追われちゃった人が多いことが分かるね。
［リンゴ］　よくそんなこと思いついたね。［赤音］、［哲］、［ユメキュウ］、そして私!?
［リサリン］　そう［リンゴ］ちゃんもね。シャボン玉にまでのせたくなったんだからね。
［リンゴ］　ん〜。これ読んでると、夏休みのこと思い出すな。
［リサリン］　そうね。あの暑かった夏にさかのぼった感じになるよね。それだけみんな様子を表す言葉が上手になったってことかな?

＊また出たか　夏の定番　そうめんが　［握手］

［悠々］　やっぱ、クーラやせんぷう機多いね。祭りや宿題も多いよ。
［哲］　そうね。季語もいろいろあるね。ぼくは［握手］君のが一番好きだね。いやになるほど、そうめん食ったんだと思って笑ったよ。
［哲］　俳句って、その時に感じたことをすぐに書くと、いい俳句になるね。
［悠々］　なるへそ。人それぞれに思いがあるから同じものを見ても、ぜったい同じ俳句にはできないからね。
［哲］　［握手］君の俳句は、「ソーメンはもういや」と心の中を感じさせる俳句だね。

三　これからに向けて

俳句をつくった後は、「まだですか?」と、鑑賞会や文集を心待ちにする児童が増えた。特に話すことを苦手にする児童は、鉛筆対談を好む傾向が強く、話が続いていくことを楽しみ、普段の発表では見られないような大胆な言葉で自分の考えを表現していた。「うん、ほんとよね。」といった単なる同意でも、文字言語にすることで共感も強まり、笑顔こぼれる場面がよく見受けられた。表現技法の工夫が対談の話題になることも多く、四月当初は、見たままの説明や観念的な俳句が多かった「ユメキュウ」も、この頃では「冷える朝こたつにもぐりヤドカリマン」等、「比喩や方言を入れて、おもしろい俳句をつくることが選ばれる秘訣だ。」と筆談に書き残した持論のもと、俳句づくりに励んでいる。

題材が広がる一方で、同じ季語の俳句であっても友達によってものの見方・考え方に違いがあることに、おもしろさを感じる児童も出てきた。今後は、炎天寺『小さな一茶たち』や日航財団『こどもたちの歳時記』などからの作品も話題にし、友達の新しい見方・考え方に触れる楽しさを味わわせ、豊かな感性に培っていきたい。

（坂元　俊文）

第五学年　説明の愉しさを味わう鑑賞会

一　私の願い

説明的な文章を中心に鑑賞会を進めていく。説明的な文章とは、狭義の説明文に限らず、相手に自分の考えを説明する文章を対象としている。国語科に限らず、他教科で書いた説明文を読み合うことも含む。例えば、算数科の面積の求め方や、社会科で図表に書いたものを説明した文章を分析・吟味することもある。物事や考えを説明するには、順序や事例、結論などの観点が必要である。その観点に応じた書き方を学び合うことが、説明文を鑑賞する目的となる。繰り返すことで、説明の仕方を身につけ、それが効果的であるかを確かめたくなる。そのことが、説明的な文章を鑑賞する意欲につながる。

二　鑑賞会

四月、五年生に、本校の特色を説明する文章を書かせた。そのうちの数点を一枚文集に掲載し、鑑賞した。これまでの学校生活での経験や、本人が感じた特長を書いていた。また、説明することと、これまで書いてきた生活文との違いに戸惑っていたこともあり、体験談になっていた。

> 今から御船が丘小学校の「うさぎ」のことを話します。この御船が丘小学校には、「ショコラ」といううさぎがいます。①「ショコラ」は、メスで御船が丘小学校の人気者です。ショコラのえさは、飼育委員会の人が毎日、交代であげています。飼育委員会以外の人がそこらへんの葉っぱや、草をあげたらいけないので、注意しなければいけません。前は、三匹だったけど、いろいろあって一匹になってしまいました。先生も赤レンガのところや外に出てみたら、ぜひ見にきてください。かわいいですよ。
>
> （女児A）

ぼくは、②視聴覚室のことを二つ話します。一つ目は、③視聴覚室は、一階の一年生の教室の近くにあります。二つ目は、視聴覚室を使う時のことを話します。ほとんど、英語の時間に使います。時々、「のほほん」の人たちが昼休みの時に読み聞かせで使っています。他には、④授業で使ったり音読集会を学年でする時に使ったりします。視聴覚室は、楽しい勉強で使うようになっているので、学校で大事なところになっています。

（男児B）

これらの学校紹介を読み合った時に、児童らは以下のように話していた。

C1：同じ場所や事柄でも、①人によって違うので、読んでいて楽しい。

C2：学校はいろいろな教室があるので、②何から説明すればいいかがわからない。

C3：③数とか、広さとかを書いたら、他の学校と比べられると思う。

C4：紹介する場所の良さだけでなく、④使ってみての感想を書いた方がわかりやすい。

このように、書いてある内容を読み比べたり、書き方に目を向けたりする傾向が見られた。学校生活の中で、いろいろな場面で説明する機会を取り上げて、物事を説明するための語句や構成の工夫に対する意識をもたせられる。

いろいろな教科で説明した文章を綴ることで、その目的に応じた書き方を学び合うことにした。

1　鑑賞会の方法

教科の学習の中で、説明する場面が多く見られる。そこで、それぞれの学習の後に、児童が書いた文章を数点、選んでお便り等に掲載する。その掲載したものを読み比べて、それぞれの友だちの書き方について、模倣したいことを付箋紙に書いて、説明するためのアイテムノートに貼っていく。それを別の事柄を説明する時に参考にして、文章を書いていく。アイテムノートに貼っている付箋紙を増やしたり、書く事柄に応じて整理したりすることで、児童一人ひとりが説明文を書く技を高めていくことができる。

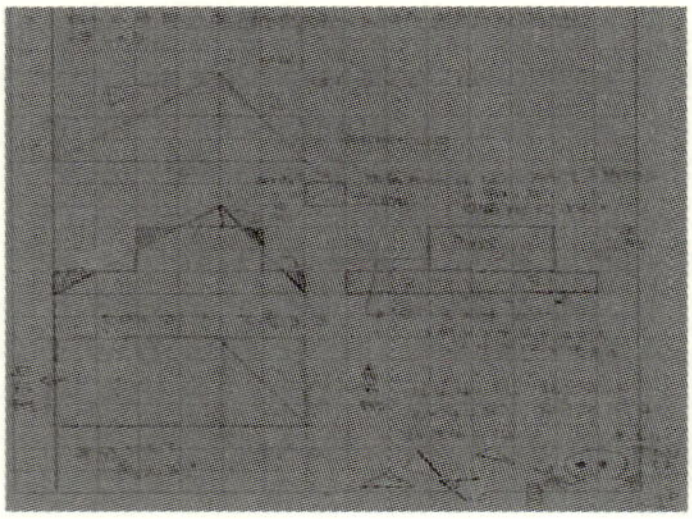
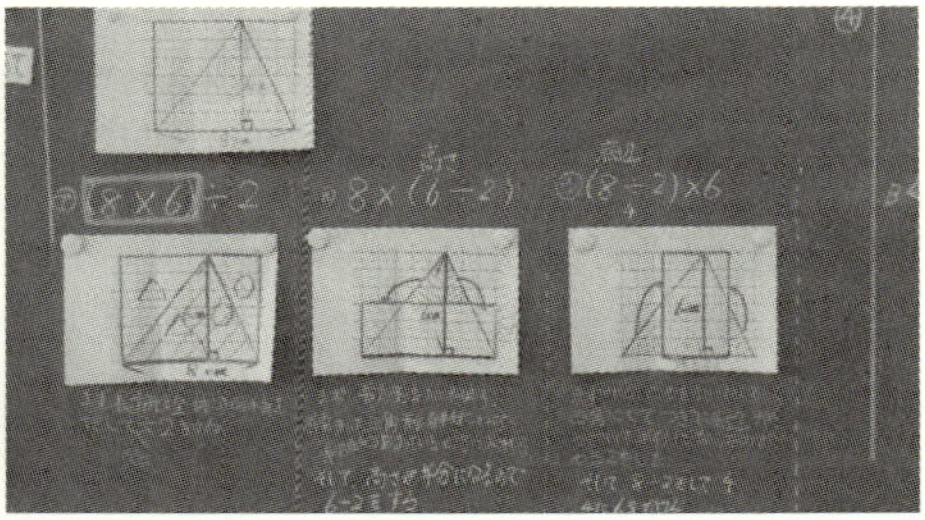

2　鑑賞会の具体例

（1）算数科での例

右上の写真は、算数科の学習で三角形の面積を求める場面。その解き方を説明するために、児童が書いた板書である。三角形を二つに分けて長方形に形を変えて面積を求めることを説明している。児童の多様な考え方を三つに分けて板書し、説明させたが、その説明するための文章は様々であった。授業後に児童のノート（左上の写真）を複写し、お便りに掲載し、説明文の書き方を吟味・鑑賞させた。順序を表す語句や算数科の学習用語（頂点、辺など）を使って、考え方をどのように書いているかを付箋紙にメモさせた。メモしたことを自分のアイテムノートに貼らせ、次の算数科の時間における台形の面積を求める解き方の説明に活用させた。

お便りに掲載した児童のノートが、左上の写真である。お便りに載せたノートを見ての感想として、以下のようなことがあがった。

C5：友だちの説明を読んでみると、答えを出すまでの順序がわかりやすかった。
C6：図に書いたことを矢印で詳しく説明していたので、わかりやすかった。
C7：答えの理由が三つも書いてあり、自分と比べることができた。

これらのことから、児童は、アイテムノートに以下のようなことをメモしていた。

・最初に結論を書く。・説明する順序を表す語句「まず、次に、そして」を使う。
・頂点、高さ、垂直、底辺などのことばを使って書く。

メモを使って、次の時間に四角形の面積の求め方を説明した文章が以下のもので

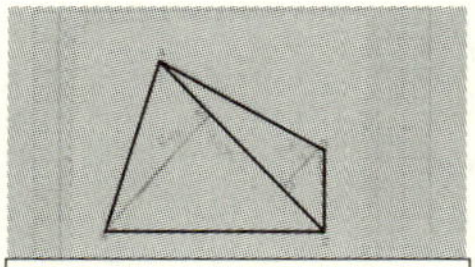

三角形の公式を使って求めるには、まず、対角線を引く。次に、２つの三角形に分けて計算する。最後に、２つの面積をたし算する。

ある。この文章をみると、お便りに掲載したアイテムノートから、順序を表す語句を模倣して、書いていることがわかる。また、算数科の学習における用語を使って書いている。このように、日々の学習における説明するための文章をお便りに掲載することで、説明するための考え方や書き表し方を参考にして、次の説明する場面で生かすことができた。

(2) 総合的な学習での例

総合的な学習の時間における、地域の食材を使ったレシピを書く場面があった。そのレシピを完成させるために、各グループのレシピを一枚文集にし、鑑賞させた。算数科で説明する順序について学び合ったことで、作り方の順序の書き方については、手順に沿ってどのグループも書くことができていた。しかし、作り方の根拠が不充分なために、どのレシピが適切であるかが決められなかった。お互いのレシピを読んで、次のような意見が出された。

C8：⑤作り方の順序を決める理由を書いた方がよい。
C9：⑥作る時のポイントを書いた方がわかりやすい。
C10：⑦失敗例も書いた方が作る人にとって参考になる。

以下のコメントを加えることになった。

アイスボックスクッキー　キャロット風味

⑤１　材料（約20枚分）
・バニラ生地　・バター20グラム
・グラニュー糖20グラム　・卵１個
・薄力粉50グラム　・バニラエッセンス
・にんじん１本

⑤２　作り方
①にんじんピューレを作る。
②薄力粉を２回、ふるっておく。⑥
③バニラ生地を作る。
④グラニュー糖を半分入れて⑦混ぜる。
⑤割りほぐした卵を少しずつ加える。
⑥バニラエッセンスを２滴入れる。
（以下、省略）

・グラニュー糖は、溶かしたらとうめいになるので、甘くなかったら、少しずつ加えていく。
・一度に入れると分離するので、注意する。

試食会に来て頂く方への道案内を書く場面では、次のような地図を書いたものを一枚文集にした。この地図の説明を読み比べての鑑賞会では、以下のように意見が出た。

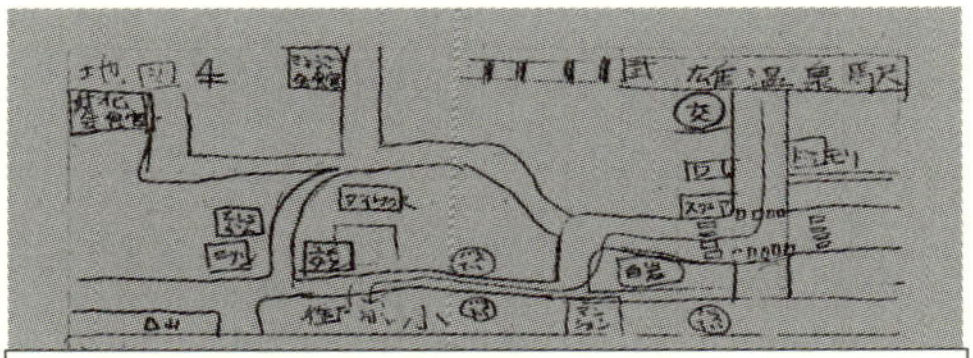

武雄温泉駅からａｕを通り過ぎ、ＤＶＤ屋の前の横断歩道をわたり、右に曲がります。しばらく行き、ゆめタウン前の交差点を左に曲がると、白岩運動場があります。そこをまっすぐ進みます。すると、三和シャッターという看板があり、そこを右に曲がったら、学校に着きます。

Ｃ11：駅から学校までの目印になるものを、⑧番号でも書いた方がよい。
Ｃ12：⑨いくつかの道順でどれが良いかの理由を書けば、選ぶことができる。
Ｃ13：⑩時間や距離などの数値を入れて書いた方がわかりやすい。

そこで、以下のような説明を加えることになった。

・⑧ゆめタウン前の交差点②を左に曲がると、白岩公園があります。
・⑨駅の南口から出た方が、学校までの距離が一番近いので良いです。
・駅の南口から200メートル、白岩運動公園への道を⑩5分ぐらい行くと、レンタルショップがあるので、その交差点から右に曲がります。

（３）国語科での例

五年生の国語科の学習において、理由づけを明確にして説明文を書いた。まず、例文についてその中で使われている語句や数字に着目させた。例えば、図書室の本の貸し出し冊数について、夏休み前と十月下旬で比較させた。その違いについて、図書室での「お薦めの本のコーナー設置」が関係していることを冊数の数値と、その変化についての「一人あたりの平均貸し出し数」という語句を使って説明した文章を提示した。また、図書室の本を借りて読む機会が増えるための考えを述べることを学習した。

その後、児童が社会科資料としての表やグラフの中から選んだものについて説明することにした。

五十年後は、どうなるか？

ぼくは、日本の地形の特色について自分の考えを述べます。⑪なぜ、地形の特色を選んだかというと、日本には、他の国と比べて、山が多く、自然が豊かだと考えたからです。

次の円グラフは、地形別の面積を表したものです。白の部分は、平地、低地、川湖の割合を表しています。黒の部分は、低地、台地、丘陵、山地、山脈の割合を表しています。これを見ると、山地の中でも、⑫山脈や山地、高地が七割を占めていることがわかります。それに対して、⑫平地は三割未満です。以上のことから、日本は山地や高地が多く、森林に恵まれていることがわかりました。

しかし、この自然の豊かさも自然破壊や地球温暖化が進めば、森林が減少していくことが考えられます。⑬実際に、道路やゴルフ場を作るために森林が伐採されている新聞記事を読みました。五十年後の日本の自然が減っていくことが心配です。

ぼくは、これから日本の地形の特色である多くの山地に、⑭植林を行い、自然を守っていく努力をしなければいけないと考えます。

（男児C）

この文章について、書き方の工夫について鑑賞会を行った発言例。

C14：⑪最初に、説明しようと考えた理由を書いているのでわかりやすい。

C15：グラフの説明で、⑫数値や地形に関する用語を使っているので、気づいたことがはっきりしている。

C16：グラフから分かったことに対して、⑬新聞を読んで知ったことを書いているので、理由がわかりやすい。

C17：最後に、⑭自分の考えを書いているので、説明したことが役に立っている。

また、他の児童の説明についても、最初に何について述べるか、他の国と比べている、グラフから読みとれた数値を使っている、最後に、自分の考えを述べていることに気づくことができた。自分の文章も読み返して、グラフや表の数値を使って、自分の考えを述べるための文章構成を考えた。

その後、新たに選んだ資料について、構成を考えて説明することに取り組んだ。その際、⑮資料で自分が何を述べるのかを最初にはっきりさせ、最後に自分の考えをまとめる説明の仕方を工夫することができた。一例を以下に示す。鑑賞した際の児童の発言例。

C18：友だちの説明文の書き方を参考にして、自分の書き方を確かめることができて良かった。

C19：説明する順序や数値、ことばを入れることで、自分の考えを整理することができた。

日本のすばらしさって、何でしょうか?

日本は自然豊かな島国です。私は、この日本のすばらしさについて述べます。

日本はおおよそ、千の島々が約三千三百キロメートルにわたって、北東から南西へと弓形にのびる島国です。山脈は、東北地方、中部地方に集まっていて、飛騨山脈、木曽山脈、赤石山脈をまとめて、日本アルプスと言います。また、海岸線は、日本はとても長いのですが、そのおよそ半分が堤防などで、人工的に作り直され、自然のままの海岸線は減っています。

日本の川は、外国と比べると、長さが短く、流れがとても急です。それに対して、ナイル川は長さが千二百メートルと、とても長く、流れもゆるやかです。

これらのことから、二つことがわかりました。一つは、日本はまわりを海に囲まれた、海の恵みが豊かであるが、自然から国土を守る必要があります。二つ目は、川の流れが速く、急なために自然の景色がいろいろ見られるが、水害などの危険があります。

⑮私は、日本の自然の豊かさを守り、そのすばらしさを感じていくには、自然を守ることと、自然災害を防ぐ必要があると考えました。それによって、日本の自然の豊かさは、これからも続いていくと考えます。

（女児D）

三　これからに向けて

児童は、学校生活における説明する場面で、少しずつ数値や順番、根拠を取り入れた文章が書けるようになってきている。例えば、左上は、社会科で調べたことを新聞形式の文集にまとめた際に、⑯具体的な数値を入れて書いた記事である。また、左下は、修学旅行の日記において、⑰数値と根拠を述べることができている。

日本で三番目の電波とう

福岡タワーは、⑯日本で三位の電波とうです。⑯一位は、福岡タワーの三倍もある、東京スカイツリーです。二位は、⑯その差が310メートルの東京タワーです。（中略）

福岡タワーには、他にも特長があります。日本一の海浜タワーです。地震で折れるんじゃないかなと思ったら、⑯30トンの耐震装置で守ってありました。

福岡タワーによって、テレビ局が助かっています。

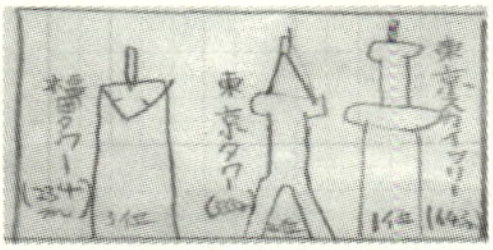

（男児B）

修学旅行で一番、楽しかったのは、防災センターでした。強風体験、火災体験、消火訓練をしました。

⑯消火訓練では、3メートルはなれたスクリーンに映った炎に対して、消化器に入った水を発射させました。⑰炎が消えると、「消火」と表示され、楽しかったです。

火災訓練では、「煙に耐えながら、迷路を抜け出せ」の合い言葉で、⑱非常口という緑の光を目印に抜け出すことができたので、挑戦して良かったです。

（女児A）

より客観的な文章である説明文における、書き手のものの見方や考え方にそれぞれの主観が反映されていて、読み味わう愉しさを感じている。そのことを児童も感じて、説明する愉しさを味わってほしい。

これまでいろいろな場面での説明を一枚文集にして取り組んできた。それが他の説明的な文章を書く際に、どのように無意識に活用されているかを鑑賞していきたい。例えば、これまでは文字化した文章を対象にしてきたが、それが音声言語に活かされているのかを鑑賞することも「説明の愉しさを味わう」ことにつながる。「説明の愉しさを味わう」鑑賞会において、児童がわかりやすい説明ができるように、一口感想が中心の鑑賞会から、意見を交換するやりとりのある鑑賞会に導きたい。

（松尾　寛）

第六学年　友達・自分再発見！　あなたにお薦め鑑賞会

一　私の願い

人は、自分が出会った人や試したもの、経験したことなど情報を豊富に蓄積している。その中で自分の心をつかんで離さない「人・もの・こと」に出会う。「これは」と感じるものを身近な相手に薦めたくなる。

推薦とは、ある観点（目的）にそって、「これは良かった」、「ぜひ試して欲しい」、「この思い（感動）を知って欲しい」など自分が納得した「人・もの・こと」を対象者に薦める行為である。そこで、「推薦文鑑賞会」を通して、互いの生活をより豊かにしていく心情を高めることが期待できる。また、様々な見方、考え方、表現の仕方を共有化し、自分の認識を広げるだけでなく、友達、そして自分を再発見する。温かい人間関係づくりや支持的風土に満ちた学級づくりにもつながっていく。

二　鑑賞会

1　「Very good!　鑑賞会」～【○○なあなたにお薦めします。効果的な○○方法！】～

六年生十月、「効果的な○○方法のお薦め鑑賞会をしたい」という提案がきっかけで、書いた推薦文。同じテーマで書かれた作品を綴り、「○○グループお薦め文集」を作ることになった。できたグループは以下の六つである。

・好き嫌いを克服する方法　・積極的な性格になる方法　・運動が楽しくなる（できるようになる）方法

・読書が好きになる方法（お薦めの本）　・リラックス法　・ストレス解消法

グループ別に鑑賞会を開く。特に、ここで「ストレス解消法」グループのお薦めのものを報告する。

・音楽を聴く　・歌を歌う　・温泉　・マラソン　・サッカー　・チョコレート

同じ「音楽を聴く」ことで書いていたＡ児とＢ児の作品を例示する。

【作品例１　Ａ児の推薦文ア】

「イライラ」のあなたに

最近、ワイワイしゃべっている人ごみをうるさく感じませんか（※２）。イライラしたり、物や人に八つ当たりしたりしていませんか。そしてだんだん孤立していって、気がつくと一人ぼっちになっていること、たまにありませんか。原因は、ズバリ「ストレス」です。

そんなストレスたっぷりのあなたに、音楽をいつでもどこでも聴ける「アイポット」をおすすめします。

音楽はいいんですよ。その名の通り、「音」で「楽しく」なります。心が落ち着かないあなたも音楽を聴けば、気分がよくなり、ほっとするはず。そして、「アイポット」は、音楽をダウンロードし、いつでも聴けます。この音楽で、周りの人と仲良く、優しく接することができます。

私も、ストレスがたまってイライラした時があります。でも、好きな音楽を聴くだけで、気分が良くなり、イライラしていたことがどうでもよくなってきました（※１）。今では、音楽は私に欠かせないものです。

みなさん。音楽で「心」をスッキリさせてみませんか。

【グループ別鑑賞会の様子】

※――…「推薦文」を意識した意見

※～～…同じテーマで綴った文集による比較意識

Ａ：ストレス解消法もいろいろあるんだね。

Ｈ：みんな「自分が試してこうなったよ」と書いているところがいいよね。（※１）

Ｂ：やっぱり、私たちは音楽が好きだから音楽をお薦めするのが多いね。

Ａ：そうだね、いつも体験しているから伝えやすいんだよね。僕もＢさんと同じで音楽を聴くことをお薦めしたんだけど、Ｂさんの書き出しの方が、読み手をひきつけるなあ。

Ｃ：Ａさんの書き出しは、問いかけの文がとてもいい（※２）と思うけど、たしかに、もっと読み手に訴えるように書くといいね。Ａさんが言うように、Ｂさんの作品のように「○○なあなた」と言い切るとか。（※３）

Ｄ：たしかにそうだね。それと、よりたくさんの人に見てもらうためにも、Ｂさんの作品のように、「○○なあなた」を表現を変えて繰り返し使うのもいいんじゃないかな。

【作品例２　B児の推薦文】

楽しいストレス解消法

最近、友達についちょっかいを出してしまっているあなた。ノートの端に落書きしているあなた（※３）。そうイライラ虫があなたをおそっています。早く退治しないと、大切な友達がどんどん離れていってしまいますよ。

そんなイライラしている人にぴったりのお薦めのものは……ズバリCDプレイヤーです。（後略）

E：音楽だけだと、全く音楽に興味がない人は最初から試そうとしないかも。

F：音楽と他のものを組み合わせるのもいいかもね。

A：僕の音楽とC君のマラソンはつなげられそう。

G：その方がたくさんの人に試してもらえるね。説得力も出てくるし。

B：僕もそうしよう。サッカーが苦手な人にも試してもらえるように、たくさん汗をかいた後、Gさんの武雄温泉を薦めるのも良さそう。（後略）

グループ別鑑賞会では、相手意識（ストレスを抱いている人）が同じであるため、目的意識（ストレスを解消してあげたい）が明確になる。児童は、鑑賞会で二つのことに気付いた。一つは、同じ対象者でも薦める「人・もの・こと」が違うことである。もう一つは、同じものを薦める場合でも、書き方によって相手に伝わる効果が違うことである。そこで、鑑賞会で推薦文の効果を確認した後、A児は、再度同じ対象者に向けて、「推薦文イ」を書き上げた。

【作品例３　A児の推薦文イ　鑑賞会後】　※――…大きく推敲された箇所

「イライラ」のあなたに

ワイワイガヤガヤの声や人混みに苦痛を感じているあなた。なかなか勉強に集中できないあなた。相手のちょっとした言葉にムッと反応してしまうあなた。その「イライラ」がたまって物や人に八つ当たり。「そんな自分がいやだ！」そういうことありま

「推薦文ア」を文集にして鑑賞することによって、「推薦文イ」では、以下の成果が見られた。

・友達の推薦文に使わ

せんか？（※4）原因は、ズバリ「ストレス」です。

そんなストレスたっぷりのあなたに、音楽をいつでもどこでも聴ける「アイポット」をおすすめします。

音楽はいいんですよ。その名の通り、「音」で「楽しく」なります。ちょっとのことでイライラするあなた。すぐ叫びたくなるあなた（※4）。そんなあなた方も、音楽を聴けば心がゆったりしてきて、だんだんイライラしていることがどうでもよくなってきます。「アイポット」は、簡単に音楽をダウンロードできます。いつでもどこでも好きな音楽が聴けるのです。

そして、この音楽と組になるのが「マラソン」（※5）です。マラソンは、長距離をマイペースで走ります。そうすると、ストレスが徐々に解消していきます。「マラソンは、きつい」と言って走らない人もいるでしょう。でも、違うんですよ。走れば走り続けるほど、慣れて楽しくなるのです。しかし、なぜ長距離？なぜマイペース？と考える人もいるでしょう。その答えは、短距離と長距離では、ストレス解消の効果に差が出てくるからです。そして、マイペースで走らないと、周りに合わせようとして、逆にイライラする可能性があるからです（※6）。

私もイライラした時は、アイポットをつけ、音楽を聴きながら走ります。走り終わったら、悩んでいたことがうそみたいに飛んでいってます。走ったという達成感もあります（※4）。

みなさんも、音楽とマラソンで「心」と「体」をスッキリさせてみませんか。

れている表現の良さを真似したり、さらに説得力のある表現に書き換えたりして、より効果的な文章を書くことができた。（※4）

・さらに対象者のことを考え、「お薦めのもの」を追加したり、変更したりすることができた。（※5）

・「お薦めのもの」を薦める根拠や具体的な方法を、自分自身も例示して、より明確に表現することができた。（※6）

それぞれの「推薦文イ」が出来上がり、クラス全員で「効果的な○○方法のお薦め会（鑑賞会）」を行った。鑑賞会では、それぞれのお薦めのものを試し合い、“Very good!”の声が飛び交った。そして、「みんなの作品がすごく良くなったからたくさんの人に読んで欲しい！」との意見で、「お薦め文集」を、図書室や公民館に置かせてもらうようにした。また、文集と併せて「お試し感想カード」も設置することにした。

【お試し感想カードより（A児の推薦文に対して）】
・学校でいやなことがあった日に、帰ってから大好きな歌を聴いてみました。だんだん落ち着いてきて、モヤモヤが消えていきました。びっくりしました。でも、アイポットを持ってないので、いつでもは聴けません。お年玉で買いたいな。（小学六年）
・友達とけんかしてすごく気持ちがブルーだったので、〇〇君おすすめの「アイポットで音楽を聴きながらマラソン」をしてみました。私は吹奏楽部に入っているため、ほとんど運動はしません。久しぶりに、汗をいっぱいかいて、走り終わったら、「明日自分から謝ろう」という気持ちになりました。ありがとう。（中学一年）

「お試し感想カード」を手にしたA児は、鑑賞会を通して改訂した文集を、たくさんの地域の方に読んでもらえた嬉しさ、試してもらえた満足感を抱き、鑑賞会、そして文集の価値を見い出すことができた。また、同じテーマで綴っていたため（「グループ文集」）、様々なお薦めの「人・もの・こと」を一度に見ることができ、対象者が自分に合う情報を選択することができるという利点にも気付くことができた。

2　「Grade up!　鑑賞会」～【もうすぐ最上級生になる五年生に、おすすめの〇〇！】～

卒業を間近に控えた二月、五年生からの要求に応じて一人ひとり書き上げた推薦文。五年生にたくさんの情報を与えることができるために、全員分の作品を広用紙一枚に載せて「拡大文集」を作ることになった。テーマごとに作品を分け、読みやすいようにレイアウトした。取り上げる「学力アップ」の見出しに貼られている作品は以下のものである。

・算数が苦手だと思っているあなたにおすすめのグッズ　・算数攻略法　・発表が苦手な人にお薦めの心得
・おすすめの自主勉強法　・自主勉強の上手なまとめ方　・長文が読むのが苦手な人におすすめの攻略法
・きれいなノートになる方法　・かしこいノートの作り方　・20点アップ！テスト必勝法　・記憶力がアップする方法

「拡大文集」鑑賞会を開くことで、複数の考え（お薦めのもの）が一度に入る。同じ「算数」のことで書いていたI児とJ児の作品を例示する。

【作品例4　I児の推薦文】

算数が苦手だと思っているあなたにおすすめのグッズ

「あ〜分からない。算数なんてなくなれば良いのに」と思ったことありませんか（※8）。他の人ができているのに、自分だけ分からなかったら、いやになりますよね（※8）。

そこで、算数が苦手だと思っているあなたに、得意になるおすすめのグッズ（※7）を紹介します。それは、この三つ。①2B以上の濃さの鉛筆、②絵の無い透明な定規、③赤鉛筆、です。

まず、①は、書いた字が薄かったら何を書いているか分からなかったり、さっき書いた数字さえも何だったか分からなかったりします。2B以上の濃さの鉛筆だと、脳にしっかりと記憶することができます（※9）。字が方眼から浮き出てきます。

次に②は、計算する時の必需品。算数の時間は、左手に必ず定規を持っておきます。確かめ筆算も面倒くさがらずにものさしを使います。しかも透明だと、ものさしの絵にとらわれず集中することができます（※9）。

最後に③を使って、ノートに自分が書いた計算が、〇か×かはっきり書きます。（中略）

以上、この三つを上手に使いましょう（※8）。

私も五年生までは、算数の時間、定規や赤鉛筆を使っていませんでした。計算は、小さく定規も使わずに書いていたので、ノートが雑になり、よく間違っていました（※11）。しかし、この三つを使うことになり、問題文の読み間違いや計算間違いなどもとてもへって、テストでもよく百点を取れるようになりました。

この算数が得意になるグッズをだまされたと思って使ってみてください。きっと苦手だった算数が得意になれますよ（※8）。

【作品例5　J児の推薦文】

算数が苦手な人にオススメのグッズ&攻略法

「できない！」算数の時間、自分で決めつけてあきらめてしまうことありません？「私はできないからいいや」「どうせしても一緒だし」とつい思ってしまうことありますよね（※8）。しまいには、「算数なんて、やっても意味ないし」と逃げてしまったりして…（※8）。

そんな算数が苦手なあなたに、算数攻略法を紹介します。きっとこれであなたも算数の時間が好きになりますよ（※8）。

まずは、オススメのグッズ（※7）を三つ紹介します。

（中略）

この三つをそろえていよいよ攻略法です（※8）。教科書に、1、2など番号がふってありますよね（※8）。1の問題が自分で解けたら、番号にできた印（✓）をします。（中略）教科書が自分の力でできた印（✓）ばかりになると、それを見ただけで自信がつきます（※9）。

実は、私も五年生までは、算数が嫌いで逃げていました。自主勉強といってもどうすればいいか分からずに、ただ習ったことを写していました。でも、成績は上がらず……（※10）。しかし、この方法で自主勉強をするようになってからは、ノートはきれいにまとまり、次に進むのが楽しくなりました。算数が大好きになりました。

ぜひ、このグッズ&攻略法を試してみてください（※8）。きっと算数が好きになります。あなたも私たちの仲間入りです（※8）。

二作品が横に並べられており、鑑賞会では以下のような対話が生まれた。

※——…「推薦文」を意識した意見

※〰…同じテーマを並べた文集による比較意識

【「拡大文集」鑑賞会】

O：IさんもJさんもKさんも算数グッズをお薦めしているね（※7）。

P：IさんとJさんは、全く同じグッズを薦めているよ。それだけ、お薦め！ってことだね。

Q：うん、早く使いたくなってきたよ。私、赤ペン使ってたけど、確かに裏に写っていたもんね。でも、普通に上から書いてよく分からなくなっていたよ。同じ赤でも違うんだね。

R：Kさんの攻略法は、今からでもやってみたくなったよ。印をつけると自主勉強するときに、どれをすればいいか分かりやすいもんね。全部できた印にすると「攻略した」って感じになるし。ゲームっぽく楽しく振り返れそう（※9）。

S：Kさんは、「同じ算数グッズでも描く時にずれないコンパスや三角定規をお薦めしてあるね。私、円を描くとき、いつもコンパスの芯がずれてしまって描きにくかったの。このコンパスを使うと、軽く円が描けそう。

T：同じ算数のことでも並べて貼ってあると、比べられるし、分かりやすいね。

U：これで私もGrade up!!

O：それとね、六年生のこの書き方が、どれも「試してみたい」という気になるんだよね。

Q：「推薦文」って聞いたことなかったけど、こういう作文のことを言うんだね。

R：私たちに今言っているように書かれてあるから、なんか誘われている気がしない？（※8）

P：するする！その効果も書かれてあるから説得力あるよね（※9）。それと、五年生

「拡大文集」鑑賞会後、五年生から「I児さんの推薦文を家に持って帰って試したい」という要求がたくさん挙がったため、全ての推薦文のコピーを「拡大文集」の下に添え、持ち帰ることができるようにした（「バラ文集」）。五年生は、「バラ文集」を手に取り、もう一度読み返しながら、六年生の内容や書きぶりについて確認していた。

「拡大文集」にしたことで、I児は、自分のお薦めするものを、たくさんの五年生に試してもらえたことを大変喜んでいた。五年生にとっても、たくさんの情報を一度に得ることができるため、「今の六年生のような最上級生になりたい。」と様々な内容の推薦文を試していた。この「拡大文集」に対して、児童は、「自分の生活をよりよいものにしようと

の時のことを書いてあるから、なんか安心するね（※10）。私も今算数嫌いで、ずっと嫌いなのかなと思っていたけど、変われそうな気がする。
S：たしかに！嫌いだったことが好きになると、学校がもっと楽しくなりそう。他にも「長縄攻略法」や「お薦めのトイレ掃除の仕方」など、いろいろあるね。種類別に分けてあるから、ぱっと見れるのもいいね。（後略）

いう意欲が高まる綴り方であった。」と感想を述べていた。
文集というと、冊子になっているイメージがあるが、様々な形があることにも気付かせることができた。

三　これからに向けて

三月、「一年間で作成した自分の作品を一冊の思い出文集にしたい」という意見が高まり、それぞれの「個人文集」が出来上がった。「個人文集」鑑賞会をすることで、児童は、自身の表現技術の向上を実感することができた。また、推薦するものを効果的に発揮するためには、言葉を厳選し、説得力のある表現が必要であることも再確認できた。さらに、「友達の推薦文も一緒に綴りたい。」という声も挙がったため、「バラ文集」を増し刷りし、自由に取れるようにした。児童は、カテゴリー別に並び替えて綴じ、見やすいようにインデックスをつけたり、ページを付け目次を作ったりしていた。この編集も、各自の全体を視野にもつことに有効であった。

「個人文集」には、その子なりのこだわりがあり、個性が表れる。A児は、「知りたいことを調べるための事典のようにしたいな」、I児は、「推薦文を書く時の参考書にしたいな」と言いながら綴り方を工夫していた。鑑賞会を通して、友達・自分の発想の豊かさや着眼点の面白さを再発見すると共に、自ら目的に応じて様々な綴り方を発案し、その効果を探っていく、文集を楽しむ心（目）が育っている。教師もメンバーの一人として参加する。

今日もクラスでは、互いの生活をより豊かにしていくために、言葉が、生き生きと躍動している。

（小野　美和）

第六学年　「リレー掲示板」での鑑賞会

一　私の願い

今回取り扱う文種は意見文である。意見文は、書き手の考えが論理的に述べられている文章である。したがって、意見文を書く際には、自分の考えを明確にもち、それが読み手に分かりやすく伝わるように論を進める必要がある。

意見文を鑑賞する視点としては、「取り上げたテーマ」「書き手の考え」「論の進め方」「表現技法」などが考えられる。児童にお互いの意見文を鑑賞させることで、今まで気付かなかった友達の考え、行動、こだわり等の新たな発見ができる。また、友達から多くの表現技法を学び、自分の作品に取り入れることができる。しかしながら、多忙な学校生活の中で、鑑賞会の時間を確保するのは非常に難しい。しかし、工夫の余地もある。

「リレー掲示板」での鑑賞会を設定した。「リレー掲示板」とは、自分の都合の良い時間にそれまで出ている意見を閲覧し、自分の考えを述べることができる掲示板である。この「リレー掲示板」を使えば、特別な時間を設定しなくても鑑賞会ができる。更に、前までの意見につなげて考えを述べさせることで、どのような視点で鑑賞しているのかを意識させることができる。そうした経験を積み重ねていくことで、自分の考えを広め深めさせたい。

二　鑑賞会

1　鑑賞した意見文

六年生に日本語の特性や良さについての意見文を書かせた。日本語を使っていて感じたことや疑問に思ったことを基にテーマを決定させ、それについて考えたことを八百字程度の文章にまとめさせた。児童は、「類義語」「多義語」「対義語」「敬語」「方言と共通語」「漢字の成り立ち」「書体」など、様々なテーマで自分の考えを意見文にまとめた。ここに、そのうちの二作品を紹介する。

【作品例①】A児の意見文

類義語を正しく使い分けよう

みなさんは、類義語とは何か知っていますか。類義語とは、「体験」と「経験」、「家」と「住宅」、「短所」と「欠点」、「男性」と「男子」などのように、意味が似ている言葉です。

日本語にはたくさんの類義語があります。わたしたちは、毎日日本語を使う中で、たくさんの類義語を使い分けながら生活しているのです。

しかし、意味が似ているならば、どちらの言葉を使ってもいいとは思いませんか。それでは、類義語を入れかえてみたらどうなるでしょう。

「今日は職場体験をします。」「パン屋で働いていた経験があります。」という文の「体験」と「経験」を入れかえてみます。「今日は職場経験をします。」「パン屋で働いていた体験があります。」となってしまいます。

「友達の家で遊ぶ。」「住宅展示場へ行く。」の場合はどうでしょうか。「家」と「住宅」を入れかえたら、「友達の住宅で遊ぶ。」「家展示場へ行く。」となってしまいます。なんだかおかしいですね。

このように「体験」と「経験」、「家」と「住宅」では、意味は似ていても使い方が異なっていることが分かります。類義語の使い分けを間違ってしまうと、どこかおかしい日本語になってしまうのです。そればかりか、言いたいことが相手に正確に伝わらないこともあるかもしれません。

言葉で何かを伝えるとき、そもそも知っている言葉が少ないと、最もふさわしい言

《作品の解説》

この作品は、類義語（意味が似ている言葉）をテーマにした意見文である。

A児は、類義語について読み手に分かりやすく伝えるために、「体験」と「経験」など、類義語の具体例を例示したり、日常会話で類義語を入れかえたりするなどの工夫をしている。

また、作品の随所に問いかけや語りかけの表現を使うことで、読み手の共感を誘っている。

更に、「言葉の引き

葉を選ぶことができません。言葉についての知識を「言葉の引き出し」にたとえてみましょう。

たくさんの引き出しの中から、最もふさわしい言葉を選んで取り出すことができれば、上手に日本語を使えるようになります。逆に引き出しの中身が少なかったり、すぐに取り出せるように整理できていなかったりしたら、日本語を正しく使えないままに生活していくことになります。

わたしは、これまで日本語についてたくさんのことを学びました。そして、これからも毎日日本語を使いながら生活していきます。類義語を正しく使い分けるためには、日本語に対しての感覚をみがいていかなければなりません。本を読んだり、様々な情報を受け取ったりしていく中で、たくさんの日本語に触れながら、日本語に対しての感覚をもっとみがき、「言葉の引き出し」をどんどん増やしていきたいです。そして、正しい日本語を使えるようになりたいです。

【作品例②】B児の意見文

方言と共通語

みなさんは、公共の場でつい自分の地域の方言を使ってしまうことはありませんか。

方言を使うと、その地域ではない人は、何となく分かるか全く分からないという人が多いでしょう。かといって、いきなり毎日共通語で話しなさいと言われても、それはさすがに無理だと思います。

出し」という比喩表現を使うことで、自分の考えを読み手に分かりやすく伝えようとしている。

「リレー掲示板」での鑑賞会では、このようなA児の工夫を他の児童に気付かせたい。

《作品の解説》

この作品は、方言と共通語をテーマにした意見文である。

B児は、公共の場で方言を使うというよくある場面を読み手に問これは何と言っているのか考えてみてください。

「データラテンダー」

分かりましたか。これは青森県の方言で「大きな」という意味です。次はどうでしょう。

「イキガワラビ」

これは、沖縄県の方言で「男の子」という意味です。

そもそも、方言は昔からその土地の人々が生活する中で、その暮らしに合うように言葉が変化していったものです。

方言は、言いたいことが的確に表現できたり、感情表現にふさわしかったり、親しみを感じたりする反面、田舎っぽいし、古めかしく、通用するはんいがせまいです。共通語は、品がよくすっきりしていて、どこでも通じて便利ですが、情がこもらなかったり、よそよそしかったりします。

同じ地域の仲のよい友達に、「今日はいっしょに遊べます？私は遊べるよ。」というように、共通語を使ったら、初対面の人と話しているように思えます。反対に、学校で発表する時に、佐賀の方言で「私はAの方がよかです。理由は～だけん…。」と言うとなれなれしく感じて変です。

このように、方言と共通語は、うまく使い分けることが大切です。そのためには、どうすれば相手に分かりやすく伝えることができるのか、また、どんな風に話したら相手に伝わらないのかを、よく考えながら生活していかなければいけません。そうすることで、自分も周りも良くなると思います。

うて、話題提示の仕方を工夫している。
また、各地の方言をクイズ形式で提示する工夫も見られる。
更に、方言と共通語それぞれのメリット、デメリットを簡潔に述べることができてい
「リレー掲示板」での鑑賞会では、このようなB児の工夫を他の児童に気付かせたい。

2　「リレー掲示板」での鑑賞会

このような意見文を児童全員に書かせた後、「リレー掲示板」での鑑賞会を行った。この鑑賞会を行うにあたり、教室背面に児童の意見文を掲示し、その下にB４用紙を貼り付けておく。この用紙がそれぞれの意見文の「リレー掲示板」になる。

児童は、休み時間や放課後などを使って友達の意見文を読み、その意見文の「リレー掲示板」に感想や気付きを書いた付箋紙（コメント）を貼る。他の人のコメントと同じ視点で鑑賞したコメントを貼る場合には、その人のコメントの下につなげて貼る。もし、すでに貼られているコメントと違う視点で鑑賞した場合には、列をかえて貼る。

このように、同じ視点で鑑賞したコメントが一列に並ぶように貼らせることで、一つの意見文に対していくつの視点で鑑賞しているのかが一目で分かる。また、自分のコメントを貼る際、どういう視点で鑑賞しているのかを意識したり、すでに出ている友達のコメントをよく読む必要性が生まれる。

「リレー掲示板」には、その意見文を書いた児童も参加し、友達のコメントに対してのお礼や書き手としての意見も書き込めるようにする。相互に意見が交流され、コメント内容が白熱してくることもある。

この鑑賞会には教師も一鑑賞者として参加し、コメントを書き込む。そうすることで、児童とともに共感したり、意図的に新しい視点を提供したりすることができる。

次ページに、先に紹介した三つの意見文に対して、どのような「リレー掲示板」での鑑賞会が行われたのかを紹介する。なお、実際には各コメントに名前を書いて貼っていたが、ここでは番号で表す。また、教師が貼ったコメントは、区別しやすいように点線の枠で表示している。それぞれの列の一番下の吹き出しは、その列の鑑賞の視点を表している。

【作品例①の「リレー掲示板」】

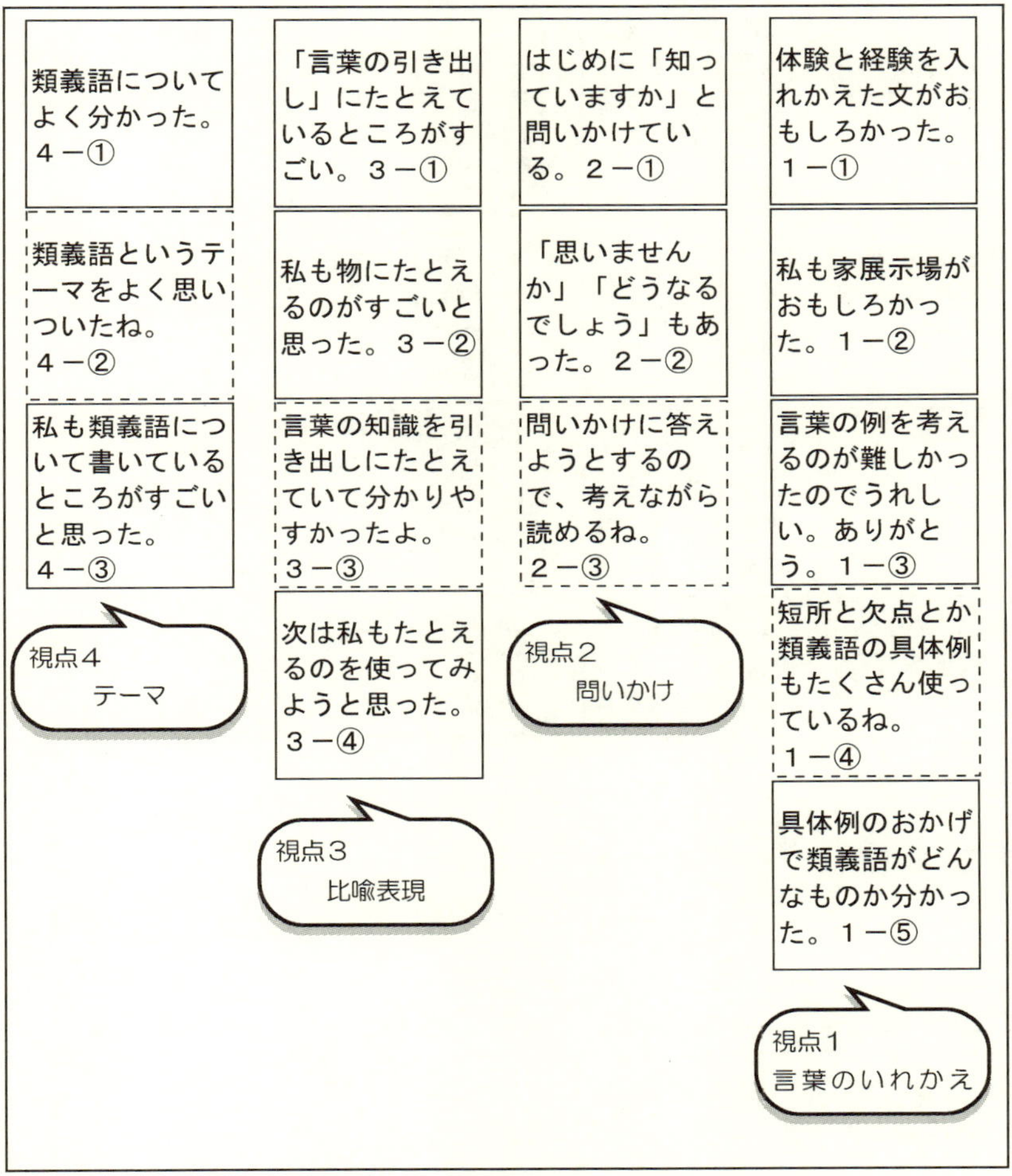
体験と経験を入れかえた文がおもしろかった。１－①
私も家展示場がおもしろかった。１－②
言葉の例を考えるのが難しかったのでうれしい。ありがとう。１－③
短所と欠点とか類義語の具体例もたくさん使っているね。１－④
具体例のおかげで類義語がどんなものか分かった。１－⑤
視点１
言葉のいれかえ
はじめに「知っていますか」と問いかけている。２－①
「思いませんか」「どうなるでしょう」もあった。２－②
問いかけに答えようとするので、考えながら読めるね。２－③
視点２
問いかけ
「言葉の引き出し」にたとえているところがすごい。３－①
私も物にたとえるのがすごいと思った。３－②
言葉の知識を引き出しにたとえていて分かりやすかったよ。３－③
次は私もたとえるのを使ってみようと思った。３－④
視点３
比喩表現
類義語についてよく分かった。４－①
類義語というテーマをよく思いついたね。４－②
私も類義語について書いているところがすごいと思った。４－③
視点４
テーマ

「言葉の入れかえ」「問いかけ・語りかけの表現」「比喩表現」「テーマ」の視点で吟味・鑑賞されている。

1―③は書いた本人のコメントである。本人の参加を大いに奨励したい。このコメントに「例」という言葉が出てきているので、類義語の具体例を挙げていることにも気付かせるために、教師が1―④を書いた。

3―④では、自分の作品にも使ってみようとするコメントが見られる。

【作品例②の「リレー掲示板」】

クイズを出しているところがよかった。１－①

私もクイズがおもしろかった。１－②

「データラテンダー」が英語みたいだった。１－③

他にもおもしろい方言がありそうだね。１－④

視点１　クイズ

最初に問いかけで始まっていてよかった。２－①

ぼくも最初に問いかけるところがよかった。２－②

最初に問いかけると読み手を文章にひきつけることができるね。２－③

視点２　問いかけ

友達に共通語で話すところがおもしろかった。３－①

私も友達に「遊べます?」と聞いているところがおもしろかった。３－②

「よかです」と発表しているのもおもしろかった。３－③

私は３年生の時、方言で発表して笑われたことがあった。３－④

言葉の入れかえは、Ａさんの意見文にも使われているね。３－⑤

視点３　言葉の入れかえ

私も方言と共通語を使い分けようと思った。４－①

方言と共通語はどちらにも良いところがあるんですね。４－②

何で自分も周りも良くなるのか教えて。４－③

人間関係が良くなって仲良くなれると思って書きました。４－④

教えてくれてありがとう。４－⑤

視点４　主張

「クイズ」「問いかけ」「言葉の入れかえ」「主張」の視点で吟味・鑑賞されている。

3―⑤の教師のコメントは、他の作品との共通点に目を向けさせるために書いた。

4―①は、はじめ1―④の下に貼られていたが、視点が違うので別の列に移動した。

4―③には書き手に対しての質問するコメントがあり、それに対して4―④で書いた本人が答え、4―⑤へ展開している。リレーの初歩的本質実現で、この方向を尊重したい。

3　鑑賞会から文集へ

「掲示板」鑑賞会を行った後、出された鑑賞の視点を基に、児童一人一人がオリジナル文集に綴った。また、その際文集に掲載した意見文の「リレー掲示板」も合わせて綴らせた。児童は、思い思いのカテゴリーで意見文を選定し、次のようなオリジナル文集を作成した。

・自分と同じテーマの意見文を集めた文集
・知らなかったことが書いてあった意見文を集めた文集
・おもしろい表現を使った意見文を集めた文集
・鑑賞の視点が多かった意見文の文集
・自分が納得した意見文を集めた文集
・問いかけを使った意見文を集めた文集
・具体例を挙げている意見文を集めた文集
・コメントの数が多かった意見文の文集

三　これからに向けて

「リレー掲示板」での鑑賞会を行い、オリジナル文集に綴る活動を行うことで、鑑賞の視点に気をつけながらコメントを書くことができるようになってきた。また、前の意見につなげて自分の意見を書くこともできるようになってきた。更に、児童同士がそれぞれの作品の良さを見付け合うことで、学級に支持的風土が生まれてきた。

「リレー掲示板」を使うことで、特別な時間を設定しなくても鑑賞会を行うことができた。都合の良い時間に作品を読み合い、コメントを出し合う中で、それぞれの作品に使われている工夫に気付かせることができた。このことにより、生活日記などにもそれらの工夫を使った記述が見られるようになった。意見を交換し、語り合う鑑賞会を濃くしてやりたい。一口コメントで済ませず交流し合う鑑賞会である。

「リレー掲示板」での鑑賞会を継続していくことで、児童相互に交流し、考えを広げ深めさせ、豊かな言語生活を構築させたい。

（山口　崇）

第六学年　学級通信の投書に重ねさせる「紙上鑑賞会」

一　私の願い

学級の支持的風土の中で、ときには賛同し、ときには反論する鑑賞の質が、指導事項「読む人に分かりやすく伝わるように構成を工夫すること」に関して螺旋的に高まるように学習が進んでいく。同じ題材であっても、自分らしいものの見方・考え方を表現する。鑑賞会で発信し合うことを通して、独りよがりな主張から、より客観的・複線的思考の主張へと認識が深まっていくことを期待したい。具体的には心揺さぶられる話題に出会うこと、互いに「投書」として発信し合うことで、同年代の仲間の意見を知りたい、あるいは自分の考えを納得させたいと熱望すること、さらには、大人に対して自分たちの声を発信したい、大人の声を聞きたいと背伸びをしていくことで投書内容の質が高まる。最後に、学級通信に掲載されている自他の作品群を自分だけの文集に借入する編集作業を行うことで、何度も読み返したくなる文集を完成させたい。

二　鑑賞会

1　児童と対話しながら板書を作る

投書は、新聞等のメディアに掲載されているが、児童が目を通した経験は少ない。児童と対話しながら、目の前で投書用の意見文が完成する姿を実感させた。（板書1）投書用意見文の構成は①掲載された日付、②題名、③投書した人の職業・立場、名前（ペンネームも可）、住所、④話題の提示・紹介、⑤自分の思ったことや考えたこと・意見、⑥そう考えた一つ目の理由・根拠、⑦二つ目の理由・根拠、⑧反対の立場を予想し、それに対して反論する、⑨再び自分の思ったことや考えたこと・意見・結論、である。双括型の主張を意識している。この後、投書はこの「投書1」に「投書2」「投書3」とつなげていくリレー式であること、学級通信に掲載されること、読むのは同じクラスの児童とその家の人たちであることを、説明した。最近身の回りや社会の中で気になること、投書したい話題についてイメージマップを書かせた後、全体で出し合い、その中から各自が一つを選んで「投書１」を書いた。テーマは「なぜ子どもに選挙権がないのか」、「なぜ子どもは働けないんだ」、「なぜ汚い言葉があるのか」である。ほとんどの児童の鉛筆が動き始めたが、数名そうでない児童が見られたので、黒板に話題を指定した型を示し、部分を埋めようとすることで思考が働くように指導した。放課後、できあがった作品を三点選んで、学級通信四十三号にのせ、児童に配布した。

① 十月十九日
② ごみポイ捨てはいけないね
③（小学生）　お堀しゃち子
④紹介　今朝、体育館の横を歩いていたら、あめの袋が落ちていた。
⑤意見　こんなところで、そんなことをしてはいけない、と思った。
⑥理由1　第一の理由は、教育の場所だからだ。勉強から気がそれる。
⑦理由2　第二の理由は、ごみが増えるのではないか。
⑧反論　ごみをたまたま落とした、という人がいるかもしれないが、たまたま人を車でひいて許されるのだろうか。
⑨結論　学校でお菓子を食べるときには、マナーが必要ではないだろうか。

板書1　児童と対話して完成させる

【選ばれて学級通信四十三号に掲載された投書作品Ⅰ「なぜ子どもは働けないんだ」】

十月二十七日　（小学生）Ａ児

なぜ子どもは働けないんだ！と思います。

理由は、買ってもらったものを大切に、とか言うけど、買ってもらう前に、自分で働いてかせいだお金で買えばいい、と思います。それに働く所がないなら、子どもでも働ける所を作ればいいし、休日、祝日だけコンビニとかでアルバイトでもして、かせげばいいと思います。

でも、小学生の一〜四年はまだだと思うから、十才くらいのだいたいの知識がついたころから、仕事をしていいころです。

だから子どもも、十才くらいからは働いていいと思います。

2　投書を「紙上鑑賞会」へとつなげる

次時では、先の三点の中から気になる投書を選び、それに重ねて投書する意見文を書かせた。その後、児童が一番多く選んでいた作品Ⅰ「なぜ子どもは働けないんだ」についての鑑賞会を開いた。以下がその時の様子である。

【投書作品Ⅰを使った口頭での鑑賞会の実際】

T：十月二十七日、木曜日の「ASK四十三号（=学級通信）」に三つの投書「なぜ子どもに選挙権がないのか」と「なぜ汚い言葉があるのか」と「なぜ子どもは働けないいんだ！」がありました。これらの投書を最初の投書なので「投書1」と呼びましょう。

これらの中から自分が気になる投書を一つ選んで、二回目の投書、「投書2」を書きましょう。

（C：ノートに「投書2」を書く。その後、ノートを持って友だちや教師と自由交流「お散歩タイム」をした後、鑑賞会「投書に言わせて」を行った。）

T：「子どもだって働きたい」っていう投書についての意見が多いみたいだけど。

C1：子どもだって、自分の働いたお金で欲しい物を買いたいと思います。

C2：家の母は「これはお父さんやお母さんが一生懸命働いたお金で買った物なんだよ。」と言うけど、それなら私だって働いてみたいわよって思います。

C3：だけど、例えばコンビニで働いていて、強盗がきたらどうするんですか？

T：C3さんは、Aさんが書いたコンビニの事例について気になっているのかな。

みなさんは「コンビニでアルバイトする」ことについてどう思いますか？

C4：子どもが店員だからって、その店をねらう人も出てくるかもしれません。

C5：強盗でなくてもトラブルが起きたときに、大人だったら「すみません。」「失礼しました。」って素直に言えるけど、子どもだったら泣いてしまったり、責任がとれなかったりするかもしれません。
C：大人は子どもより経験が豊富だから、その分ちゃんとした行動ができると思います。
C：私はそうは思いません。子どもであっても何にでも挑戦して経験を積んでいくことでできることが増えるのではないでしょうか。
C：それって何才ぐらいからですか？
C：中学生ぐらいならいいと思う、バイトなら。
T：Aさんは、双括型で自分の考えを主張できました。コンビニと年齢に関する具体的な話があったので、大変おもしろい話し合いができましたね。今日のような話し合いを「投書に言わせて」と名付けましょう。
今日、君たちが書いた投書は、学級通信に載せていきます。

鑑賞会後、仕上げた投書2をまた学級通信に掲載することで投書がリレー式に行われた。同じ投書に意見文を書いても、賛成の立場や反対の立場に分かれたり、その理由が独特の視点だったりすることを愉しんだ。

【一回目の投書作品Ⅰを受けて作った二回目の投書作品例Ⅱ・Ⅲ・Ⅳ】

作品Ⅱ　（小学生）B児

わたしは、十月二十七日のAさんの投書に賛成です。
わたしも子どもだって働いてもいいのではないのかと考えます。
大人にいつも「そのお金はお母さんたちが働いて稼いだお金なんだよ。」と言われるからです。その時、わたしはいつも「だって働けないんだもん。働けたら自分で稼いでいろいろ買えるのに…」（中略）大人にだって二十才になったらタバコを吸ったり、お酒を飲める権利をもらえるんだから、十才になったら働く権利をくれてもいいのではないか、と私はAさんの投書を読んで思いました。

作品Ⅲ　（小学生）C児

わたしは、Aさんの投書に反対です。

理由は、Aさんは「働きたい！アルバイトしてかせぎたい！」と書いているけど、もしコンビニでバイトしていたとして、未成年にお酒を売ったりした時に警察に見つかったら責任はお店に来ると思います。あと親の気持ちもわかって下さい。がんばっている親に向かってわがままばかり言っていて私はいいとは思いません。

作品Ⅳ　（小学生）Ｄ児

わたしは、十月二十七日のＡＳＫ新聞を読みました。

Ａさんの意見に私も賛成です。

なぜならば、知恵がない子どもはやとっても意味がない、だが十才ぐらいになれば、仕事ぐらいできるし、アルバイトだったら高い給料を払う必要がない。

「できることなら自分で働いて好きなだけ欲しいものを買ったりしたい。」というのが今の子どもの意見だと思います。

だから子どもは働いてかせぐことを私はぜひみなさんにおすすめしたいと思います。


投書された「子どもだって働いていい」という主張に重ね、他の児童が連鎖的に投書していくことを通して、内容に関する「紙上鑑賞会」が成立している。自分の投書に賛同してほしい、という思いが、理由づけの表現をより説得力があるように工夫する結果を生んでいる。作品Ⅱでは自分の体験を述べること、作品Ⅲでは仮想の状況を具体的に設定すること、作品Ⅳではカギカッコをつけることで協調すること、である。口頭での鑑賞会で取り上げた「なぜ子どもに選挙権がないのか」以外の「なぜ汚い言葉があるのか」と「なぜ子どもは働けないんだ！」に関しても、テーマごとにまとめ、特集号として学級通信四十七・四十八号に掲載した。投書が学級通信にたまってきたところで、これまでに発行した学級通信に掲載された投書を身近な大人に読んでもらって大人の見方・考え方を知るために投書依頼をすることを、休日の課題として与えた。月曜日、保護者からの投書が数点集まり、その中から学級通信に掲載したのが次の保護者からの投書作品である。

【保護者からの投書作品Ⅴ】

なぜ子どもは働けないのか　（母親）

なぜ子どもは働けないのでしょう?

まず第一に労働基準法により「義務教育の年齢を過ぎるまでは働くことが禁止」されているからです。

そういった大前提を抜きに考えても、小学生に仕事をさせる事には無理があります。

仕事をし、報酬をもらうとなると、責任が伴います。何かトラブルが起こったときは奥から上司という立場の大人が常にかばいに出てこなければいけないのでしょうか。そのレベルなら、報酬をもらうにはふさわしくなく、職場体験の域を脱せられないでしょう。キッザニアなどの職場体験施設で十分です。

「自分の自由になるお金が欲しい」と私利私欲にまみれた考えに走る事なく、「大人に保護され、安心して教育を受けられる幸せな環境」を肌で感じ取ってほしいのです。


開発途上国では、満足に教育を受けられず、、子どものうちから一家の大事な稼ぎ頭として、ごみ山をあさり、お金になりそうな物を拾って生計を立てている子どもが沢山います。そのような子どもたちの、生きるのに必死な姿を見ても、また「子どもだって働けるのに!」と声高に主張できるでしょうか?（中略）

いくつかの事例や意見を挙げましたが、以上のような考えから私は小学生が働くことに反対です。今はいろいろな知識を獲得する大切な時期です。学生の本分をわきまえ、いつの日か働く日の為の助走期間として、大事に過ごしてほしいです。

同じ年代の仲間と批評し合うにとどめず、大人の意見に出あう機会を得ることで、ものの見方や考え方、論の組み立て方を学ばせることをねらいとし、取り組ませた。児童は「法律の話から入っているのがすごい。」「結論までに事例をいくつか準備しているから、主張に納得させられる。」等の気づきを持った。「子どもと労働」をテーマに、関連のある新聞のコラムや『子どもの権利条約』からの抜粋を教材として準備し、四月より取り組んでいるテーマ日記の題材として継続指導しながら、「労働」についての認識を深めさせている。

3

「校内主張大会」を愉しむ

「校内主張大会」とは、一組と二組対抗で、どちらの主張が分かりやすくて納得するのかを勝負する校内のイベントである。自分だけの、あるいは自分たちだけの独りよがりな主張にならないよう全校児童や教師にきいてもらいたいという思いから校内主張大会を開いた。以下手順を示す。①これまで体験した「紙上鑑賞会」を思い起こしながら、自分が主張したい話題を選び、原稿を作成する。②出場順と対戦者を決める。③司会者グループを決める。④審判を教師に依頼する。⑤出場者と司会者グループで打ち合わせを行う。⑥校内放送等を使って、大会を宣伝し、聴衆を集める。⑦演台等、会場を設営する。判定が目に見えて分かるように「黄色」と「青」のカードも準備した。以下は、実際の校内主張大会の様子である。

（昼休みの体育館。一年生から六年生まで八十名程度の児童と、十名程の教師が参加している。）

司会C：今から六年一組と六年二組による「第二回鯱っ子主張大会」を始めます。審査員の紹介をします。（四名の教師の紹介）みなさんは、一組の主張が勝っていると思ったら黄色のカードを、二組が勝っていると思ったら青のカードを挙げてください。

（一組C児「子どもも政治に参加すべき」と二組D児「なぜ緑を壊すのか」の主張対決が終わる。）

司会C：それでは、カードを挙げてください。審査員は四対〇、皆さんも青が多いですね。一回戦は、二組の勝ちです。審査員のE先生に聞いてみましょう。どうして青を挙げたのですか？

審査員E：説得力があって、私は納得しました。なぜ、みどりを壊してはいけないのか。それを最後に述べてくれたのが良かったと思います。

司会C：ありがとうございました。子供審査員にも聞いてみます。あなたは、どちらに挙げましたか？

C六年：青を挙げました。マングローブの写真を見せながら話していたのが分かりやすかったので挙げました。

司会C：Cさんの主張についてはどう思いましたか？はい、あなた、どうぞ。

C六年：大人の情報が多かったので、子どもが政治に参加した場合のメリットを述べると、さらに良かったんじゃないかと思いました。

司会C：では、熱い主張をしてくれた二人にもう一度、拍手をお願いします。

教室の中で行う鑑賞会に比べると、聴衆がうなずいたり、身を乗り出したり、判定をしてくれることで、主張者にも一層熱がこもり、緊張感のある実の場が生まれた。審査員の教師と打ち合わせをしておくことで内容だけでなく、表現の工夫についても実の場で理解させることができた。

三　これからに向けて

児童は、投書に熱中し、現在も新聞のコラム等を題材にしながら、紙上鑑賞会を継続している。自分の考えを生みだしたい、そのために同じ年代の仲間や大人の考えを知りたくてたまらない、という六年生の発達段階に合った言語活動が創り出せた。学級通信という表現の場を児童に開くことで、意見文の大事さに気づく投書を愉しむ児童が育った。最初に投書された作品に対して、投書2、投書3と仲間や大人たちが意見を重ねていくことで、音声言語だけでの鑑賞会とは違った「紙上鑑賞会」ならこその世界を広げることができた。

単元が進む中で、「さらに読む人に分かりやすく伝わる」ために取り組みたい新たな課題が見えてきた。例えば、投書の構成要素に、図表等の非連続型テキストを挿入する際には、どういう点に気をつければ効果的になるのかや、文末表現を使い分けることで、より説得力のある主張ができるのではないか、等である。

（池田　直人）

第一・四・六学年　みんなでつくる愉しさに誘う『家族鑑賞会』

一　私の願い（教師である親の立場から）

私は、教師であり三児の母である。子どもたちは一日のほとんどを学校で過ごし、親は家事や仕事に追われている。家族が、お互いにどんな出来事があったのかを知るのは、会話のみである。父親は、夜遅く帰ってくるため、家族団欒の場をもつのも難しくなっている。

子どもたちの日記や作文を文集にして読み合う『家族鑑賞会』をすることで、それまで知らなかったそれぞれの良さを知り、認め合うことができる。『家族鑑賞会』は、子どもたちが日常に書いた作品を一枚の文集にするだけなので、いつでも気軽に行うことができる。また、異年齢集団であるため、お互いのことを知ると同時に、下の子が上の子の表現技法を学んだり、ものの見方や考え方を広げたりすることもできる。さらに、それらを次の作品に活かすことも期待できる。

『家族鑑賞会』が温かい家族のふれあいの場となり、読み合う愉しさから、「家族文集」を作る愉しさへ広がり、生活の中に書くことが位置付けられていくことが期待できる。『家族鑑賞会』を通して、家族の絆が深まる。

二　鑑賞会

1　良さを見つける『家族鑑賞会』

【作品例①】　たのしかったしゅうがくりょこう　（小一長女）

ままきのうのしゅうがくりょこうたのしかったよ。どんなところがたのしかったというと……めるへんむらにじてんしゃにのってたのしかったよ。そして、うれしのしょうぼうしょにいってきゅうきゅうしゃがしつどうしたところをみました。（中略）そして、さいごにいいます。おべんとうおいしかったよ。このことばはぜったいわすれないでください。ほんとうにわすれられないおもいでがいっぱいあふれているくらいほんとうにほんとうにおいしかったです。

【作品例②】　ひみつ発見しゅう学りょこう　（小四次男）

きょう、しゅう学りょこうに行ってリサイクル工場に行きました。工場の中では、大きなゴミをあっしゅくするきかいがありました。ぼくたちは、ゴミをまとめた物をテープでぐるぐるまきにするところを見ました。（中略）

さいごに、さが県けいさつ本部に行きました。さが市内につけてあるかんしカメラがうつすえいぞうが見られました。さが市では知らないうちにけいさつの人にかんしカメラでみられていることがわかりました。そのあと、つうしんしれい室に行きました。きょうの一一〇番つうほうけん数は、七四けんでした。一年でおよそ六万けんつうほうがあるそうです。（中略）

きょうは、たくさんのひみつを発見した楽しいしゅう学りょこうでした。

【作品例③】　楽しかった修学旅行　（小六長男）

五月二十六〜二十七日にかけて、長崎修学旅行がありました。

二日目の自主研修では、シーボルト記念館に行ったり、出島に行ったりしました。まず最初に、シーボルト記念館に行きました。（中略）

次に行ったのは、丸山公園です。丸山公園には龍馬の像がおいてありました。龍馬の立っている台の二ひきの龍のしっぽが台の後ろでハートマークになっていたのを見つけました。

次に、出島に行きました。出島はおうぎ形になっていました。ぼう易がさかんだったことから他国からの品がたくさんおいてありました。小さな出島のもけいがあって出島の全体がどうなっているかわかりました。

ぼくは修学旅行でたくさんのことを学んだので、これからそのことをいかしていきます。

【作品例①】から【作品例③】は、三人の子どもたちが、修学旅行の思い出を書いた作文である。家庭学習の課題であったため、三人とも、修学旅行先から帰宅後すぐに書いた。家族がいつも集まる部屋で鑑賞会を行った。小一長女、小四次男が小六長男の作品を一人で読むことが困難であるため、自分の作品を音読させた。（傍線部は表現の良さに気付いている発言、波線部は共感している発言である。）

【小一長女の作品例①について】

お弁当がおいしかったことを何回も書いていたので「おいしかったよ」ということが伝わった。お弁当おいしかったもんね。救急車が出動したことを、目で見たことを書いているのがよかった。出動した時びっくりしたでしょう。（小四次男）

「ほんとうにわすれられないおもいでがいっぱいあふれているくらいほんとうにほんとうにおいしかったです。」で、初めての修学旅行は楽しくて、お弁当がおいしかったんだなあってわかるよ。（小六長男）

お母さんも、お弁当がおいしいと書いてくれて嬉しい。お弁当だけではなくて「わすれられないおもいでがいっぱいあふれるくらい」楽しい旅行だったのね。（母）

入学してまだ少ししかたってないのに、見たことや思ったことをしっかり書いているね。（父）

【小四次男の作品例②について】

一日で七四件も通報があるんだね。それだけ事故や事件が多いのかな。警察の人は大変だね。リサイクル工場にはぼくも行ったから、四年生の時の修学旅行を思い出した。（小六長男）

リサイクル工場での機械の秘密、警察本部の監視カメラの秘密がわかったよ。「たくさんのひみつを発見した楽しいしゅう学旅行」だったんだね。（母）

佐賀市内には監視カメラがつけてあるんだね。お父さんは毎日佐賀市へ通っているから、いつも監視されてい

るんだな。ちょっとこわいなあ。（父）

お父さん、気をつけて運転してね。（小四次男）

【小六長男の作品例③について】

出島が扇形とかしっぽがハートの形と書いてあるからわかりやすかった。「まず」「次に」を使っているから行った順序がわかった。僕も六年生の修学旅行が楽しみだなあ。（小四次男）

題名が「楽しかった修学旅行」で、私といっしょだった。お兄ちゃんも修学旅行が楽しかったんだなと思った。ハート型を見たいなあ。（小一長女）

お母さんは、丸山公園には行ったことがないから、ぜひ龍のしっぽのハート型を見てみたい。（母）

「ぼくは修学旅行でたくさんのことを学んだので、これからそのことをいかしていきます。」という文は、お兄ちゃんらしいね。（父）

出島に行くのが楽しみだったから、見学できて勉強になったよ。（小六男子）

三人とも、自分が書いた作文を家族に読んでもらう経験がほとんどなかったので、嬉しそうだった。「文集にして読んだら楽しかった。」「またしようね。」と約束し合った。

2　みんなでつくる『家族鑑賞会』

夏休みの終わりに、母である筆者がコンサートでの感動体験を書いた文章を家族で鑑賞した。（傍線部は表現の良さに気付いている発言、波線部は共感している発言である。）

ドリカムワンダーランド2011

全力で歌う姿に感動

八月六日、友達と二人でヤフードームへ dreams come true のコンサートを観に行きました。美和さんの全力で歌う姿や、空中をピーターパンのように飛ぶ姿に感動し、胸がいっぱいになりました。（中略）

好きな歌ランキング
1 何度でも
2 その先へ
3 未来予想図
4 あの夏の花火

「空中をピーターパンのように飛ぶ」ってドームの中を飛んだの？すごいなあ。題名を見たら、お母さんが感動したことがわかる。「何度でも」って車の中でよく聞いていたよね。ぼくもあの歌好きだよ。（小四次男）

ぼくも、飛ぶ姿を「ピーターパンのように」と書いてあるからイメージできた。お母さんが好きな歌のランキングがわかった。（小六長男）

ヤフードームは、野球を見に行ったところかな。いいなあ、コンサートに私も行ってみたい。（小一長女）

ぼくも焼き肉のこと書こうかなあ。（小六長男）

ぼくも書く。（小四次男）

私も書きたい。（小一長女）

じゃあ、せっかくだから、今度はみんなで新聞にしよう。（母）

ぼくは、新聞を作ったことがあるし、一学期は新聞係だったから、リーダーになる。（小六長男）

こうして、小六長男が割り付けを決め、それぞれの記事を集めて家族新聞ができた。

だいすき夏号

記事①（父）
家族で毎年参加している鹿島踊りのことを書いている。

記事②（小六長男）
いとこ家族と焼き肉会をしたことを書いている。

四こま漫画

記事③（小一長女）
夏休みに水泳教室に通い、泳げるようになったことを書いている。

記事④（母）
大好きな歌手のコンサートに行ったことを書いている。（前ページ参照）

記事⑤（小四次男）
初めて映画館で映画を観たことを書いている。

写真①

記事⑥（全員）
「2011夏の１冊」
夏休みに読んだ本を１冊ずつ紹介している

写真②

編集後記

新聞記事には見出しがあることから、父親は「今年も鹿島に熱い夏がやってきた」（記事①）、小六長男は、「にぎわった焼き肉会」（記事②）、小一長女は「十二、五メートルおよいだ」（記事③）、小四次男は「初めての映画」（記事⑤）という見出しをつけた。記事⑥は、小六長男が、夏休みに読んだ本の中から、それぞれ一冊選んで紹介しようとみんなに提案したものである。出来上がった新聞を家族全員で鑑賞した。（傍線部は表現の良さに気付いている発言、波線部は共感している発言である。）

鹿島踊り楽しかったね。「来年も仲良くみんなで参加できますように」って私も思う。お兄ちゃんの四こま漫画は、二人で焼き肉の取り合いをしている間に、他の人が食べてしまったのがおもしろかった。小四のお兄ちゃんが「妹が一番いいところで、トイレに行ったから、びっくりしました。」と書いているけど、我慢できなかったんだ。残念だったなあ。（小一長女）

お兄ちゃんが「にぎわう」と書いていたから、いつもより多い人数で楽しく食べたことがわかったよ。妹は

十二、五メートルも泳げるようになったんだね。すごいなあ。（小四次男）

映画の記事を読んで、ぼくも映画を見に行くことを楽しみにしていたから、「心ぞうがドックンドックンと大きくなりました。」の気持ちがよくわかった。音も映像も迫力あったね。小一長女が「はじめはうくこともできなかったけど、ロケットができるようになりました。さいごのきろくかいでは、十二、五メートルもおよげました。」と書いていて、がんばったんだなあと思った。（小六長男）

お父さんもお兄ちゃんと同じで、「心ぞうがドックンドックンと大きくなりました。」で、弟が楽しみにしている気持ちと緊張している様子が手に取るようにわかった。映画は楽しかったけど、妹をトイレに連れて行かなくてはいけなかったから、一番いいところを見られなくてすごく残念だったよ。お兄ちゃんの四こま漫画は肉のアップの絵と兄弟で取り合いしている絵をうまく描いていたね。小一の妹は、十二、五メートルも泳げるようになったんだね。来年が楽しみだなあ。（父）

小四次男の「ドキドキわくわく心ぞうがドックンドックンと大きな音でなりました。」で、カタカナのところは音が本当に聞こえてくるようだった。お兄ちゃんの四こま漫画はカット割りでアップとルーズをうまく使っているなあと思ったよ。小一長女が毎日練習していたこと知っていたから、がんばったなあと思ったし、嬉しかった。鹿島踊りは、我が家の恒例行事だね。来年も再来年もずうっと一緒に出ようね。（母）

みんなで新聞を作ったら楽しかったね。大阪のAちゃんたちにも見せたいね。（小六長男）

うん、見せたい。東京の叔父さんにも見せたい。（小四次男）

この後、大阪と東京に住んでいる親戚に、電子メールで新聞を送った。大阪の従姉からは、「鹿島踊りに来年は一緒に出たいな。水泳がんばったね。また新聞を送ってね。楽しみにしているよ。」東京の叔父からは「みんなが成長している様子がよくわかった。楽しかったよ。また送ってね。」と感想が寄せられた。遠くにいてなかなか会うことができない従姉や叔父にも読んでもらい、感想をもらったことは大きな喜びにつながった。三人とも、「またみんなで作って送ろう」と、次の新聞作りへ意欲を燃やした。

三　これからに向けて

『家族鑑賞会』では、表現技法やそれぞれの思いに沿って交流ができ、家族団欒の時間を過ごすことができた。仕事で帰宅時間が遅く、我が子と会話する時間をとることができない父親にとっては、文集にすることで子どもたちの様子を知ることができた。「家族新聞」作りをきっかけに、それぞれが生活の中で気になったことをメモに残したり、日記に書いたりするようになった。それを記事にして、不定期ではあるが「家族新聞」を発行し、親戚との交流も続いている。最近、小一長女は「家族新聞」の見出しを参考に、日記の題名にもこだわって書くようになった。小四次男が、テレビのニュースを見てメモに「ＴＰＰ」と書き、小六長男や父親に「ＴＰＰ」について質問していた。母である筆者は、地方新聞に掲載されていた「ＴＰＰ」に関する記事を切り抜いて提示したところ、家族で「ＴＰＰ」のメリットとデメリットについて話し合うことへつながった。

今後、子どもたちが成長するにつれ、子どもたちの作品だけではなく、新聞の切り抜きを一枚文集にし、それぞれの意見文を「家族新聞」にまとめて鑑賞し合うことも取り入れていきたい。社会への視野を広げていくことや多様な表現方法を知るきっかけになるだろう。そのためには、母である筆者が、子どもたちが今、何に関心があり何を知りたがっているのか、何を伝えたがっているのかを、日頃から知っておくように心がけておきたい。そして、『家族鑑賞会』を通して家族の絆が深まり、子どもたちの成長と共に「家族新聞」が家族のアルバムとなっていくことを望んでいる。なお、『家族鑑賞会』の記録法も、本人の発言を入れるなど、工夫するつもりである。

（中原　奈美）

実践Ⅳ　文集活動の継続と発展

Q1　文集を発行した後の指導としての評価・交流活動について、具体的な指導のあり方を教えてください。

A　まず、何より前提として、「何でも言い合える学級」「何を言ってもきずつけることにならない学級」という仲間づくり、学級づくりが不可欠です。そのうえで、以下のことに留意したいものです。

交流のねらいをはっきりとさせて、児童の素直な感想や意見が、相互評価として学習効果に結びつくようにします。その評価が、次の単元において表現力として働いたり、自己理解や他者理解に生きたり、題材を見つける目を育てることにつながったりするように、単に交流するのではなく、作品を鑑賞し合う学習をすることが大切です。

○　評価・交流活動から鑑賞へ

学習指導要領においては、「B　書くこと」の指導事項の中に、「交流に関する指導事項」として、児童の発達段階に応じて、児童自身が、どのような相互評価をするのかということが示されています。すなわち、低学年では「よいところを見つけること」、中学年では「書き手の考えをとらえること」、高学年では「表現方法に助言をすること」です。このように、交流で取り上げる事柄は、主として文章表現に関することが挙げられています。

しかし、「適切な表現方法のスキル的な学習」に止まることなく、「この表現は心を打つような言葉の使い方だな」「このような季節の感じ方があるのか」といった心を育てる相互評価にしなければなりません。つまり、書き手がどのような思いや考えを持っているのか、その文章を書いた意図は何であるのかといった内容をしっかりと受け止め、共感したり別の視点に気づいたりすることで、ものの見方や考え方を広げたり深めたりすることができるようにさせるのです。そのためには、現在あるものを交わらせるという意味合いの単なる「交流」ではなく、作品を細やかに、あるいは丸ごと見つめ、表現方法やものの見方を共有したり味わったりするような「鑑賞」へと高めていくことを重視しなければなりません。

○交流から鑑賞への学習の実際

児童が相互に評価し、その結果を自分の文章表現やものの見方に生かしていく学習には、次のような活動例があります。

・文集の中から、自分のお気に入りを見つけ出し伝え合います。伝え合う活動は、話し合い活動や、ワークシートに書いて交換するような方法など、また、ペアやグループで活動したり、感想をまとめたりなど、いろいろと工夫することができます。その際に大切なことは、お気に入りの理由をはっきりとさせて伝え合うことです。

・文集に載っている順番で自分の前の人の作文に一言感想やよいところ見つけをする。前の人のということを決めておくと、評価をされたりされなかったりという偏りが出ません。そのうえで、評価する対象を増やしていくという工夫ができます。個人持ち以外に、共有の文集を一冊用意しておき、感想やよいところを付箋に書いて貼ります。

・文集を保護者に見せて感想をもらうことで、保護者をまきこんだ学習にし、児童の意欲をさらに高めるとともに、見方や考え方を高める助けとします。つまり、保護者からの感想や意見を寄せてもらうことで、励ましや意欲づけをしたりするだけでなく、児童だけでは気づくことができないことに気づかせる効果もあります。

○指導上の留意点

交流から鑑賞へと高める学習においては、次の点に留意することで効果を上げることができます。

・共感的・肯定的に受け止め合うことを基本におくこと　…　認められる安心感が、次への意欲を導きます。

・よいところを見つけるために、何がよいのかという内実を示す（考えさせる）こと　…　題材や内容も含みます。

・学習の結果としての、児童の考えや感想、新たな発見などを掲示したり、各自で綴らせたり、保護者に発信したりすることで、次の学習の際に、参考にできるようにすること　…　継続と蓄積が力となります。

・教師も、鑑賞者の一人として参加することによって、児童の見方や感じ方を意味づけたり、別の視点を示したりするとともに、学びや愉しみを共有すること　…　教師と児童との豊かな人間関係にも資することになります。

・一人一人が級友や教師の話や思いをしっかりと聴くことができるようにすること　…　仲間づくりの基本です。

（宮原　正行）

Q2　文集を作成しても、これまでは帰りの会で配布し、家に持ち帰らせて終わりにしていました。文集を活用しての「書く力」、「話す力・聞く力」を伸ばすための事後の指導法を教えてください。

A　これまで取り組まれてきた一般的な文集作成の実践を振り返ってみましょう。

多くの教師が取り組んできた文集とは、一年間のまとめとしての三学期末「思い出文集」的な実践ではなかったでしょうか。文集を作るまでは、テーマの設定・構想・記述・推敲等、各過程を踏まえた指導がなされます。児童の作品ができあがると、いよいよ印刷の開始です。学年末の多忙な中で、学級全員分の印刷、表紙の作成、担任としてのページ作成等、かなりの労力を費やして、ようやく文集は完成の運びとなります。体裁的には、担任としてかなり満足のできる文集ができあがります。最後に児童への配布です。帰りの会に、文集を児童全員に配布し、「〇年生思い出文集ができあがりました。家に持って帰って、友達の文章を読んでみましょう。また、おうちの人にも見せましょう。」こうして、一連の文集の取り組みは完了です。

このような文集の取り組みではなかったでしょうか。多大な労力を費やしたわりには、また、担任として文集の完成を喜んでいるわりには、果たして児童の「書くことの楽しさ」を味わう経験、友達の作品の鑑賞会を通しての「友達の作品を読む楽しさ、感想を伝え合う楽しさ」、文集作成の中での「児童の達成感・満足感」等、十分な実践ができていただろうかという反省もあるのではないでしょうか。

今回、本著では様々な形での文集の在り方を具体的な実践を通して提案しています。ここでは、質問にお答えし、文集完成後の配布の際の取り組みについて考えてみます。

児童全員分を分厚い一冊にまとめる学級文集作成からの転換による「一枚文集・数枚文集」実践が必要です。

・児童本人に文章を読ませたり、ペアで、グループで、学級全体で、読み合う時間を設定したりしながら、互いの感想を出し合わせる。

・教師もメンバーの一人として、鑑賞会に参加するとともに、参加の在り方を工夫する。

・文集に掲載する児童作品を技能、表現、文種、記述形式等から十分に検討し、児童に作品の特色・よさや人となりについて学ばせるための短時間での鑑賞会を設定する。
・文集配布後に、赤鉛筆で、「ほめほめ」「お気に入り」「感想」等の観点で、サイドラインを引かせたり書き込みをさせたりしながら、作品のよさや児童の人となりに触れさせる。
・一つの作品を選ばせ、それについての感想を付箋紙にまとめ、書いた児童本人に直接届けさせる。友達からもらった付箋紙は、文集に貼り付けさせる。
・グループ内で作品を読み合い、司会者を立てて互いの感想を交流し合う鑑賞会を設定する。
・文集に掲載された児童への質問コーナーの時間を設け、短時間での鑑賞会を設定する。等

できあがった文集を単に配布するだけの取り組みでは、文集作成の本来のねらいを達成することはできません。文集配布の際の取り組みで大切なことは、どんな形の文集として児童に配布するか。また、配布後にどのような鑑賞会を設定するかということです。もちろん、国語科の時間の中で、配布し、指導を行う時間の設定には無理があります。そこで、朝の会や帰りの会の中で、短時間でもできる児童相互の鑑賞会を工夫・設定してみましょう。更には、家庭と連携した取り組みも重要です。そのためには、教師が指導のポイントを絞り込むことが大切です。また、文集はあくまでも児童が楽しみながら取り組み、友達の作品（言葉や文章）の中から様々なよさや友達の人となりを学び取ることに意義があります。文集実践が児童の「書く力」に直結するという堅い考えではなく、楽しみながら児童が生き生きと活動する「文集実践」に挑戦したいものです。このような児童の姿を家庭にも届けたいものです。

単なる配布に終わるのではなく、文集の綴じ合わせと先に示したような配布の際のひと工夫の活動の場により、文集実践の楽しさを児童に十分に味わわせたいものです。「書く力」を高めることは、国語科学習作文単元において重点的に指導を積み上げ、文集作成と「書く力」の育成は少し切り離して考えましょう。文集づくりを通して、児童に書くことの楽しさ、友達の作品に触れることの楽しさ、書いてみようという意欲を育んでいきたいものです。

（峰　茂樹）

Q３　このような先進的な文集に取り組んで進学してきた学習者に対して、中学校では、どのように発展させた文集指導をしていけばよいでしょうか。

Ａ　中学校国語科でも、生徒が文章を書くことを愉しみ、言葉の世界を広げて、人格を育んでいくことは目標です。中学国語では、三ヵ年をとおして日常生活から社会生活へと内容も広がり、その中で生徒の知識や良識、見識などを育んでいきます。教科書では、三年生の三学期まで書く単元や話す聞く単元が配列してあります。例えば、光村図書（第三学年）では「未来に向かって　アルバムを編み、語り合う」という単元があり、それをまとめの文集として扱っている教師も多いようです。実際、文集というと、年度末に一年間を振り返った作文を学級ごとに綴じたものと中学校教師の多くも思っているようです。したがって、日頃から書かせ、鑑賞を行い、保護者の協力も加える文集を行っている教師は多くありません。しかし、今回、佐賀の小学校作文研究会が、「文集とともに育ちゆく子どもたち」という趣旨で、書くことを愉しみ豊かな人格を育む実践をし、まとめられました。中学校もこの先進的な取り組みを継続し発展させる責任があります。

では、中学校でどのように文集指導をしていけばよいのでしょうか。

先ず、書くことを厭わない生徒を育成することです。これは先進的な文集指導を受けたにしろ、受けていないにしろ大切なことです。学校生活の中で書くことは様々な場面で仕組むことができます。例えば、学習の記録や部活動の日誌など必然性があるものを書かせる。また、学校行事や体験活動の前後に作文などの書く活動を取り入れるなど、学校生活では書くことは自然なことだという姿勢を示して、書いて残すことを習慣とすることです。しかし、これだけでは生徒は書くことに対してやらされ感が募るので、宿題の自学ノートに日記を書かせたり、好きな曲の詩を視写させたりして書くことに楽しみをもたせることも大切です。

次に、文集を鑑賞する力をつけるために、対話を厭わない生徒を育成することです。これも学校生活では様々な場面で仕組むことができます。逆に対話のない場面の方が少ないはずです。学級活動や各授業、また、部活動などもあらゆる場面において、対話によって知識や技能の習得、意思の疎通などがなされます。中学校では、この対話を「語り合い」にまで発展させたいところです。わたしの言う「語り」は話し手が体験や経験などを踏まえて言葉を選びながら話すことです。話し手と聞き手が相互に語り合うことは、確かな知識や温かい良識の育成につながります。このような語り合いが成立するためには、教師や生徒どうしが信頼し、支え合う人間関係の構築が必要です。話し手は「話してよかった。」と、聞き手は「共感して助けることができた。」と実感できたときに、よい語り合いになります。話し手が話し終えたときに、教師がよかったところを示したり、聞き手として生徒が拍手を送ったりすることがそのような集団づくりの第一歩になります。

最後に、身の回りの事象に対しての鋭い見識を育成することです。身の回りの事象に対して、常に「なぜ」、「どうして」と問いをもたせ、これまでに培った価値観で比較させたり批評させたりすることが、鋭い目を養うことにつながります。自分や社会に対して鋭く見抜き、自己批評をして、理想を追求させたいものです。しかし、もう一方では、目の前の人には温かく接して容認するおおらかさを養いたいものです。文集として、生徒に自己の経験や成長を多角的な視点で書かせるとともに、それらの鑑賞をとおして多様な価値観に触れさせることは、私たち教師が育てたい生徒像へと迫る一つの方法となります。

文集は、単なるまとめの作文ではありません。書き綴ることで自他の成長を味わうものです。したがって、中学校三年間の作文指導が目の前の受験のためだけの指導になってはいけません。生徒が生涯にわたって自己実現を求める中で、書くことが一つの手段になることを目指しながら指導していくものなのです。自己防御の強い中学時代だからこそ、文集を媒介に相互に何でも述べ合える人間関係の構築に不可欠な位置になります。

（筒井　泰登）

第一学年　よさを伝え合い書くことが好きになる文集づくり

一　私の願い

今でも忘れない、わたし自身が小学校三年生の時に文集を手にしたときの喜びを。自分が書いた作文がどこに載っているのか、友達はどんなことを書いているのか、わくわくしながらページをめくった。児童にとっての文集は魅力あるものである。一年に一度の喜びが、一年に何度もくる喜びに変わったとしたら、それはとても素敵なことである。児童の思いが積み重なり、文集から新たな価値のある文集へとつながっていく文集づくりをめざしていく。

入門期である一年生の児童は、一学期を終えるころになると文字を覚え、単語を書いたり、一文～三文ほどの文を書いたりすることができるようになってくる。文を書くことができるようになった喜びは大きく、自分が書いた文を身近な人に読んでもらいたいという思いが強くなってくる。読んでもらうことは、児童のさらなる喜び、次の書くことへの意欲の喚起につながる。さらに、文集を作り、友達の作品にふれ、よさを伝え合うことで、友達の思い、友達のよさを感じ取りながら、自分のよさにも気付き、書くことが好きになっていく児童を育てていきたい。

二　文集づくりに挑戦　Ⅰ（十二月）

1　「ぼく・わたしのお気に入りの場所（学校編）文集」　～お気に入りの場所をみんなに伝えよう～

これまで、国語科で学習した作文単元の作品や言葉遊びの作品などを綴ってきている。友達の作品を読む経験はしてきているが、友達の作品をじっくり読み、そのよさを伝え合う経験はまだしていない。

二学期の後半、一年生の児童は学校生活にすっかり慣れ、学校内での居心地のいい場所、好きな場所、元気が出る場所など、それぞれのお気に入りの場所を見つけている。児童にとって身近な学校内のお気に入りの場所について綴り、友達に伝えることは学校生活の楽しさを共有するとともに、書くことの楽しさを味わうことができる。さらに、よさを伝え合うことで書くことへの自信となり、書くことが好きになっていく。加えて、「学校以外の自分だけのお気に入りの場所」を書きたいという思いが高まることを期待した。

2　文集から見える児童の実態

《K児の作品…全文》

おちつくへや

みんなのおきにいりのばしょはどこですか。
わたしのおきにいりのばしょはずこうしつです。なぜかというとしずかで、しーんとしているからです。白いつくえだからホッとするかんじがします。しかくいすがしかくいいすだからおきにいりです。しかくいいすはせもたれがいらないいすです。音がくがながれそうなきょうしつだからおきにいりです。まどをあけるとかぜが「スーッ」と、とおってくるからきもちいいです。とちゅうまでだったさくひんをかわかしたりするものがあります。ばんごうがついているからおもしろいです。つくったさくひんをかざったりできるから「いいなあ。」とおもいました。わたしたちがずこうでつくったものもかざっていますす。いろいろなずこうでつくったさくひんがあるからたのしいです。

《T児の作品…題名から途中まで》

本がいっぱいあるよ

みなさんのおきにいりのばしょはどこですか。
わたしはとしょしつです。
なんでとしょしつがすきかというと本がいっぱいあるからです。それに木のいすとてぶるがいっぱいあるからです。そのほかにもぎんのつくえがきらきらしているからすきです。そのうえにはかわいいハロイーンのえんぴつたてがあるからすきです。そのよこにはハロイーンのけしごむたてがあるからです。はんこ　―略―

《Y児の作品…題名と書き出し》

ぼくのおきにいりのばしょ

ぼくのすきなばしょはうさぎごやです。なぜうさぎごやがすきかは、うさぎがいるからです。　―略―

《A児の作品…結び》

―略―　ぼくは、とびばこでいろいろなものであそばれるからすきです。みなさんもたいいくかんにみにきてください。

形式にこだわらずに自由に書かせてみた。「～はどこですか」と、始めに問いかけで書き出し、「なぜかというと」などの言葉を入れ、理由を書き進めているのが多くあった。日頃行っているスピーチタイムで話すために書くスピーチ原稿のように書いている。つまり話し言葉である。また、思いついたことを羅列的に書き進めている作品、題名がテーマのままだったり、本文の内容とずれていたりする作品があった。その一方で、「心内語」「例え」「擬音語・擬態語（ひかる言葉）」などの表現の工夫をしている部分が見られた。

3　鑑賞会の工夫（友達の作品のよさを見つけ伝え合う、「書くことのコツ」を見つける）

児童全員（六名分）の作品を表紙付きの文集にし、配布した。児童は、文集を読み、みんなの作品が文集になったことに喜びを感じ、友達がどんなことを書いているのかどんなふうに書いているのか楽しみにして読み進めていた。その後、「〇〇さんへ」という形で一言感想をカードに書かせた。友達の表現のよさに気付いたり、新たな発見をしたり、友達と自分を比べたりしていた。

《一言感想文　例》

Kさんへ　かぎかっこが二つはいっていたからすごいなとおもいました。ホッとのひかることばをいれていたからよかったです。（T児）

Tさんへ　ひかることばがあったからすごいです。本がいっぱいあるんだなとおもいました。ぼくも本をよみたいです。（N児）

Yさんへ　Yさんがうさぎごやでうさぎをさわったりするのがだいすきとわかりました。（K児）

一言感想は「みんなから〇〇さんへ」としてまとめ、一言感想文集として配布した。みんなで読み合いながら、友達から感想をもらった喜びを大いに感じていた。文集、感想文集をもとにしながら、次の作文活動に生かすための「書くことのコツ」を見つける話し合いを行った。「今度作文を書くときにまねしたいところ」という話し合いの視点を与えた。教師と児童とやりとりしながら、「話の順序に気を付けたらいい」、「題名は内容に合うように工夫して付けた方がいい」「擬音語や擬態語（ひかる言葉）やかぎかっこを使うと様子や気持ちがよくわかる」

「書き出しを工夫する」などがまとまった。また、これまでに経験している俳句づくり、音読で経験している詩を取り入れることも作文が広がることを補足した。

今度、作文を書くときに「書くことのコツ」を生かすことを確認して話し合いを終えた。

4　児童の振り返り

よさを伝え合う文集鑑賞を通して、友達や自分の表現のよさに気付き、認められたことで次の作文活動への意欲が高まった。

《児童の声》

○　せんせい、ぼくね、「～からです」をいっぱいかいていたよ。（S児）

○　ともだちからいいところを見つけてもらってうれしかったよ。またしたいなあ～。（K児）

○　Kちゃんのがよかったからまねしたいなあ。つぎはかぎかっこを入れるよ。（T児）

三　文集づくりに挑戦　Ⅱ（一月）

1　教師の関わり・手立てを生かした書かせ方と綴り方の工夫

前回は、学校生活のことを題材にしたが、今回は、「ぼく・わたしの冬休み　～心に残ったことをみんなに伝えよう～」という題材で、冬休みの家庭生活に目を向けさせた。友達が知らない冬休みに経験した、心に残った出来事を作文にして伝え合うことは、書く意欲を高め、書くことが好きになる手立てとなる。また、今回は、前回の「文集」を生かす取り組みである。児童の書く力の伸び、その子なりの表現のよさが表れることをねらって次のように仕組んだ。

①　これまでに綴った文集を読み返し、友達の書き方や表現のよさを確かめたり、綴る楽しさを感じ取らせたりする。【文集の活用】

②　前回の「文集・感想文集」をもとにした話し合いでまとめた「書くことのコツ」を振り返り、どんな書き方があったのか確かめ、自分の書き表し方を決めさせる。【前回の鑑賞会の活用】

③　児童全員（六名）分を綴り、文集にしたことの喜びを感じ、次の書く活動につなげる。【次への意欲】

2　文集から見えた児童の変容

《K児の作品…全文》

たのしかったなあ

ふゆ休みにわたしは、おかあさんとおとうと二人とばあちゃんちへいきました。

そこで、おかあさんとおとうととわたしでおふろに入りました。

そしてはいくをつくることにきめました。

そのときのことをはいくであらわします。

おふろでね　みんなではいく　たのしいな
はいくをつくるのはとってもたのしかったです。

たくさんはいくをつくっていくと、おかあさんから「はいくをつくるのがじょうずになったやんね。」といわれてうれしかったです。

わたしとおかあさんでおとうとはまだ五、七、五をわかっていなかったからおしえてあげました。

《T児の作品…書き出しと結び》

かぞくでおんせんたのしいな
あわがぼこぼこきもちいいな
おんせんであたまをあらってきもちいいな
―　略　―
そのあとあたまをあらいました。
「きもちいいね。」
「あたまがスーとするね。」
あたまがさらさらする。」
「おかあさんシャワーがつめたい。」
きもちよかったからまたいきたいなー。

《Y児の作品…書き出し》

いとこがね
ねられないから
しりとりだ
―　略　―
いとこがねられないからいっしょにしりとりしたことです。

《A児の作品…結び》

―　略　―　したらとられるからドリブルをしてシュートをきめます。でもそうかんたんには入りません。でもあいてのうごきをよくみてしじをおくります。むずかしいけどがんばってするとドリブルやヘディングができます。ぼくはできなかったけどサッカーができるようになったからうれしかったです。みんなもとうぶでサッカーをしてください。

※網かけ部分は文集を読み合った効果が見られる箇所、波線は、新たに取り組んだ表現方法

A児は、前回使った「呼びかけ」を入れて文章を結んでいる。これは、A児が前回の文集鑑賞で呼びかけを入れていたことを友達から認められたことが自信となったからである。また、サッカーをしている様子を順序よく、そして「〜ます」の文末の連続で生き生きと表現することができている。K児は、前回は、話し言葉で表現していたのが、書き言葉へと変化している。また、「五七五」と「会話文」にこだわって書いている。T児は前半に「詩」を書き、後半では「会話文」を入れて書いていた。T児は、前回の取り組みでは思いついたことを羅列的に書き表しており、文集を読んだことでK児がかぎかっこを使っていたことに感心していた。自分もかぎかっこを使いたいという思いが今回の作品に表れている。文集にして読み合った効果が現れている。また、Y児は、自分が一番書きたいことを「五七五」で書き出し、その説明をするように文を書き進めていくなど、それぞれ文章表現に工夫が見られるようになってきている。

3　鑑賞会の工夫（友達の作品のよさを見つけ伝え合う、自分の作品のよさを見つける）

前回と同様に児童全員分を文集にしたものに表紙を付けて配布し、よさを伝え合う文集鑑賞を行った。友達の作品のよさを見つける際には、①まねしたい表現、②新しく発見した表現、③前よりも上手になっている表現の視点をもって読むように促し、見つけたよさに赤線を引かせた。その後、前回と同じように一人一人への一言感想を書かせた。さらに今回は、「自分へ」ということで自分の作品のよさ見つけを行った。

《よさを伝え合う中での児童の発言例》

○　きもちやかぎかっこをいれていたのがいいなあとおもいました。…………（まねしたい表現）
○　あんまりしであらわすさく文は見たこともないです。「し」はおもしろいです。……（新しい表現発見）
○　Sさんは、いつどこだれなにどのようにどうしたのじゅんでかいていてよかったです。まえとかわったなあとおもいました。……………………………………（友達の伸び発見）
○　びっくりがはいっていたからよかったです。かっこをいれたらうまくなるとおもいます。（アドバイス）

よさに視点をしぼっていたが、アドバイスもされた。よりよい作品にするためにはアドバイスも欠かせない。

自分の作品のよさ見つけについては、「まえよりかぎかっこが入れられたのでよかったです。大きくなったなあとじぶんでおもいました。K児」「ぼくは、五七五がじょうずにできたのでうれしかったです。Y児」など、自分の伸びを実感し、自分なりに書くことの楽しさを感じていた。

4　保護者の声

学級便りで文集ができたことを知らせ、文集を児童に持ち帰らせて感想を寄せてもらった。

○　みなさん、楽しい冬休みだったようですね。どこかに連れて行ってあげようと思いました。

○　五・七・五を入れて書いてあるのがあって、よく工夫してありました。

○　みんな上手に書けていてびっくりしました。わが子も前より上手になってますね。

○　文集になるのが楽しいみたいです。わたしも楽しく読んでいます。

四　書くことが好きになる文集づくりのための教師の工夫

1　書く場・環境設定の工夫

○　一人一冊のファイルを用意して教室に置いておき、文集ができる度にファイルに綴じていき、一年間を通したページをうつ。学年末には目次、始めの言葉、終わりの言葉、表紙を作り、一年間のあゆみ文集とする。

○　一人一人の作文コーナーや、書き名人になるための「書くことのコツ」のコーナー、語彙を広げる「五感のアンテナ」コーナーを設置する。

○　朝の会で、楽しかったことやおもしろかったこと、見つけたこと等、一人ひとことを話す場を設定し、日頃からものを見る目を育てる。

○　国語科のみならず、生活科などの他教科、行事・休業中、書き慣れ作文、テーマ作文、スピーチ原稿、俳句作りなど年間指導計画を立てて実施する。

2　教師の評価の工夫

その子なりのよさ、伸びを認める。教師自身が「文種」を意識して取り組み、見る目を養い、人と人との関わりのなかで、自他のよさに気付かせる場を設定する。

五　これからに向けて

これまでに国語科で学習した内容も含め、言葉遊び集、書き慣れ作文集など出来上がる度に一人ずつ綴じていった。少人数ということを生かして、常に児童全員の作品を文集にすることができた。作文や一言感想を文集にして渡したとき、児童は、「待ってました」とばかりに読み始め、読後に感想を呟いたり、友達に「ねえねえ」などと声をかけたりしていた。文集鑑賞をする中で、「○○ちゃん、光ることばを入れていたよ。」「ぼく、前よりじょうずになったよ。」など友達や自分の作品の表現のよさを見つける楽しさを大いに感じていた。よさを伝え合うことで、友達に認められ、書くことに自信がつき、「また書きたい」という思いが高まった。さらに、よさを伝え合う中で広がった表現を使って書くことが楽しくなり、書くことが好きになる。入門期における書くことが好きなる取り組みができた。

文集鑑賞の中で、「○○さん、かぎかっこいれるともっとよくなるよ」というアドバイスに、「おしえてくれてありがとう」と笑顔で返事をしている場面があった。児童は自分の作品をよりよいものにしたいと願っている。今回の「よさ」にこだわった取り組みに加え、今後はいろいろな視点からの文集鑑賞に導きたい。そのためには、豊かな言語環境、豊かな人間関係を育てていくことを忘れてはならない。

（兵動　敦子）

第二学年　鑑賞会でひろがる文集づくり

一　私の願い

「文集」と聞いて、どんな思いをもたれるだろうか？「いいとはわかっているけど、親など人の目に触れるので何度も推敲して、きちんと書かせるのが大変。」「児童も、親も喜んでくれるけれど書く時間を確保することが大変。」と言った声が聞こえてきそうだ。児童の作品を一つにまとめて「文集」という形にして、みんなで読み比べる、家族で読み合う。有益だとはわかっているが、「文集」にするまでの過程や、時間が問題になってくる。

「文集」についての二つの問題「過程」と「時間」を解決する一つの方法を示していく。つまり、「文集」を作り上げることを最終目的にせず「文集」を作り、「鑑賞会」を行うことを目的として進めていく。「文集」は、「全員を掲載する文集」「数人ずつ掲載する文集」など、一冊の文集に綴るのではなく、学級通信などの裏面に手軽に掲載していく。また、「鑑賞会」は「書く愉しさを感じる」「相手の書きぶり・考え方を知る」を二つの目標として進めていく。進め方も、「クラスでの鑑賞会」「全員で感想を書いての鑑賞会」など、その時に応じて組み合わせていく。こうすることにより、よりよい完成品を作ろうとする「過程」を省く。出来上がった文集で鑑賞会を行い、児童の書く力の育ちに重きを置く。

二　文集づくりに挑戦　Ⅰ（四～五月）

1　私の取り組み

担任としてスタートした四月当初、まずは児童の書く力の実態を把握することを兼ねて、「週末日記」の宿題を児童たちに与えた。約二百五十マスの作文用紙に、休みの日に一番心に残ったことを、書き方の制限をほとんど与えずに自由に書かせた。また、児童たちの書く力を鍛えるために、帰りの取り扱いの時間に、短作文を書かせていく「作文ファイル」や小さな作文用紙に五七五や五七五七七、三文でまとめる「短冊」などを行ってきた。児童が書いたこれらの作品を、学級通信の裏面に掲載した。「週末日記」や「作文ファイル」などの作品は数点ずつ、「短冊」に書いた作品は全員分を掲載した。この通信は毎号ファイルに綴じるので、一年間が終了すると、自分の作品や友達の作品が集まった個人の文集になる。

2　文集から見える児童の実態

（1）クラスの児童の実態（四月当初）

学年全体で、一年生のころから日記を書かせ、書くこと自体を苦にしている児童は少ない。用紙を配布すると、みんな鉛筆を持ち素直に取り組む。しかし、外出をしたり、大きなイベントがあったりしないとなかなか鉛筆が進まない児童もいた。また、一日の出来事を、最初から最後まで時間を追って書いていくだけで、事実の羅列に終始し、自分の気持ちや気付きまでは書き表せていなかったり、気持ちを書けていても最後に〝おもしろかった〟〝うれしかった〟のまとめになっていたりする作品も多かった。

○Y児の作品

サッカーをしたこと　（五月八日）

今日、ぼくと、おかあさんとえみりちゃんと、せいけいこうえんにいきました。さいしょに、ゆうぐであそびました。そのあと、おかあさんと、えみりちゃんと、サッカーをしました。ぼくが、「ばくれつシュート」と言って、おもいっきりけりました。ボールがとおくまでとびました。それでも、いがいとおかあさんのほうがうまかったです。でも、いっかいかちました。うれしかった。

（傍線　引用者）

○D児の作品

たのしい　（五月七日）

ぼくは、土ようびにまえかってもらったペガサスをまわしてたたかったら、つよかったのでかちました。そしておにいちゃんはなきました。だから、うれしかったです。ペがさすでたたかってよかったですよ。だから、ペガサスは、おにいちゃんのベイより、ぼくのベイがつよいです。ペガサスがかってよかったです。ペガサスはぼくのおきにいりです。だからつよいんです。ペがさすのつよさをもっとつよくしたら、たぶんもっとつよくなるとおもいます。だから、ペガサスをもっともっとつよくさせたいです。

文集を作ったり、鑑賞会をしたりした経験はなく、他の友達がどんなことを書いているか、どんな書き方があるのかなどをほとんど知らない。そのため、学級通信に作品を載せ、掲示板に載せると楽しそうに友達の作品を読んでいる。担任が、児童全員の前で作品を紹介するのを、楽しみにしている。

（2）Y児の実態（担任の思い）

本人は書くことを得意だと思っておらず、国語の時間も好きではないようだった。しかし、書かれた日記には、大好きな母親とのやりとりの様子や、日常の生活の切り取り方や表現（傍線部）など、他の児童にも、ぜひ知って欲しい書き方がたくさんあった。

鑑賞会で、Y児の作品を積極的に児童に紹介し、参考にさせたい。また、Y児にも書くことに自信を持って取り組んで欲しい。

（3）D児の実態（担任の思い）

書くことはあまり得意ではなく、自信がないようだった。日記などの時間に「書くことがない」と、鉛筆が止まってしまうこともあった。事実の羅列に終始し、ダラダラと長くなっている作品が多い。鑑賞会で、多くの友達の作品に触れることによって、いろいろな表現方法を身に付け、「書くことが愉しい」と感じさせたい。

3　鑑賞会

（1）全員での鑑賞（六月十三日）

不定期に行っていた全員での鑑賞会は、一学期当初、数点の作品を担任が選んで学級通信に掲載し、児童に紹介する。

六月十三日に行った鑑賞会では、K児の作品を取り上げた。大きなイベントや、外出などがないと書きにくいと思っている児童に対して、病気で中学校の運動会に行けずに家でじっとしていた時のことを書いたこの作品は、参考になる。

他の児童の作品とともに印刷したものを配り、担任の司会で鑑賞会を行った。教師主導の進め方ではあるが、この後、楽しいことがなくても日記は書ける。イベントや、出かけることが無くてもいろいろなことがあり、日記の題材となることを伝えた。この後、児童の日記の中に、外出や、大きなイベントがない時でも、自分の心に残っていることや、日々の何気ないことを日記の題材にする児童が増えた。

○K児の作品と、鑑賞会の記録（一部）

かなしいこと　（五月八日）

　ぼくはかぜをひいてねつがたかかったので、水よう日と木よう日と金よう日まで、学校を休みました。金よう日の夕がた、時かんわりをとりに学校に行ったら古川先生に「外であそんだらだめよ。」とかなしいことばをいわれてしまいました。

　土よう日は「あ〜だれともあそばれん。」と言って一日がすぎました。

　日よう日は、中おう中学校の体いくさいでした。今まで小さい時からいつも見に行ってたのに、行けませんでした。たのしそうな音や、音がくが聞こえてくるのに、家にいるのは、とってもかなしい日よう日でした

※　隣同士で数分間交流した後、

担任　じゃあ、Kくんの作品を読んで、どう思った？
C1　せっかくのお休みなのに、運動会に行けずにかわいそうだと思いました。
C2　あん時、お店とか出てて、楽しかったよね。
C3　「とってもかなしい日よう日でした」の言葉がすごくかなしい。
C4　Kくん家が近いから、音はずっと聞こえたやろ。
K児　うん。運動会に行きたかった。
C4　かき氷持っていけばよかったねえ。
担任　Kくん他に、日記に書くことはなかったの？
K児　うん、この時が一番悲しくて、心に残ったことだった。
C5　かわいそう。
担任　悲しかったのはかわいそうだけど、お出かけを全然しなくても、日記が書けるんだね。
C6　この前、お父さんから怒られて、あそびに行くのをダメて言われて、一日悲しかったよ。
担任　おでかけしなくてもそんなことでも、書けそうだね。

（2）感想を書いての鑑賞

一日の出来事や、行事などの思い出を、「五七五」や「五七五七七」の形にしてまとめさせる。縮小して、学級通信の裏面などに全員分を載せることができる。それをそのまま配布するだけではなく、児童に「どの作品のリズムがよかったか?」「だれの言葉の使い方がよかったか?」などを記入させて回収する。児童から集まった感想を再び印刷して再度配布する。全体の「鑑賞会」では意見を出すことが苦手な児童の感想や考え、また、教師が他の児童にも知って欲しいと思った感想や考えを、他の児童たちと共有化することが出来る。

（3）掲示板（ピッカリ☆コーナー）での鑑賞

（1）のやり方では、児童の作品を紹介する数が限られる。教室の背面黒板の横に、児童の書いた作品を掲示する場所「ピッカリ☆コーナー」を作った。紹介しきれなかった週末日記や作文ファイルなどの作品を、掲示した。ちょっとした時間などに、「今週のピッカリ☆コーナーで、どの作品が一番良かった?」「先生はこの作品のどこがいいと思って、このコーナーに貼ったと思う?」と問いかけることで、掲示板への意識を高め、鑑賞活動へのきっかけにした。

4　児童の振り返り

（1）Y児

（一学期が終わっての感想）日記を書いていて、おかあさんに「たくさん書けるようになったね。」とほめられたのでうれしかったです。夏休みは、おばあちゃんといっしょに、かんそうぶんをがんばって書くやくそくをしました。

（2）D児

一学期は、（交流会で）日記をともだちにほめてもらったのがうれしかったです。二学期もいっぱい書きます。

三　文集（句集）づくりに挑戦　Ⅱ（一月）

1　教師の関わり・手立てを生かした書かせ方と綴り方の工夫

四月当初から取り組んできた「五七五」「五七五七七」の取り組みの、発展的な活動として、一月に句集を作り、鑑賞会（句会）を行った。

（1）季語集めの取り組み

「五七五」に言葉をまとめる活動から、俳句への創作活動のつなぎとして、冬休み前に季語を集める活動を行った。児童にこれまでの「五七五」と俳句の違いが、季語の有無にあることを説明した。その後、「冬」といって思い浮かぶことをあげさせ、「天気」「植物」「行事」などに項目分けをした。さらに宿題として、家族に聞いて、冬の季語を調べさせた。より多くの季語を知っておく方がよいし、家族の中には俳句に通じている人もいると考えたからだ。後日、調べた季語を出し合って他の児童と共有した。このプリントは「冬の五七五集」にいっしょに綴じて、創作中の俳句作りに生かせるようにした。

（2）「冬の五七五集」の取り組み

冬休みの課題として、「クリスマス」「冬休み最後の日」「家族を見つめて」「自由句」「俳句にちょうせん」など、いろいろなテーマをもとに十二首の川柳、俳句を作った。

2　鑑賞会

句会に至るまでに、出来上がった作品に対してコメントをもらったり、作品を読み合ったりする活動を設定した。自分が創った句への思いを高めさせることと、新しく行う句会のために、川柳、俳句を見る観点を増やすことの二つをねらったものである。また、コメントと共に作品を見ることで、友達の作品理解の助けとした。

（1）家族・友達・教師からの一言

「冬の五七五集」のページには、十二首の中で一番気に入った作品を自分が選ぶコーナーと、家族・友達・教師からの一言を入れるコーナーを作った。出来上がった後、まずは自分で客観的に眺め、一番よいと思ったものを選ぶ。そして、家族から作品を読んでのコメントを書いてもらう。提出後は、教師が作品を読んでのコメントを入れた。さらに、クラスの友達と回し読みし、友達からのコメントを入れていった。児童に作品を紹介する時には、家族のコメントをいっしょに読み上げたり、教師や友達からの一言を付け加えたりした。

（2）作品集を振り返っての一言

家族、友達、教師、多くのコメントが寄せられた自らの作品集を読み直し、振り返り、感想を書き、再び一番気に入った作品を選んだ。ほとんどの児童が最初に選んだものと変わることはなかったが、なかには友達や教師のコメントが一番多かったものや、家族から誉められた作品に変えている児童もいた。

日々の授業では、このような活動を行うことは難しい。しかし、学期に一度程度このような「作品を創作する→鑑賞しコメントを入れる→コメントを読んで再び自分の作品を読み直す」という一連の活動を行うことにより、児童の鑑賞力も鍛えられる。

○Y児へのコメント

『しゅくだいが　たくさんあるよ　おわらない』（最初に選んだ　Y児のベスト1）

↓

・『おかあさんも　いっしょに考えて　がんばった』宿題終わってよかったね。またいっしょにがんばろうね。

（母親からのコメント）

・「まってました」という言葉は、自分がつかったことがない言葉だったので、すごくいいなあと思いました。

・ベスト1じゃなかったけれど、『冬休み　まってましたと　そとにでる』が、私と同じ気もちでした。

（友達のコメント）

↓

お母さんから、たくさんアイデアをもらってがんばったよ。思ったよりたくさんできたから、うれしかったよ。

※Y児は、句会には『冬休み　まってましたと　そとにでる』を選んだ。ともだちからいっぱいほめられてうれしかったよ。

○D児へのコメント

『クリスマス　カードがとどいた　うれしいな』（最初に選んだ　D児のベスト1）

・クリスマスのプレゼントを喜んでいるのが伝わります。３学期もいろんなこと（もの）を見たり、聞いたりしてそうぞう力をはたらかせてください。（母親からのコメント）

・Dくんの楽しいクリスマスがよくわかりました。また、らい年もとどくといいね。

・クリスマスにカードをもらったことがないので、わたしも来年は、カードがほしいなと思いました。（友達のコメント）

ぜんぶの俳句が、ぜんぶちがっていてよんで楽しいです。えらんだはいくをほめてもらって、すごくうれしいです。春の俳句も作ってみたいです。

（３）句会での一言

最終的に一番自分が気に入った作品を「短冊」に書いて、一つにまとめて児童に配布した。これを見ながら、これまでのように鑑賞会を行った。ただ今回は、俳句で行う鑑賞会なので特別に「句会」という名前をつけた。

○鑑賞会（句会）

※　文集（句集）を読み、班で数分間意見を出し合ったた後、全体で鑑賞会を行った。

〜前略〜

C１　Yくんの『冬休み　まってましたと　そとにでる』が、いいと思いました。りゆうは、「まってました」という言葉が、冬休みを待っていたY君の気持ちがわかるからです。

C２　私もYくんの「まってました」という言葉の使い方がいいなあと思いました。Yくんが元気なところがわかります。

担任　C１から、こんな意見が出ているけれども、Yくんは、この「まってました」という言葉は、自分で考えたの？

Y児　お母さんから、教えてもらいました。

担任　楽しみにしていることが伝わる、ピッタリの言葉を教えてもらってよかったね。きちんと使えているところがすばらしいです。

C３　『おかあさんもいっしょにがんばった。』と書いてあったのが、うらやましかったです。ぼくはお母さんに聞いても、教えてもらえませんでした。

〜後略〜

3　文集から見えた児童の変容

（1）クラスの児童の変容

○Y児の作品

いもうとのうんどうかい　（十月十六日）

今日いもうとのうんどう会に行きました。いもうとは、ほいくえんさいごのうんどう会だったので、いっしょうけんめい走ったり、おどったりしていました。マーチングでは、小だいこをいっしょうけんめいたたいていました。かっこよかったです。ぼくも走りました。がんばったけど三ばんでした。ざんねん。

おひるは、お母さんの作ったおべんとうをたべました。

めっちゃおいしかったです。

○D児の作品

おまつり　（十二月十四日）

ぼくは、おまつりにいきました。なんのおまつりかとゆうと、かみさまのおまつりでした。おまつりではおひるごはんをつくってたべました。おいしかったです。りくくんと、いもうととお兄ちゃんとぼくで水あそびをしました。そしたら、手とか足とかにようふくがくっついたりしてたのしかったです。かぜがはいったら、ようふくがふくらみました。

みずあそび
たのしかったな
またしたい
水にぬれたら
きもちいいな

（2）Y児の変容（担任の思い）

鑑賞会で、自分の作品が幾度も取り上げられ、他児から「Yくんの作品はおもしろい」「Y君の言葉をまねしたい」と評価されることによって、自信がついた。週末日記が完成すると、自分の作品がきちんと相手に伝わるか、家族に読んで確認をとったり、読書感想文コンクールに課題図書を読んで応募したりするなど、書くことに対する自信と意欲の高まりを見せた。これからも書くことに自信を持って、愉しんで取り組んでいってほしい。Y児が書くことに自信を持つきっかけになった「作品を誉めること」を他児にも行って、少しでも多くのよいところに気づいて欲しい。そして、書く愉しさをもっと実感して欲しい。

（3）D児の変容（担任の思い）

自分の作品が、通信などで取り上げられるようになり、作品などの字を丁寧に書くようになってきた。また、まわりから評価を受けるようになって、意欲の高まりが見られた。二学期は、週末日記の最後に「五七五七七」で、作品をまとめることを回りから評価され喜んでいた。書くスピードはなかなか速くならないが、日記や学習の感想まとめなどに「五七五」や「五七五七七」を使うなど書くことを苦にせず、楽しむ姿が見られた。これからも字を丁寧に書く、だれかが読むことを意識した書き方を続けて欲しい。また、今得意にしている「五七五七七」にまとめることを続けながら、この方法だけに満足せずにいろいろな書き方にも挑戦するよう誘った。

4　保護者の声

（1）Y児の祖母

書く宿題が出ると、すごくいやがって何回言っても書かなかったのに、近ごろは、出来上がったものを見せにきてくれるようになりました。感想文でもらった賞状もうれしかったようです。

（2）Y児の母親

二年生になってのYは、書くことをすごくがんばっています。一年生の時は、日記の宿題はほとんどしていなかったのに、今は日記の宿題が出るのが楽しみのようです。学級通信の裏に自分の作品が載ると、「お母さん、また載ったよ。」うれしそうに見せてくれます。みんなに誉められることで、書くことがどんどん好きになっているようです。誉めることって大切だと感じました。

（3）D児の母親

近ごろは、宿題の日記を書き終わると、「お母さん出来たよ、いいかな？」と見せに来るようになりました。みんなの前で、読まれるのがうれしいようです。日記の字もすごくていねいになりました。連絡帳、宿題のノートもきれいになったような気がします。

四　これからに向けて

「文集」についての二つの問題「過程」と「時間」の解決を志向して実践してきた。「文集」を作り上げることを最終目的にせず、繰り返し「文集」を作り鑑賞会を行い、児童の書く力を高めようとした。「五七五」「五七五七七」形式などの短い作品を一枚文集にし、繰り返し「鑑賞会」を行った。児童は鑑賞会を行うことで、友達のよい表現を積極的に自分の表現に取り入れるようになってきた。そしてうまく取り入れた児童を再び鑑賞会で取り上げる。この繰り返しで様々な表現を身に付けた。また、多くの友達の作品に繰り返し触れていくことで、「〇〇さんの作品を読むよ。」と声をかけると、児童は「あ～、〇〇さんだから、きっときちんとした作品を読むんだろうな～。」という反応を示したり、名前を伏せて作品を読み始めても、「〇〇君だ」とすぐに気づいたり、児童同士の書きぶりが分かるようになってきた。「相手の書きぶり・考え方を知る」目標に到達しつつある。

担任としては「書く愉しさ」を味わわせることを目的として文集を作ってきた。日記を書く、俳句を作るだけの活動では、相手・目的意識が明確にならない。しかし、文集に載せるというだけで、相手・目的意識が明確になる。児童は、「こんなことがあったんだよ」「ここを知って欲しい」という思いを作品にしてきた。たとえ、全員が載るとわかっている文集であっても、児童は文集に載るということを励みに、書くことに取り組むことができた。ただ、これまで作ってきた文集は、その時々に応じて教師が編集し作成していた。これからは、児童自身の文集を見る目を高め、児童がテーマを決めたり、テーマに沿った作品を選んだりして、児童が編集し作成することも愉しむ文集をめざしていきたい。また、手軽に作っていく「文集」だからこそ鑑賞会も繰り返し行える。少しずつ鑑賞会の進行の仕方も身に付けていき、これまで担任が進めてきた鑑賞会の司会も、グループ単位で児童に行わせるつもりだ。「先生、今度の文集のテーマは、〇〇にしようよ。鑑賞会の司会も自分たちでしたいなあ。」そんな言葉が出てくるような教室になれば、なお愉しい。

「書く愉しさを感じる」「相手の書きぶり・考え方を知る」を二つの目標として鑑賞会を行ってきた。児童たちの作品を文集にし、それを読み合って感想を述べ合う鑑賞会を行い、認め合うことで「書いてよかった」という思いを持ったり、他の児童の作品に触れて「なるほど、こう書けばいいのか」「ああ、この人はこんなこと考えていたのか」など知ったりすることができる。しかし、誉め合い、認め合いだけで、お互いに意見を出し合い、書くこと自体を高める鑑賞会には至っていない。鑑賞会のマンネリ化を防ぐ意味でももう一歩先に進んで、俳句であれば「○○よりも、△△を使う方がいいのではないのか?」など、不十分なものであっても、児童たちなりに言葉に目を向け、よりよいものを作り出す、推敲を全員で行うような鑑賞会でありたい。

（古川　雅）

第四学年　文章世界が広がる文集づくり

一　私の願い

文集がいわゆる『文集』にとどまらず、一人ひとりの作品世界を広げていく。それは何と愉しいことだろう。これまでどの学校でも取り組まれていたに違いない行事作文。卒業前に書かせられる卒業文集。わたし自身もそうであるが、これまで作った文集は、自分の思い出として、いつの日か懐かしく読むこと、過去の自分を振り返ること、そのために書かせた。それはそれで文集としての意味をなす。ただそれが記念品として部屋に眠るのではなく、児童の文章指導に生かせたらと願う。教科書などの作られた教材の文章ではなく、児童自身が生み出した文章を教材として文章指導ができるなら、素晴らしい。何気なく書いた行事作文が、様々な文章へと広がり、それぞれの場面で生かせるようになる。そんなひとつの文章から広がる作品世界へと児童を誘いたい。

【文集作りによって期待される教師の意識変化】

> 文集作りって大変なんだよね。時間もかかるし、まず子どもたちが全員出すかどうかも分からない。作っても作らなくてもそれほど変わるものでもないし。保護者は喜んでくれるに違いないけど、今はそんな時間がない。大きな行事があったときに書かせるくらいで十分だ。

↓

> 文集って、そんなに長い文章を書かせなくてもいいんだね。それにひとつの文集を作るだけでこんなに子どもたちの表現が変わるなんておもしろい。あっ、ここに川柳が入っている、これは詩になっている。長い文章を嫌がった子どもたちもこれなら十分愉しめる。作品世界が広がるっておもしろい。

二　文集づくりに挑戦Ⅰ（歳時記―春）

我が校では毎年春に運動会が行われる。書きやすい、友達との共通体験で思いを共有しやすい、と考え、初めての文集は運動会文集とした。ただ文集が第一号で、打ち上げ花火のように終えるのではなく、書き続ける愉しさに誘うために、季節ごとに文章を書かせようと、この文集を『四の一歳時記』と名付けた。春は運動会、夏は親子海洋体験活動、秋はバス旅行、冬は二分の一成人式文集を作ることにした。

1　第一号、運動会文集

児童が思ったことを自由に書く。枠にとらわれずに自分の思いをそのままに。真っ白な紙に自由に思いを綴らせた。中には作文と聞くと、すぐに、「書けない」という児童が必ずいる。そんな児童にも自由に自分の思いを綴らせる。線も枠もない真っ白な紙を配布した。書くのが苦手な児童は絵を描いて埋めればよい。書くことが好きな児童は、どんどん枚数を増やしていけばよい。気楽に書けるのが文集のよさだ。評価されるわけではない。自分の思いをただ素直に綴ればいい。

資料①

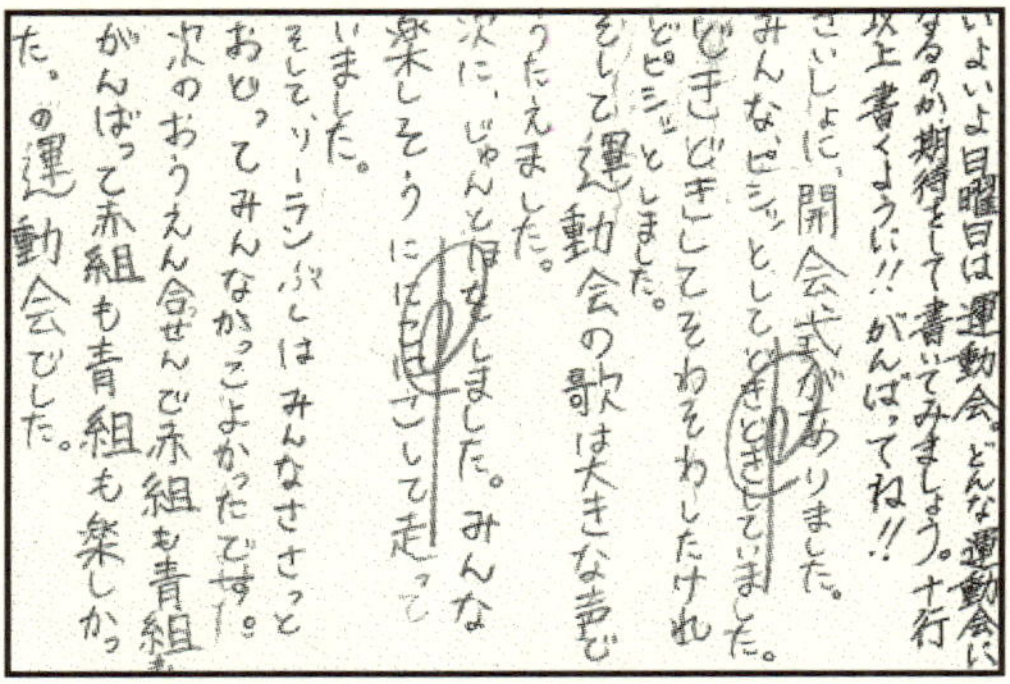
いよいよ日曜日は運動会。どんな運動会になるのか期待をして書いてみましょう。十行以上書くように!! がんばってね!!

さいしょに、開会式がありました。

みんな、ピシッとしてどきどきしていました。

どきどきしてそわそわしたけれどピシッとしました。

そして運動会の歌は大きな声でうたえました。

次に、じゅんとはなしました。みんな楽しそうにはこして走っていました。

そしてソーランぶしはみんなさっとおどってみんなかっこよかったです。

次のおうえん合せんで赤組も青組もがんばって赤組も青組も楽しかった。の運動会でした。

2　鑑賞会

今回の文集はみんなの文章を読み合う楽しさに加え、自分の文章を読み比べる楽しさをねらった。運動会前に文章を書かせていた（資料①）。前日考えていたことと実際に体験したことと読み比べる。これも文章世界を楽しむことにつながる。児童は期待や不安でいっぱいだった前日の文章と、無事に終えた後の文章を比べながら読んでいた。この取り組みは対人での交流とは異なるが、文章を交流させ、自分の思いの違いを感じることができると考える。対人での交流では、運動会前と運動会後の違いをみんなに報告させた。期待通りだった児童、期待以上だった児童、思い通りに行かなかった児童の思いを聞き手と共有していた。

三　文集づくりに挑戦Ⅱ（歳時記―夏）

夏の海洋体験活動。これは毎年四年生で実施されている活動で、佐賀県ヨットハーバーで親子体験活動を行う。今回はこの文集を教材として、短文作りに取り組むことにした。ひとりひとりが思いを自由に綴った文集もいいが、読むのに時間がかかる。書く方も負担が大きくなり、楽しさという面から離れていくことも気になる。自分が書いた文章を短く表現させる。ことばの感覚を養うことができると同時に、引用・要約といった四年生の読み取りの目標にも関連させられる。

1　文集から見える児童の変容

資料②が体験後に書いた児童の文章である。五月に取り組んだ運動会の文章に比べて文の量が多くなり、書き出しの工夫や、会話文等も意図的に入れられている。

資料②

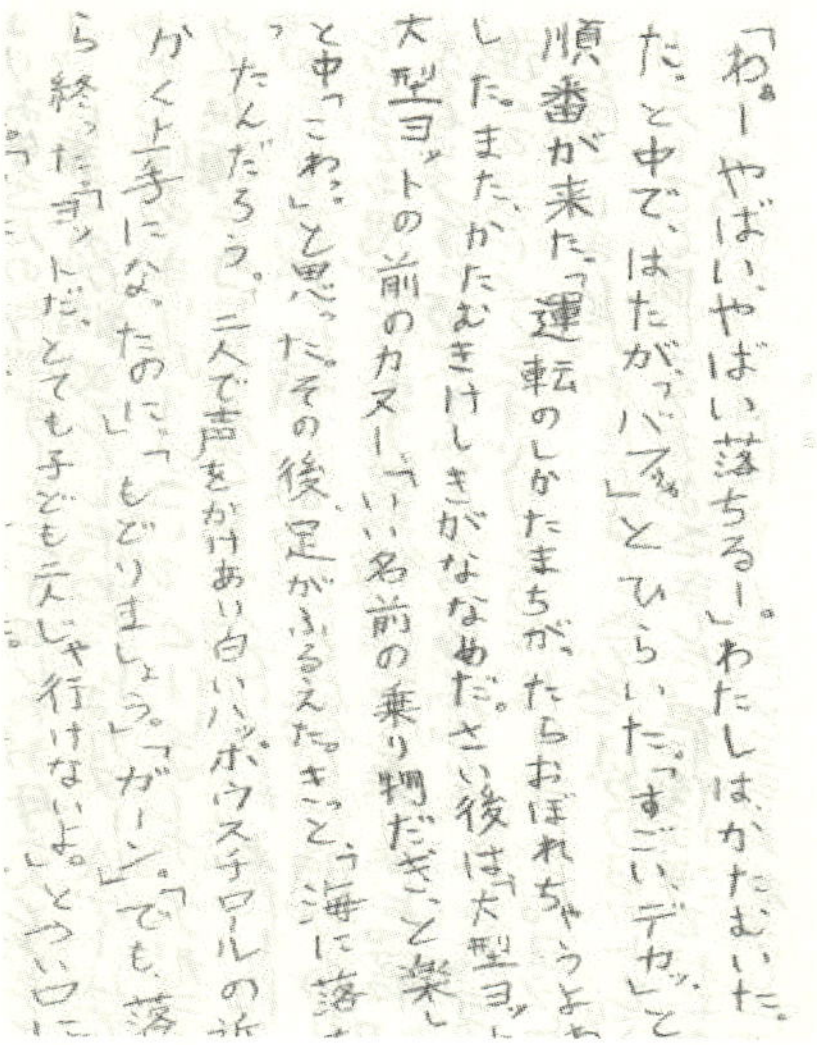
「わーやばいやばい落ちるー」。わたしはかたむいた
た。と中で、はたが「バフッ」とひらいた。「すごいデカッ」て
順番が来た。「運転のしかたまちがったらおぼれちゃうよ
した。また、かたむきけしきがななめだ。さい後は「大型ヨッ
大型ヨットの前のカヌー。「いい名前の乗り物だ」と楽し
と中で「こわっ」と思った。その後足がふるえた。きっと「海に落
ったんだろう。二人で声をかけあい白いハッポウスチロールの近
がく上手になったのに。「もどりましょう。」「ガーン」。「でも、落
ら終った。ヨットだ。とても子ども二人じゃ行けないよ。」とつい口に

資料③

とってもきれいだった海
ギクにみんなで乗った
波はピッチャンピッチャン
海のけしきをあじわい
日本の海
とってもきれい
風もきもちよく
風の力でぐんぐん進む
ギグに乗り
とってもきれいな
海を見る

ヨットが一番
ヨットはかたむく
と中ではたが「バタバタ」
風にたたかれている
いたそうだ
それよりひっしに動かす
またかたむく
「ひゃあー」とさけぶ
中だんすると
波がわたしたちをおそう
ひっしに動かした
やっとついてニコニコ笑顔

児童によっては三枚の用紙にびっしりと書いていた。書くことを苦にせず、書き進めている児童が多かった。

2　文集の広がり（文章集から詩集へ）

資料③が、文章を元に児童が書いた詩である。ゼロから書き始めるのではなく、自分が書いた文章の中から気に入った言葉、欠かせない言葉を書き出し、気軽に書いていく。もちろん新しく書き入れる言葉も出てくる。自分の書いた文章を読みながら、また体験活動を思い出しながら短い文章に綴る。文章集をもとに詩集へと展開した。詩にするには、どんな言葉にするか、真剣に考える。「海の景色を味わい」「旗が風にたたかれている。痛そうだ」「波がわたしたちをおそう」などの言葉は、元の文章の中にはない。詩に転じた中で生まれてきた言葉である。自分が書いた文章があって、それを詩にリライト（再創造）する。これは児童の言葉を豊かにする。短い言葉を見つけていくと、児童の中から「先生、五七五で書いてもいい」と問う声が出てきた。文集、詩、そして川柳へと自然に展開を見せた。

3　鑑賞会

詩集を他者と交流させた。付箋を使った交流と全体掲示による交流を行った。

（1）付箋を使った交流

これは詩人（詩を書いた児童）と読み手との筆談による交流とする。各自が机上に自分の作品を置く。読み手は空いている席へ移動し、感想を次々に付箋に書き、作品の下へ貼っていく。十五分ほどすればすでに半分くらいになる。一回目の交流を止めさせ、席に戻る。児童は嬉しそうに付箋に書いてある感想を読む。ここでの目的は付箋の文章によって「また書いてみよう。書きたい」という思いを生まれさせることにある。「こんなことを書いてもらって嬉しいという感想はありましたか」と問うと、半数の児童の手が挙がった。指名してその感想を読ませる。読んで嬉しくなる感想の書き方が分かる。色を変えた付箋での二回目の交流に入る。読んで嬉しい感想でいっぱいになる。

（2）階段掲示の工夫

階段掲示は全校との交流の場である。多くの児童に読んでもらうことが大切である。一度に全ての児童の詩を貼るのではなく、場所を変えながら掲示した。階段掲示板、教室、廊下、四年生用の掲示板など、毎週入れ替えながら一ヶ月掲示した。毎週新しい詩が掲示されているので、階段で立ち止まって読んでいる上級生も多数いた。付箋を貼ったまま掲示していたので、感想も読む。新しい付箋も近くに置いて記入できるようにした。交流の手立てとして有効だった。

（3）クイズ形式の交流

クイズによる交流も考えられる。例えば、お互いの詩を読み合う。詩を元に考えた川柳を当ててもらう。ぴったり当たったり、考えなかった言葉が出たり、または回答した中に素晴らしい言葉があったり、様々なケースが考えられる。この活動によって更に言葉豊かな川柳、やがて俳句につながる。

4　教師の評価の工夫

教師も児童と同じ活動を行った。詩から見つけ今後も使ってほしい言葉を付箋に書き、それを詩に貼り付けていった。教師がどんな言葉を大切にしているのかが児童から見えてくる。今回の評価の工夫である。評価することを目的とせず、評価をどのように児童に返していくのか、どう生かしていくのかを考えると、このような取り組みも有効であろう。児童は自分に書かれた教師の言葉はもちろん、四十名に書かれた教師の言葉を読むことができる。

四　総合的な学習と関連させた文集づくりに挑戦Ⅲ（歳時記－秋）

今年度、総合的な学習で東日本大震災の調べ学習を行った。新聞にまとめた。新聞集として文集にした（資料④）。新聞の中にはこれまでの文集の実践が生かされていた。調べたことを書くことはもちろん、感想を加えることと、それを五七五でまとめる児童も出てきた。東日本大震災の資料を集める中で、被災地の小学生が書いた作文や詩と児童は出合った。小学四年生の詩が紹介されていた。苦しい生活の中にもユーモアがあふれている。自分たちが書いた新聞から詩を作ろうという意見が出された。震災で苦しんでいることに対して、文集の指導には適さない

資料④

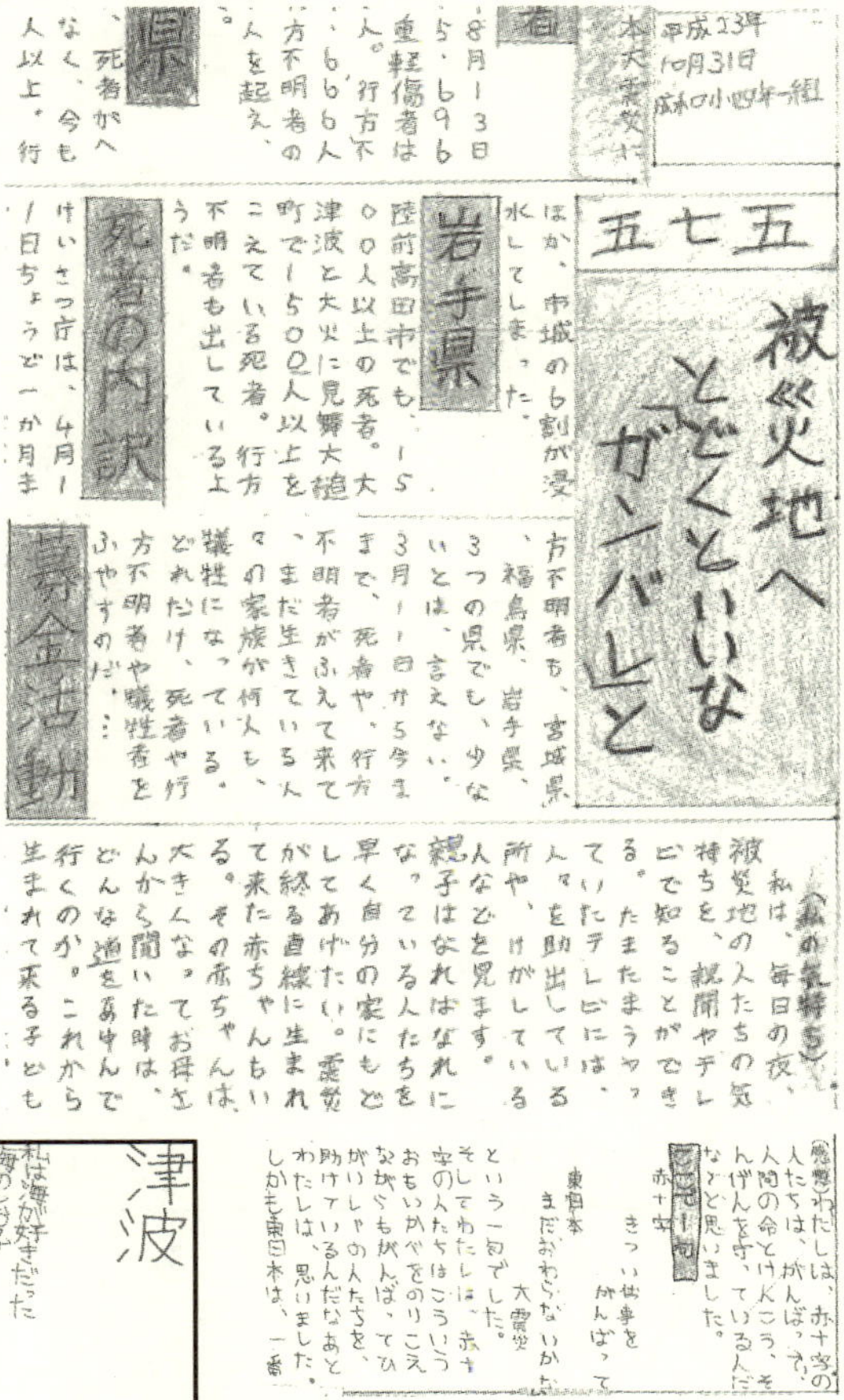
平成23年10月31日

五七五

被災地へ　とどくといいな　ガンバレと

ほか、市城の6割が浸水してしまった。

岩手県

陸前高田市でも、1500人以上の死者。大津波と大火に見舞大槌町でも1500人以上をこえている死者。行方不明者も出しているようだ。

死者の内訳

けいさつ庁は、4月11日ちょうど一か月ま

方不明者も、宮城県、福島県、岩手県、3つの県でも、少ないとは、言えない。3月11日から5ケ月まで、死者や、行方不明者がふえて来て、まだ生きている人々の家族が何人も、ぎ牲になっている。どれだけ、死者や行方不明者や犠牲者をふやすのだ…

募金活動

〈私の気持ち〉

私は、毎日の夜、被災地の人たちの気持ちを、新聞やテレビで知ることができる。たまたまうつっていたテレビには、人々を助け出している所や、けがしている人などを見ます。親子はなれはなれになっている人たちを早く自分の家にもどしてあげたい。震災が終る直線に生まれて来た赤ちゃんもいる。その赤ちゃんは、大きくなっておかあさんから聞いた時は、どんな道をあゆんで行くのか。これから生まれて来る子ども

〈感想〉わたしは、赤十字の人たちは、がんばって、人間の命をけんごう、そんげんを守っている人だなと思いました。

ここ一句

赤十字　きつい仕事を　がんばって

東日本　まだおわらない　大震災

という一句でした。そしてわたしは、赤十字の人たちはこういうおもいやりをのりこえながらも頑張って、ひがいしゃの人たちを、助けているんだなあとわたしは、思いました。しかも東日本は、一番

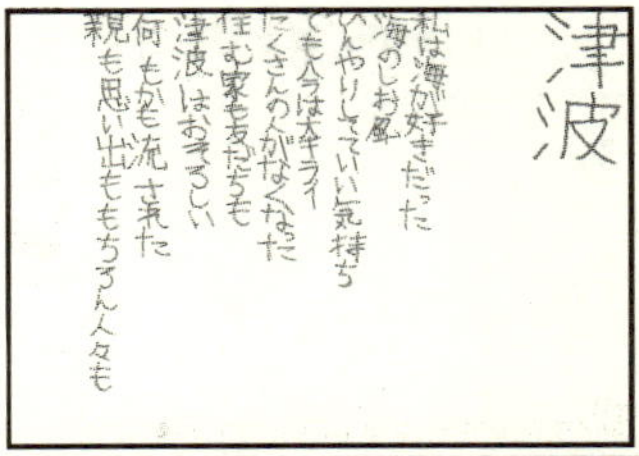

資料⑤

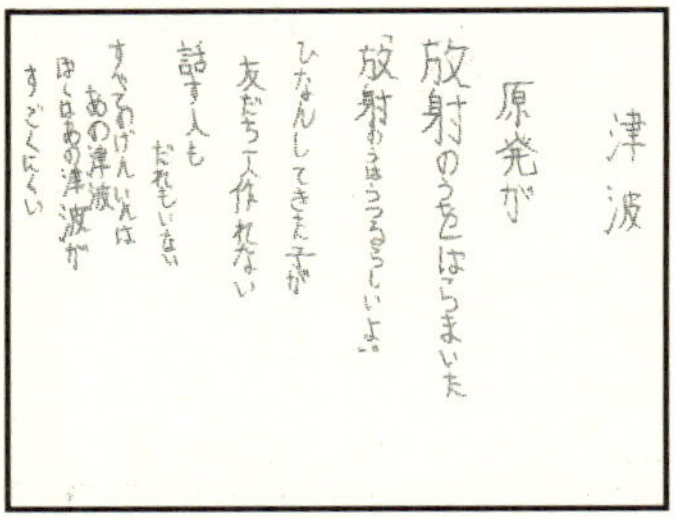

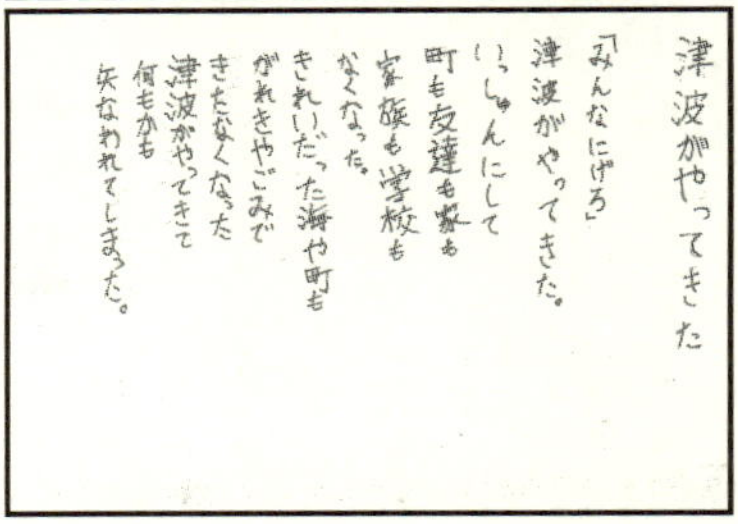

のではないかとも考えたが、児童がどんな思いをどのように綴っていくのか、また日常を見つめ直す機会にもなると考え、児童の意見に委ねた。児童は文章から詩を作る活動をしていたので、スムーズに詩作に集中した（資料⑤）。書く内容はこれまでの詩とは異なる。明るいイメージで、好奇心を持って書いてきた詩が、今回は、悲しさや

空しさを表現することになる。児童は詩とはどうあるべきかを考えるようになった。ボランティア活動や支援活動について書く児童をはじめ、一気に学級の詩は多様になっていく。震災の恐ろしさを直接表現した詩、復興を願う思いに満ちあふれた詩、被災者の強い決意を伝える詩、児童は様々な思いを巡らせながら、詩を生み出した。テーマを絞った詩集の中にこのような多様な詩が出て来たのは初めてである。

五　長期休業中の文集づくりに挑戦Ⅳ（歳時記ー冬）

冬季休業中に手作りの「冬のともだち」を配布している。表は書く力を伸ばすために主に作文の課題を出し（資料⑥）、裏は算数の計算等を載せた。これまでは学校生活の中で題を見つけ、文集にしてきたことが生活の中に生きていくように、今日のひと言に加え、その思いを端的に表現できるように五七五で書くよう指示した。ひと言を読めば五七五に込めた思いも知ることができる。児童のひと言と五七五を集めたものが資料⑥である。餅つきにたこ揚げ、それにクリスマスと、この時期ならではの作品が出てくる。文章の量も少なく、素直に思いを表現しているところを見ると気軽に楽しんでいることが伺える。楽しみの延長に五七五か

資料⑥

1月5日（木）　天気　晴れ

みんなは、成和小学校の校歌を覚えていますよね。そして今、リコーダーの練習もしているはずですね。実は校歌は七五調で作られています。「しおかぜあびる」が七でしょ、「こうていで」が五です。「元気いっぱい」が七で、「かけまわり」が五です。そこで今日はみんなに校歌の四番を作ってもらおうと思います。新学期に紹介してもらうので、がんばりましょう。

ちなみに一番は

しおかぜあびる　こうていで
げんきいっぱい　かけまわり
ひとりがふたりに　あつまって
ともだちみんな　たすけあう
みんななかまだ　成和っこ

成和小学校校歌　第四番　作詞

（教室入れば）（友達の）
（笑顔毎日）（うれしいな）
（ケンカもするけど）（大好きさ）
（遊びに勉強）（がんばるよ）
（みんな仲良し）（成和っ子）

起床時刻	7時35分
今日のニュース	かみをカット
今日の手伝い	弟のせわ

ひとこと
かみをきると、かるくなって目に、かみが入らなくなったからよかった。
（五七五）かみカット　おかげでかみが　かるかった。

資料⑦

十二月二十三日　唐津まで　被害あったら　こわいなあ
東日本大震災の原発のニュースがあった。原発で唐津まで被害が起きたらこわいなあ。
十二月二十四日　プレゼント　ほしくないもの　がっかりだ
今日クリスマスパーティーをした。朝プレゼントが置いてあったけど、ほしいものじゃなくてがっかりした。
十二月二十四日　ほっぺたを　つねっていたい　夢じゃない
お父さんからピアノの発表会でがんばったので、３ＤＳ買ってもらいました。もらったときは夢と思うくらい驚きました。
十二月二十九日　お手伝い　洗って干して　すっきりと
今日は手伝いをたくさんした。せんたくもの洗いやたたんでほしてたくさんした。お母さんがものすごく喜んでくれた。
十二月三十日　もちつきは　朝から寒い　いやだなあ
朝からもちつきをした。粉が洋服に付いたりしてとても大変だった。でも食べるとおいしくて、たくさん食べてしまった。
一月六日　明日まで　宿題終わるか　終わらせたい
もうすぐ始業式というのに、宿題が終わっていません。早く終わらせたいです。
一月七日　起きたとき　寒かったけど　外出ると　昨日よりかは　温かかった
今日起きたとき、寒かったけど、外に出ると昨日よりかは少し温かかった。

先日、みんなが書いた冬休み五七五の中に、短歌がたくさん書かれていました。その中から短歌ベスト四を決めたいと思います。この気持ちがよく分かる、私もこんなことを感じたなあ、これはおもしろいなあと思えるものを四つ選びましょう。さてどの句が票を集めるのでしょうか。

一　お正月みんなで餅を丸くして　さとうじょうゆにつけて食べたよ
二　当てたたい好きじゃないから食べられず　となりの人におすそ分けした
三　宿題で問題難し進まない　頭の中がもうくらくらだ
四　冬休み寒くて寒くて手がこおり　野球どころか手が動かない
五　冬の朝早く起きろと母の声　布団恋しい五分ねかせて
六　冬休みおじいちゃんちにお泊まりだ　みんなの笑顔輝いていた
七　年末の楽しみだったかに料理　母ちゃん家族みんなで食べた
八　大晦日おじいちゃんちで食べました　おせち料理を一日早く
九　プレゼントクリスマスにこうかんだ　みんな笑顔で自分も笑顔
十　きれいだよ緑赤白黄色　今年の餅は宝石みたい
十一　早起きを目標にと決めたけど　一度たりとも起きれなかった
十二　大晦日の「お使い」をみて大笑い　死ぬかと思った大晦日の夜
十三　元旦に車エビが飛び出した　びっくりして腰が抜ける
十四　熱すぎるおんじゃおんじゃの寒い夜　一番前で顔が赤い
十五　冬休みクリスマスからお正月　あっという間に始業式かな
十六　初もうでおみくじ引いて大吉だ　今年もいいことたくさんあるかな
十七　元旦に大きなタイを腹一杯　今年一年めでたいようだ
十八　いとこたち会えてとっても喜んだ　祖母の料理でとても最高

ら短歌への展開が見られた。児童の作品世界を広げるために配布し、冬休み短歌ベスト四を決めることにした。楽しく書けるようになることがねらいなので、ベスト四を決める観点も、こちらが決めるのではなく、「思いが伝わってきた」「読んで思わず笑っちゃった」「様子が目に浮かんだ」というように児童の感じ方に委ねる。「何となく」というのもあっていい。このような活動も一つの鑑賞である。児童自身が作品を鑑賞しながらその良さに共感する、作品から受けた印象を他者と交流する。交流は「対作品」「対人」「対考え」等、指導者の意志次第で様々に展開できる。

六　これからに向けて

ひとつの文章から様々な広がりを見つけた文集。文種が多様に広がることによって感じた書くことのおもしろさ。また友達の文章を読む愉しさ。自分と同じだ。あの人はこんなことを考えていたんだ。共通体験があるからこそ、その思いを共有できる。行事文集と侮れない。教師がそこに工夫を加えれば、魅力的な文集となり、児童に書く愉しさを感じさせることができる。行事作文から詩、そして川柳、新聞。文集は限りない広がりを児童に感じさせてくれた。

教師も同様である。『歳時記』としてスタートした文集が多様に広がる中で、児童の作品世界に教師自身も引き込まれていく。児童の作品を読み比べ、児童とともに味わい、そして交流する。指導するというよりも、児童とともに作品世界を愉しむ。そこには作品の評価という考えはほとんどない。鑑賞の良さはここにある。教師はややもすると、内容や表現方法にばかりに目を向けてしまう。しかし、児童自身が、書くこと自体を楽しむことが何より大切である。文集と言って、長い文章でなければならない、一冊にまとめなければならないという縛りはない。児童も教師も気楽に綴る、そんな活動が書く力となって身に付いていく。

最近、新聞等に関する意見文をよく書かせている。自由に書かせた今回の実践とは異なる。書きたいことを自分の思うように自由に書くことからさらに、書くべき事が書けるように導いていく取り組みである。いきなりそこへ導こうとすると、書ける児童はほとんどいない。書くことを苦にしない、今回の文集の取り組みが児童の原動力になっている。さらに児童は「詩に挑戦しよう」「今度は短歌で」など日常生活を楽しく綴る。そんな児童が増えている。さらに学級の文集ではなく、個人文集が児童の日常生活の中に生まれてくるように誘いたい。

（中村　謙輔）

第六学年　読みたい、書きたい、作りたい！　オリジナル文集づくり

一　私の願い

児童が文章を楽しく書き、その書いた作品をクラスみんなで和気あいあいと読み合い、様々な意見が自由に飛び交っている、そんなクラスを想像するだけでも担任としてはわくわくする。こんな姿こそ本当に国語を楽しんでいる理想の児童像ではないだろうか。

この姿に一歩でも近づけるために、一つの手段として文集を活用する。そのためには、児童自身が書きたい、読みたいという意欲を高めていくことが重要である。書きたいという思いが高まれば、自然と書いた作品を友達と一緒に読みたいという気持ちにつながり、さらにはまた違った文章を書いてみたいという望ましい輪ができていく。その輪を生み出すために交流の場を設けていく。

二　文集づくりに挑戦Ⅰ（五月）

1　『ゴールデンウィーク文集』を作ってみよう

・テーマ…ゴールデンウィーク
・形態　…自由な形態で書いて良い
・用紙　…Ｂ４横の縦罫線のみ

⇩

【五月の児童Ａの作品】（原文のまま）

ぼくのゴールデンウィークは全日野球づくしでした。（中略）一回戦でコールドではいたいをしてしまいました。コールドでまけたのでよけいくやしかったです。

二日目。二日目は一日目で言ったように一回戦はいたいしたので浄水センターで（中略）あくてんこうのためれんしゅうができなくてかなしかったです。（中略）、この日は練習でした。いろんなれんしゅうをしました。（中略）、友だちと理んじこうちといっしょにやりました。このれんしゅうはなぜがぼくはつっこんでしまいどうしてもぎゃくほうこうにうてません。おこられました。

ゴールデンウィークとても楽しかったです。（以下略）

文章の形態を自由にすることで、多様な文種が表れることを期待した。また、学年が始まってすぐの作文でもあったので、この作文を通し

て、児童がどの程度の文章表現ができるかを確認することができた。

2　文集から見える児童の実態

○自分が書きたいという思いを持って書こうとする児童が多かった。経験したことを多く取り入れている。
○詩や俳句の形にしたり、文章中に取り入れたりしている児童もいた。文章の多様性が生きている。
△上手に長い文章が書ける児童は半数、だらだらと長く書く児童が半数。
△書くことに苦手意識がある（長い文章を書くことを得意としていない）児童がいる。実際、今回の作文でもクラスの半数程度が用紙の半分程度までだった。
△文集そのものを難しく感じている児童が多く、楽しく親しんで読んでいる児童は少なかった。
△作っておしまいという形になってしまい、鑑賞の時間を充実できず、うまく活用することができなかった。

【補足】

書く力を身につけさせるため、児童には毎日の宿題に日記を課している。一回一回の量は少ないが、毎日書くこと、内容に対してのコメントを丁寧に加えることで、児童の意欲を持続させている。コメントには誤字脱字や記号の使い方の指導、表現の工夫についてのコメントも入れている。また、行事が多い六学年の特性を生かし、行事後に文章を書かせている。教科書単元を活用して、定期的に俳句、川柳、短歌を作る活動を行った。

3　鑑賞会の工夫～楽しんで読むために～

①一人読み　←　②グループ読み　←　③家庭読み

一人一人で出来上がった文集をじっくり読ませた。上の囲みの②で友達の作品を読む時には、作品の良いところを見つけようと声をかけ、気に入った表現には付箋をつけるようにして、良い表現に目を向けさせた。その後、グループで読んだ感想を自由に発言させ、交流させた。その他に良い気付きや楽しい気付きがあれば、空いているスペースに直接書きこませた。今回はこの程度にし、③では作文を各家庭に持ち帰らせ、家族に読んでもらい、コメントを書いてもらった。

4　児童の振り返り

児童はとても楽しそうに文集を開き、気になる文章から読み始めた。鑑賞会が終わった後も、給食や昼休みの時間に読んでいる児童もいた。これまでも詩集や俳句集などは作っていたが、作文を綴じた文集は初めてだったので、手元に友達の作品が入った冊子があることを喜んでいた。

鑑賞会中の児童は内容のおもしろさに注目して読み、感想を言い合ってはいたが、表現方法の巧みさや語彙の豊かさなどの深い段階での交流にはいたらなかった。鑑賞会のねらいや計画がおおまかであったことが理由としてあげられる。（楽しさをより深め、楽しんだことで得たことを形に残すなどの手立てをとる必要があった。）

三　文集づくりに挑戦Ⅱ（十月）

1　教師の関わり・手立てを生かした書かせ方と綴り方の工夫

今回は、毎年行われている佐賀県児童文集『きらり』に向けて作文を書かせた。

- ・テーマ…きらりの内容に合うように自由に書かせる
- ・形態　…制限なし
- ・分量　…原稿用紙三枚以内

児童が一番書きたいと思うテーマを選び、思いを素直に表現した文章になるように声かけをした。一度書かせた後、グループで回し読み、付箋を活用して共同推敲を行い、お互いに表現方法に関するアドバイスや誤字脱字のチェックをさせた。そこで集まったアドバイス等を参考にして、二回目の下書きをさせ、さらに二回目の下書きに教師が目を通すことにした。児童と教師という二段構えの推敲をして清書をすることで、自分では気付かなかった上手な表現方法や字の間違い等に気付くことができ、自分の作文をより良いものにしたいという意識が高まった。

今後、原稿を児童に預け、それぞれの意図で綴るという方法も試みたい。

2　鑑賞会の工夫

五月に行った鑑賞会の反省を踏まえて、今回は上の図のように計画的に鑑賞した。大事にしたのは、たくさんの作品を読み、その楽しさを味わわせる、作品自体の内容のおもしろさを味わわせるようにした。特にただ読み合うだけではなく、「それぞれ作品の一押しの部分を見つけよう。」を合言葉にし、読む時間を設けた。

①一人読み ← ②グループ読み（共同推敲） ← ③家庭読み ← ④一人読み ← ⑤比べ読み

三観点
【1】書き出し
【2】友達の思い
【3】自分のお気に入り部分

①では個人で出来上がった文集を読み、裏表紙に設けた「文集を読んでの感想・発見」の枠にコメントを書く。そこには作文を読んでの単純な感想が入ったり、友達の内容や表現の工夫に目をつけたりできるようになった児童もいた。

②では、四～五人でグループ読みをさせた。「書き出し」、「友達が一番伝えたかった思い」、「自分が読んでみて気に入った部分」、の三点に気をつけさせた。読みの観点を示したことで、読む時の意識づけができ、何となく読んでいく児童を減らすことができた。全員で読み終わった後も、グループ内で三観点を中心に自由に感想交流をさせた。自分が思ったことを言葉で表現することで、自分の読み取り方や考えを再確認することができ、周りの友達の感じ方にも触れることができた。裏表紙に設けた「友達から」の欄に、三観点を取り入れたコメントを書かせた。作文はただ書くだけでは苦痛だが、相手に読んでもらえる、反応を返してもらえることが次への高いモチベーションになるので、この部分のコメントは大事にした。さらに、今回はクラスの児童だけでなく、隣のクラスの児童にもコメントを書いてもらっていいことにした。隣のクラスの友達からのコメントに、児童Aは「先生、〇〇さんに文集読んでもらって、ぼくの作文楽しかったって。しかも、何かAさんらしかよねって言われたよ。」と得意げだった。文集を読んでもらう喜びや楽しさを味わうことができた。

出来上がった文集は③の段階で家庭に持ち帰り、保護者にも読んでもらった。児童の作品や文集に対してコメントをもらい、その後④として文集を持ち寄り、「友達から」と「保護者からのコメント」が載った裏表紙を読ませた。家の人からの喜び、感動、励まし等のコメントに対し、児童はことのほか喜び、黙々とコメントを読む児童、笑みをこぼしながら読む児童などがいた。裏表紙の回し読みも効果的である。

②のグループ読み後の児童の声として、「唐津くんちについての作文が多かね。」という発見があった。「読み比べてみようか？」と促し、クラス全員で唐津くんちについて書かれている児童の作文を⑤の中で読み比べた。児童は同じ唐津くんちのことについて書かれた作文であっても、直接的に参加している児童と間接的に参加している児童では思いや表現の強さに違いがあること、楽しみにしている中身が違うことなど、同テーマにしぼっての比べ読みができ、再発見ができたことも、文集にしたことで気付かせることができた。

3　文集から見た児童の変容

【十月の児童Aの作品（抜粋）】

> ぼくは、大志クレインズという少年野球チームに入っている。その中に○○コーチというものすごく存在感のあるコーチがいる。　ある練習試合の時の事だ。（中略）だが、ニアウト満るいの時、一人のエラーでいっぺんひるがえした。（中略）それを見た○○コーチは六年部員全員にタイムウォッチを一つ持って、「来い。」と言って、（中略）「お前たち、こんな負け方してくやしくないとか？」ぼくたちは、「くやしいです」と口をそろえて言った。（中略）まるで一人がエラーしたことで、エラーが山のように積み上がるようでした。ぼくは今だったら分かるような気がする。○○コーチの強さと、ぼくたちに対する気持ちが…。（以下省略）

児童Aは野球部に所属しており、今回も野球部の活動をテーマに書いている。五月の作文に比べて漢字や句読点を適切に使っている。表現に関しても、「存在感のある」「いっぺんひるがえす」など、五月には見られなかった豊かな表現がなされている。作文の終わり方にも工夫が見える。題名も五月「ぼくのゴールデンウィーク」から十月には「コーチの強さ、気持ち」という工夫が見えた。五月には見られなかった会話表現も効果的に入っている。五月の時よりも充実させた一人読みやグループ読み（共同推敲）を行ったことで、友達の作品の多様な表現に触れることができ、そこから得たことを自分の作品に生かすことができたのではないか。これは一つずつの作文としてではなく、文集として綴ったからこそ気付くことができた効果と言える。

【児童の全体的な成長と気付き】

○自分の文章だけではなく、友達の作品を読むことができる喜びを感じる児童が増えた

○友達の上手な表現や個性的な表現に目を向けることができた

○文集にしたからこそ自分の作文（表現）を振り返り、再発見することができた

【文集を読んでの児童の感想】

・この文集で、他の人の良いところを見つけられたので、それをまねして、また次もっと良い作品を作りたい。

・とてもおもしろくユニークな創作文もあって、読むのが楽しかった。清書をするまで気付かなかった間違いをしていたけど、友だちに教えてもらって書き直すことができた。（児童Aの感想）

・この文集の中には、唐津くんちや修学旅行を題にした文章が多く、それほどみんなが思い出に残っているんだと感じた。

・この文集を読んで思ったことは、○○さんと僕の作品を比べて、ことばの使い方がかなり違うと思ったので、そこを注意したい。

・友だちの作文を読んでいろいろと感じることができた。逆に私の作文を読んで、みんながどう感じてくれるか楽しみ。

・この文集が将来改めて読んだ時に、小学校の中でも六年が楽しかったと思える材料になったらいいな。

4　保護者の声

文集を保護者にも読んでもらった。どの保護者からも「児童の普段とは一味違う面を文集から見ることができた」、「成長を感じた。」という声が多かった。中には親子で一緒に文集を開き、会話をしながら読み合ったという家族もあり、家庭読みをしたことで、文集が家族のつながりに一役かうことができた。

・しっかりとした文章を書いたり、思ったり、考えたりしたことを文にできることには驚いています。

・一人一人の個性がよく表れた文集で、（中略）　子ども達にとっても、親にとってもずっと大切にしたい文集

になっていると思います。

・全員の文集を読み、子どもの六年間の成長を感じさせられます。（中略）私の知らない面があり、再発見がとても多かったです。

・自分の気持ちの変化をよく表現していて、しっかりとした文章が書けていてびっくりしました。また、野球の試合を見たことがないので、試合の様子を見に行きたいと思わせる作文でした。

・唐津くんちの特徴や【児童名】の気持ちが手に取るように分かり、くんちを知らない人にも上手に説明できていると思います。

四　書くことが好きになる文集づくりのための教師の工夫

1　書く場・環境設定の工夫

児童が自分から進んで文章を書こうとする姿は、私の理想である。その姿に一歩でも近づくために、少しずつでも、できるだけ定期的に取り組むことが大事である。書きたいと思わせるためには、まずたくさんの作品に触れることであり、その場ができるだけ楽しいものであると、その効果はどんどん高まる。

(1) 文集のオリジナル性を高める楽しみ　…文集名をみんなで考える、独自の綴り順にする

文集を楽しむための試みとして、十月には文集の題名をみんなで考えた。『きらり』に向けての作文だったので、これをベースにユニークなタイトルが次々に挙がった。候補には「ぴかり」「ぴっかり」「きらきら」「きらっと」などがあり、中には「ちらり」というおもしろいタイトルも出て、クラスに笑いが広がった。まさにクラス全体が文集を使って楽しんでいる場になった。文集の一つの楽しさ、発行の喜びを味わうことができた。

結局『きらり』よりも迫力を出すために力強さを強調しようと意見が出て、『きらり』よりも音にすごみのある「ぎらり」が多くの児童の心をつかんだ。今回は全体で一つの題を決めたが、文集を読んで内容が反映した副題を付けたり、スローガン風の題にしたり、児童それぞれに題を考えさせたりと、いろいろな楽しみ方がある。

また、綴らせたい文章を児童に読ませ、児童ごとの思いを持って綴らせることもオリジナル性を高める。

(2) いろいろな文章に親しめる環境づくり　…教室、廊下掲示物の充実

○教室…児童の文章作品がいつも目に入る掲示、担任個人の本による学級文庫設置、クラスに掲示している学級年表の言葉を五七五調の文で書いて掲示

○廊下…四字熟語、ことわざ、回文、慣用句、謎かけ、百人一首、和歌、俳句（児童の作品も含む）などの掲示

2　教師の評価の工夫

児童の作文に対して、誤字脱字等をチェックするだけでは、児童は決して「作文を書くことが楽しい」と感じることはない。今回、教師が評価をするのは、その児童なりの表現に着目し、その表現を褒め、その表現や視点をクラスの他の児童に自然に気付かせることである。一般的な文集だけではなく、いろいろな形態の文集を作る機会を設け、児童が進んで互いの文章を読み合おうとする態度を育てていかなくてはならない。

五　これからに向けて

今回の取り組みを通して、児童が文章を書くこと、読み合うこと、自分や友達の作品が文集として手元に残ることに楽しみや喜びを感じるようになった。十二月にも「読書」をテーマに詩集を作った。これには一人一人に副題を考えさせることまで試みた。例えば、「読書～わたしと読書と本と」「読書～ぼくの友だち」など、詩を書くだけではなく、読み合い、副題を付けることでさらに文集を楽しむことができた。出来上がった詩集を笑顔で手に取り、「早く読もう！」「誰の詩から読んでみる？」と声があがっていた。

六年生は小学校完成段階であり、中学校への入り口でもある。和歌や文語調をはじめ、多様な作品を多く学習する中学校に向けて、小学校低学年から高学年まで、今回のように文集を活用して様々な文章に触れる場、文章を互いに楽しく読み合える場、交流する場を多く設けることができれば、それら多様な文章に対しても抵抗を感じることは少ない。楽しみながら自然に国語学習に取り組むことができ、読みたい、書きたいと感じることができる。このように、いろいろな場面で手軽に、そして上手に文集を活用していくことが児童の文章世界を広げていくことにつながっていくと信じている。

（松永　陽一郎）

資料編

239(1)ページから
216(24)ページ

後ろからの目次『まず文種の定義が知りたい方へ』

１、文種相関図

まず「文集」編んでみよう

↓

文種地図　テーマ「祖父母参観」
まず文集を編むことでテーマに合う文種・学年の発達段階に応じた文種に誘う

低学年
手紙
とても暑くなりましたがお元気ですか。いつもぼくたちのおせわありがとうございます。○月○日に祖父母参観を（招待状）

↓

中学年
手紙
○朝晩は寒くなりましたが先日はお忙しいところ（**礼状**）
○コスモスの花が・ぜひおいでください（**招待状**）

↓

高学年
推薦文
ご覧ください。これは、私の祖母がつくった○○です。○のときに便利だと思いませんか。

低学年
説明文
今日、おばあさんと一緒に作る箱のつくり方を説明します。まず……私は、◇◇を工夫します。

中学年
おじいさん、おばあさんがすきなもの調べをしました。このパンフレットを見てください。

↓

高学年
図表を使った文章
この数値は、かかりやすい病気のワースト５です。予防法は、……ぼくの祖父母に教えたいです。

低学年
報告文
来年の○年生へ
おじいさんによろこんでもらえることをお知らせします。
ぼくたちの場合は

↓

中学年
学級新聞
○祖父母インタビュー
各活動・交流紹介

↓

高学年
編集

低学年・中学年
想像文・物語
○おじいさんが子どもの頃のお話です。
○ぼくがおじいさんになったときのお話です

↓

中学年・高学年
詩・俳句
声膨らむ
祖父母参観
秋桜

↓

高学年
随筆
とんとんとん
祖母が　お漬物を切る音
私が一番好きな音だ。
※　祖父母の一番好きな音で書く

2、手紙文

1　手紙文とは

具体的な相手意識と目的意識を持って書き表す文章であり、個人的な手紙文と社会的（公的）な手紙文とがある。

（1）個人的な手紙文

自分の書きたいことを、特定の相手に伝えるための、また、相手の要望に応えて私見、私情を理解してもらうための私的な文章。相手を特定して書くため、見せること、読み合うことを目的としない文章となることが多い。

（2）社会的（公的）な手紙文

依頼状、礼状、招待状など、公的な目的を持って、基本的な形式上の必要条件で書き表された文章。形式を学ぶことを目標とするため、児童が書いた文章は似たようなものとなり、個性的ではなくなる。しかしながら、尊敬語や丁寧語、謙譲語の使い方を学ぶ機会ともなる。

2　手紙文を書く学習の場

（1）手紙文の学習には、手紙文を書くことを目標とする場合と、手段とする場合が考えられる。

①目標とする場合

上述の社会的な手紙文を書くために書き方を学ぶ場合（依頼状・礼状・招待状など）

叙述の形式を学ぶ場合（宛名の位置、時候の挨拶、敬語の使い方など）

②手段とする場合

手紙形式で書くことで、相手意識、目的意識がはっきりするため、1年生で取り組む「せんせいあのね」のように書き慣れや書き広げのために用いられる場合。（紹介文や推薦文、意見文と重なる部分もある。例としては、手紙形式で○○さんにお薦めしたい本について書く。など）

（2）「書くこと」領域で手紙文を書く場合と、「読むこと」領域で書く場合がある。

①「書くこと」領域の学習の場合

１年生の時の「せんせいあのね」からはじまり、依頼状、礼状、招待状など、相手意識、目的意識を鮮明にして書く学習のために用いられる。

②「読むこと」領域の学習で用いられる場合

登場人物や作者、筆者に手紙を書くことを学習者の目的に設定し、読み取りに意欲的に取り組ませたり、実際に手紙文を書かせることによって、読み取りの内実を確認したりするために用いられる。

手紙文は「文種」というよりも「形式」と言える。依頼文、礼状、招待状などは、内容よりも始めと終わりの書き方、形式を知識として身につける必要がある。また、手紙文形式をとることで、相手意識、目的意識が明確となり、学習者にとって取り組みやすくしたり、意欲を向上させたりすることができる。教材としては、全文を書かせる場合と、部分をきちんと書き表す練習学習の場合がある。又、表書きなどの書き方指導も含まれる。

（米倉　一成）

3、推薦文

説明や紹介とは似ているものの、決定的に違うのは、推薦したいことやものに本人なりのこだわりを持っていることである。どうしてもこれを見てほしい、このことを分かってほしいと強く望めば望むほど推薦する意味が出てくる。何かを学習したから、そのことを伝えようとする受動的な表現活動ではなく、あの人にこのよさを分かってほしいから、言わせてほしいから、伝えるという能動的表現活動である。これからの社会に目を向けようとする児童にとって欠かせない活動である。

1　推薦文とは

○　相手意識、目的意識が明確な能動的な活動、自分ならこその意識

○　相手によさを伝えるために、欠点は伝えないことが多い

○　伝えた後、相手の反応を確かめる

○　人間関係を深める

例……○○をお薦め、プレゼント

○　被推薦者への伝達

・その効果が発揮される（被伝達者の行動）

2　書くための3つの条件

①　責任

②　客観性

③　根拠

※　人、物、事を他人に薦める

※　意志・立場

・どんなスタンスで推薦しようとしているのか？

3　書きぶり

①　直接的な（あらわな）推薦……これしかないという断定的な言い方

「やっぱり、今買うしかない。」

②　間接的な（隠された）推薦……自分を語る（自分は使っている）

「ああ、そうだったのか。」

4　発達段階

○　報告文は、低学年→高学年
　　推薦文は、高学年（低学年のうちから伏線的に指導）

○　高学年ならではの説得性（賛同、同意してもらう）
・買ってもらう、購買意欲の例（高学年にとってはゲーム的）
※　以下①〜⑥は、商品販売を目的とした消費者を説得する文章構成例

①　A　attention（注意、注目、喚起）
②　I　interesting（興味、関心の強化）
③　D　desire（欲求、熱望）
④　M　memory（商品等の対象物の記憶）
⑤　S　safety（安全性の強調）
⑥　A　action（購入法の手ほどき）

※　アメリカの商品購買の説得の論理として注目され、昭和26年の指導要領に明示された。ただし⑤は後に追加された。

○　中学校の指導要領（言語活動例）では……
・中１　日常生活の中の話題について報告や紹介（話・聞）
　　　　課題に沿って本を読み、必要に応じて引用して紹介（読）
・中２　多様な考えができる事柄について、立場を決めて意見を述べる文章を書く（書）
　　　　自分の考えを述べる（読）
・中３　相手を説得するために意見を述べ合う（話・聞）
　　　　批評する文章を書く（書）

※　「推薦」という言語活動は、小学校で指導すべきもの。その上で中学校では、自分の考えを持ち、説得力のあることばで、なぜ推薦するのかの意見を述べることが大切になってくる。

5　教育的価値

ア　文章力が育つ
イ　推薦という行為の責任、善意、良心が持てる
ウ　メディアリテラシーの教育につながる
・ことばに左右されるか、冷静に判断できるか？授業で扱うことが世の中のコマーシャリズムに対抗できる考え方を育てられる

3、推薦文

・発信者としての推薦→受信者としての推薦

※　推薦文と紹介文の違い

	推　薦　文	紹　介　文
内容の功罪	功のみの文章	功罪両面ある文章
伝える対象	多くの人、時には特定の相手	相手が限定、または一定（少数）
もの（人）に込めた思い	①　よく認識している ②　確かな根拠、理由がある ③　ポイントを絞る	①　知識として持っている ②　伝聞や経験からの理由がある ③　いろんな例を出して伝える
意識の強さ	強い ※　自己推薦 我が家の推薦 （こだわり、ポイント）	被紹介者によって変わる （人物の場合は、推薦と似てくる） ※　自己紹介 我が家の紹介（家族、部屋など、家の全体像が見えればよい）

6　その他

（1）相手、薦めるもの、キーワード、キャッチコピー、説明（資料）を熟知

（2）やりとり……一度に止めず再度提案

（3）被推薦者（の要望）を知る（困っている、探していること、考えや思い……切実感）

（4）リサーチ、相手を絞る

（5）相手によって表現方法を変える（書き手と相手との人間関係）

・4コマ漫画、ポスター、実物

（6）抽象から具体へ（イメージ化）

（7）客観……誰がしても、誰が見ても、誰が書いても共通の文章に仕上がる

主観……文体を持った個人（書き手の個性を生かす○○さんならではの文章）

語彙、表現方法に個が生かされる

文体＝書き手のスタイル（客観的資料を入れながら自分の文体へ）

（橋本　幸雄）

4、説明文

いつでも、どこでも、誰にでも分かるように伝えることは、これからの児童にとって重要なことである。受け取る側の聞く力に頼らず、伝える側の力量を高めないと日常生活で誤解を与えることもある。自分の考えや見聞きして分かったことなど他教科においても説明する力が大切になる。自分一人で考えをまとめることから、分かったことを友達同士で伝え合う活動が、全ての教育活動で求められている。

1　説明文とは

○　説明的文章と同義。その下位分類の１つ
○　事柄を説明し、知識や理性に訴えることを主要な目的とする文章
○　叙情文、叙事文、叙景文に対する文（『国語大辞典』）
○　誰にでも同じように内容をイメージさせることができる文章。
○　同じ言葉を使えば、書いた本人以外でも、内容を伝えることができる。

2　国語科における説明文とは（他教科教育との違い）

○　論理をもって文章構成の仕方、重要語句の配列から内容を読み取る（ことばを手がかりに文章内容に迫る）

3　他教科の説明に関する指導要領の記述（算数科、理科）

○　思考力、判断力、表現力等を育成するため、各学年の指導に当たっては、言葉、数、式、図、表、グラフを用いて考えたり、説明したり、互いに自分の考えを表現し伝え合ったり……（算数科）
○　観察、実験の結果を整理し考察する学習活動や、科学的な言葉や概念を使用して考えたり説明したりする……（理科）

4　説明文の目的

○　新しい知識を身につける
○　内容の真実にふれ感動する
○　思考を広げたり深めたりする力を育てる
○　内容、文章構成、語句の配列など様々な視点を持つ
○　自己の知識、思考を確かなものにする

4、説明文

○　知っているもの・ことを、まだ理解していない人に分かるように述べる表現行為

5　説明文の書き方

○　主観的ものの見方と個性的な表現方法＋客観的に物事をとらえ、相手、目的意識を明確に→論理的な文章を書く力につながる

以上『国語教育大辞典』参照

6　各学年における具体的な内容

（小学校学習指導要領解説　平成20年８月　説明に関する記述を抜粋）

	「Ｂ書くこと」の言語活動例（説明に関する記述とその解説）
第１学年及び第２学年	ウ　身近な事物を簡単に説明する文章などを書くこと。 （事物の特徴に沿って、説明する順序を考えながら、形状や様子、動きなどを簡単な文章に書くことである。）
第３学年及び第４学年	ウ　収集した資料を効果的に使い、説明する文章などを書くこと。 （書くべき「説明する文章など」には、文章だけでなく、図鑑や小冊子などの形も考えられる。）
第５学年及び第６学年	イ　自分の課題について調べ、意見を記述した文章や活動を報告した文章などを書いたり編集したりすること。 （課題に応じてどのような種類の文章を用いるのかを明確に意識する必要がある。） ウ　事物のよさを多くの人に伝えるための文章を書くこと。 （自分が他の人に薦めたいと思う事物を取り上げ、そのよさを多くの人に伝わるように、様々な形式の中から適切なものを選んで書く言語活動である。）

（橋本　幸雄）

5、図表

1　図や表（非連続型テキスト）を読み取る力が重んじられるようになった背景

新学習指導要領から書くことに「引用したり、図表やグラフなどを用いたりして、自分の考えが伝わるように書くこと」と非連続型テキストについての文言が明示された。

改訂国語科教科書にも図表やグラフを「書くこと」に用いたり、また、読み取ったりする学習が取り入れられた。PISA 調査で問われた読解力が、文章を読み取るというこれまでの「読解」よりも広いものであったことで、学校現場にも手立てを講じることが求められてきている。

2　新学習指導要領における図表及びグラフの取り扱われ方

新学習指導要領では「読むこと」ではなく、「書くこと」の項目に取り上げらている。しかも、「図表やグラフ」という具体的文言があるのは５、６年だけである。５、６年で培った力を生かし、中学校で、「根拠を明確にし」「具体例を加え」「資料を適切に引用するなどして」説得力のある文章を書く力を育んでいくことが求められている。

	（小）第５学年及び第６学年	（中）第１学年	第２学年	第３学年
記述	ウ　事実と感想、意見などとを区別するとともに、目的や意図に応じて簡単に書いたり詳しく書いたりすること。 エ　引用したり、図表やグラフなどを用いたりして、自分の考えが伝わるように書くこと。	ウ　伝えたい事実や事柄について、自分の考えや気持ちを根拠を明確にして書くこと。	ウ　事実や事柄、意見や心情が相手に効果的に伝わるように、説明や具体例を加えたり、描写を工夫したりして書くこと。	イ　論理の展開を工夫し、資料を適切に引用するなどして、説得力のある文章を書くこと。

（傍線部、引用者）

5、図表

「図表やグラフなどを用い」るのは、示すべき事実が、図解したり、表形式やグラフ形式で示したりした方が一層分かりやすい場合である。観察したり、実験したり、地域社会のことについて調べたりした結果などの事実の記述は、このような図表やグラフを用いる方が自分にとっても考えを深めやすいし、相手にとってもよく理解できる。なお、図表やグラフは、自分で作成する場合もあるが、本や文章から引用して用いる場合もあることに注意することが必要である。　『小学校指導要領解説　国語編』p83

3　図表やグラフを用いた書くこと学習

（1）他者の作った図表やグラフを引用して書く学習

自分が述べたい事柄に関係する図表やグラフを、インターネットや書物から引用して書く学習①と、図表やグラフを規定され、それについて書く学習②とが考えられる。

①にとって図表やグラフはツールであり、自分の主張を強固にする材料として用いる。この場合、自分の意見に合う図表やグラフを探してくる力も必要となる。

②の場合は、書く学習という側面と、非連続型テキストを読み取る学習としての側面とがある。読み取ったことを基に自分の考えを述べる、思考・判断・表現という活用力が必要となる。

（2）自ら図表やグラフを作成して書く学習

この学習はアンケート作成し、その結果を基に書いたり、観察実験を行い作成した図表やグラフをもとに書いたりする学習である。この場合は、自分の考えを裏付けるようなアンケートの採り方を学習する必要もある。結果を予想してアンケート項目を導き出す方法を知ることも求められる。また、この「書くこと」学習を国語科として取り扱うことによって、効果的に述べる表現方法を広げるとともに、理科の自由研究や総合的な学習の時間での調べる活動など、あらゆる教科で活用できる。

（米倉　一成）

6、報告文

1　学習指導要領における「報告文」指導の位置付け

小学校においては、平成23年度から新学習指導要領が完全実施となり、新たな国語科教育実践がスタートした。

今回の学習指導要領は、第１・２学年、第３・４学年、第５・６学年の区割が継承され、Ａ話すこと・聞くこと、Ｂ書くこと、Ｃ読むこと、そして、〔伝統的な言語文化と国語の特質に関する事項〕が設定されている。「Ｂ書くこと」は、目標を受けて、課題設定や取材、構成、記述、推敲、交流の指導事項が設けられるとともに、新に「言語活動例」が具体的に提示されている。

「報告文」に関する記述内容を再確認する。（下線は、引用者）

○第１学年及び第２学年

イ　経験したことを報告する文章や観察したことを記録する文章などを書くこと。

※報告する文章を書くときには、報告する相手を明確に設定するとともに、報告する目的に沿って内容や文章を工夫することが必要となる。

○第３学年及び第４学年

イ　疑問に思ったことを調べて、報告する文章を書いたり、学級新聞などに表したりすること。

※調べた結果を友達に説明するなど、書く相手や目的を明確にもつことのできる場面の設定が必要となる。報告する文章では、調査の目的や方法、調査の結果とそこから考えたことを明確に書くことになる。

○第５学年及び第６学年

イ　自分の課題について調べ、意見を記述した文章や活動を報告した文章などを書いたり編集したりすること。

※記述した文章や活動を報告した文章などを書く場合には、課題に応じてどのような種類の文章を用いるのかを明確に意識する必要がある。

以上のような活動例と留意内容が明記されている。

「報告文」は、小学校全学年において指導すべき文種として提示されてい

ることに注意したい。

2　教科書における「報告文」に関する教材例

ここで、教科書（「東京書籍」）には、具体的に「報告文」についてどのような教材が配列されているかについても調べてみよう。

○第2学年　上巻

単元名　「できるようになったよ」

じゅんじょに気をつけて書きましょう。

> もうすぐ夏休みです。これまでにできるようになったことを文しょうに書き、友だちや家の人につたえましょう。
>
> はじめ　—　何をつたえたいのかを書く。
>
> 中　　　—　つたえたいことをくわしく書く。
>
> おわり　—　思ったことを書く。

○第4学年　上巻

単元名　「わたしが選んだ今月のニュース」

出来事を分かりやすく伝える文章を書きましょう。

> 4年生になってからこれまでに、どんな出来事がありましたか。友達や家の人に、出来事を伝える文章を書きましょう。
>
> 「いつ」「どこで」「だれが」「どうした（何をした）」など、だいじなことを落とさないように書く。自分のしたこと、見たことを書く。ほかの人がしたこと、見たこと、思ったことを聞いて書く。

○第5学年　下巻

単元名　「伝えよう、委員会活動」

活動したことを伝える文章を書こう。

> 伝えなければならない内容や、読む人が知りたいと思う内容を整理して書く。読む人が分かりやすくなるように、くふうして書く。

3　「報告文」の定義、及び指導上の留意点

児童には、次のような事柄に留意し、「報告文」を書かせたい。

「報告文」は、その記述内容として、何のための報告か（目標と理由）・読

み手は何を求めているかを踏まえ、活動日・活動場所・活動内容・活動成果などの事実が正確にまとめられていることが必要である。しかし、この部分のみをねらって児童に記述させると、学級内の児童の書いた「報告文」は、すべて同一の記述内容となり、画一化した味気ないものになってしまう。もちろん、上記内容を正確に記述することは、「報告文」に求められる内容であり、そのための書く力を育てることは必要である。更に、口頭での報告力の育成をも忘れてはいけない。

学校教育における作文指導としては、「報告文」の記述定義に加え、

・読む人に分かりやすくなるような、私ならではの記述の工夫
・これまでの既習内容（技能、表現、文種）を生かした記述の工夫
・その児童ならではの人となり、頑張りなどがにじみ出た記述内容

を求めたい。更には、

・その「報告文」を読めば、○○君の「報告文」と、級友の誰もが認めるような、その児童らしさが散りばめられた「報告文」

を目指したい。

そのためには、題名・見出し・キャッチフレーズ・言葉の工夫やグラフ・写真などの取り入れ、また、活動前・中・後での自分の具体的な体験内容やその時の思いなどを入れ込みながら、報告するための相手意識・目的意識をも明確にした書き方の指導が求められる。

（峰　茂樹）

7、学級新聞

1　学級新聞とは

学級の児童が、多くの人に伝えることを目的として、新しい出来事などの事実と、それに対する意見・見解などを知らせるために、文字と写真、絵などを使って新聞の形式で表したもの。新たな情報を発信するというニュース性と、学級の出来事を文字情報として残すという記録性を併せ持つ。折のない一枚もののパンフレットに近い形態が一般的。

2　新聞を書かせることのよさ

（1）新聞づくりを企画し、記事を書き、編集する過程を経験させることができる。

（2）読み手の興味を惹く表現力が身に付く。

・　記事の内容が一目で分かる見出しを書く（見出しの書き方）。

・　制限された時数で書く（記事の書き方）。

・　記事の内容を要約したリードを書く（リード文の書き方）。

（3）以下のことを踏まえた紙面構成をすることができる。

・　どの記事を載せるか（どんな記事にするか）。

・　載せる記事の軽重（順番）をどうするか。

・　文字を縦に組むか、横に組むか。段組は何段にするか。

・　「わりつけ」（X型、T型、はめ込み型等）をどうするか。　など

（4）他教科等に生かすことができる。

学習内容のまとめや体験活動の振り返り等で、活用型学習の手段として用いる。

3　「新聞」となる条件

（1）定形の用紙を用いている。

（2）「新聞題」「発行者」「発行日」が記されている。

（3）複数の記事で構成されている。

（4）一つの記事が、「見出し」「本文」で構成されている（リードは、トップ記事のみ）。

（5）複数の段組で構成されている。

※　学年段階によって、段組数と記事の内容（文種数）をレベルアップさせたい。

4　指導上の留意点

（1）まず、新聞の形式を教える授業を行いたい。
教科書単元で扱う場合も、練習学習（できれば同一題材で「わりつけ」）を行ってから、学級新聞づくりに取り組ませたい。

（2）グループで一つの新聞を作ることと、個人で新聞を作ることの両方を経験させたい。

（3）日刊、週刊、旬刊、月刊など、定期的、継続的に発行させることを考えておきたい。

（4）新聞を貼ったり配ったりする前に、教師が記事の内容を必ず確認しておきたい。

※　参考文献　日本国語教育学会編『国語教育総合事典』（2011年、朝倉書店）

（楠　修一郎、本村　一浩）

8、想像文・物語文

1　想像文・物語文とは

感じたり考えたりしたことをまとめて、ある人物や事象について想像をふくらませて書いた作品。物語や小説、詩、脚本などがこれにあたる。

2　想像文・物語文を書かせることのよさ

（1）低学年

・　自由に空想や想像の世界を膨らませるこの時期の児童の特性を生かし、楽しく書く喜びを味わわせることができる。

（2）中・高学年

・　知的表現を楽しませることができる。

・　児童の思いを大切にしながら、想像的な表現をする楽しさ（新しいものを創り出すことの喜び）を味わわせたり、文章構成や読み手への効果を考えた工夫をさせたりすることができる。

3　創作指導の例

（1）ある物語（場面）の続きを書かせる。

（2）ある物語（場面）を書き換えたり、書き広げたりする。

（3）ある物語を基に、劇の脚本にしたり、紙芝居にしたりする。

（4）ある条件（登場人物、場所など）を織り込んで書かせる。

（5）ある主題を基に書かせる。

（6）絵や写真、地図、漫画等を見て書かせる。

（7）複数人での連作の形態（リレー方式）をとる。　など

4　指導上の留意点

（1）物語であるからこそ発揮させたい（付けさせたい）力

・　周りの景色（様子）、人物の心情、情景の描写

・　いくつかの困難を乗り越えて解決に至る話の連なり

・　段落意識

・　根拠のある課題解決、納得のいく展開（主人公の性格、伏線の張り方など）

（2）教師が発揮させたい（付けさせたい）力やねらいを設定する

・　教師が例文を書く

・　教師が書き出しの例を複数示す

・　新しい発想や想像を促す

　…視点（三人称、変身作文）、思考法（もし～でなかったら）、文体（話し言葉で、手紙文で）、表現媒体（絵や音などと組み合わせて）の転換を示す

※　参考文献　日本国語教育学会編『国語教育事典』（2001年、朝倉書店）

（楠　修一郎、本村　一浩）

9、詩

児童は、詩にふれることで、心の潤い、安らぎを感じることができる。また、詩作りを通して、生きとし生けるものに心を寄せる、生活に目を向ける、自然に目を向ける、社会に目を向けるなど、ものの見方・考え方が多視点となる。自分を客観的に振り返ったりするメタ認知意識が芽生えたりもする。児童には、型にこだわらず、たくさんの詩とふれあい、詩や詩集、詩人などを友とすることができる。

1　詩とは

○　生活の中で、何かに心がふれて強く感動したとき、その感動を自分の言葉でリズムを生かして書き表したもの

○　作品を書き直す改作、『おれはかまきり』などの自由にのびのび想像し創作したもの

○　その日、その時々の心の要求に応えてくれるもの

○　身近な心の友となるもの

2　こんな児童に

○　好きな詩集が本棚など、手を伸ばせばすぐ読めるように、自分のそばに置く児童

○　詩を読んで感動したり、ほっとしたり、慰められたりする児童

○　自由気ままに詩を解釈したり、書き表したりする児童

3　書くねらい

○　新鮮な目で対象を見る態度を養う

○　言語感覚を磨き、生きたことばの力を育てる

○　創造性に富む人間形成に資する

○　リズミカルなことばに関心をもつ

4　分類

○　形式から	①　定型詩	○　内容から	①　叙事詩	○　用語から	①　文語詩
	②　自由詩		②　叙景詩		②　口語詩
	③　散文詩		③　叙情詩		

5　表現上の主な特徴

○　比喩法　○　擬人法　○　倒置法　○　繰り返し法　○　体言止め　○　擬声語
○　擬態語　○　対句法　○　連

6　詩の指導方法（感性を鋭く、かつ豊かに涵養し続ける）

①　言語環境に目を向ける（詩の本がすぐに手に取れる）
②　取材する目と心を常に持つ（感動する目と心）
③　よい詩を多く読ませる（リズムやことばに着目）
④　自由な発想を大切にする（個性）
⑤　創作する喜びを味わわせる（作品を認める）
⑥　詩の全文視写をさせる（作品を丸ごと味わう）
⑦　改作、コマーシャル作り、替え歌など詩的遊び心をもたせる（詩と戯れる）

※　参考文献　佐賀大学国語国文学会　1997-3　紀要論文　vol. 25　PP. 68-74
『詩から詩群へ、そして詩集へ、さらに詩人へ』

（橋本　幸雄）

10、短歌・俳句

先人の心を詠った短歌、世界最短詩型の芸術といわれる俳句、児童にとって抽象的で解釈しにくい作品が多数存在する。しかし、言葉のリズム、響きなど解釈を越えて児童の心に伝わってくるものがある。短歌31文字、俳句17文字の中に、児童の生活環境の中では味わったことない世界に浸らせてくれる。普段からメモ用紙を持ち、思いついたときに思いついた言葉で自由に書ける。創作することを通して、社会や自分を見る目が育ち、言葉を精選する意識も芽生えてくる。

1　短歌とは

○　五七五七七の31文字が基本
○　ことばを省く
○　心情に素直につながることば
○　特別な表現法（詩と同じ）
※　小学生にとって和歌は、概念の曖昧さがあり理解しにくい。短歌のようにはっきりとした規程があるものが理解しやすい。

1　俳句とは

○　五七五の17文字が基本
○　ことばを凝縮する
○　特別な表現法（詩と同じ　切れ字を使うことが多くある）
○　季語がある
※　小学生に季語意識をさせるためにも、歳時記を大いに活用させたい。

2　こんな児童に

○　好きな句集が本棚など、手を伸ばせばすぐに読めるように、自分のそばに置く児童
○　句を詠んで感動したり、ほっとしたり、慰められたりする児童
○　自由気ままに句を解釈したり、書き表したりする児童
○　言葉選びに敏感になる児童

3　短歌・俳句のねらい

○　作品に親しませ、鑑賞することで、人間形成に資する
○　言語感覚を豊かにし、作者のものの見方・考え方を読み取る
○　生活の中に短歌・俳句を取り入れ、短詩型文学に親しむ
○　短歌・俳句を切り口として、伝統文化の和歌、発句作品に親しみ、新し

い文化創造のエネルギーを獲得していく

4　短歌・俳句の指導方法

○　形式、リズムにこだわりすぎず、感動や感覚を大切にする
○　季節との関わりを大切にする
○　写生を重視する考えもある（概念的、説明的な句や表現になりすぎない）
○　子どもらしいのびのびした生活表現であること（明朗さ、率直さ、健康さなど生き生きと表現）
○　学校行事など取材の場として生かす（現地で作品制作も可）

5　詩、短歌、俳句共通

○　低学年……自分の感動を生き生きしたことばで書く（感性尊重）
○　中学年……感覚を鋭くし、ことばにこだわりながら書く（語彙選択）
○　高学年……いい作品と出会わせ、ことばを熟成させて書く（語彙比較）
○　共同推敲　助詞、文字、ことばにこだわり感性を磨く

（橋本　幸雄）

11、随筆

1　随筆とは

随筆とは、筆者が、自らの身近に起こったこと、見たことや聞いたことといった体験や、読書などから得た知識を、具体的に書き綴って示し、それらに対する感想や考えなり、自分にとっての意味づけなりを述べたり、取り上げた題材をつかって思想を述べたりした文章である。まとめ方は、散文の形をとり、他の文種と比較して、明確な構成を持たないところに特色がある。また、吉田兼好の『徒然草』に「心にうつりゆくよしなし事をそこはかとなく書きつくれば…」とあるように、心に浮かんだ雑事をその折々に、すっと書きとめたものである随筆は、明確な主張をもたない文種である。

2　随筆指導の位置付けと特色

この随筆は、学習指導要領においては、言語活動の例として「経験したこと、想像したことを基に、詩や短歌、俳句を作ったり、物語や随筆を書いたりすること」と明記され、高学年での指導として位置付けられている。

（1）高学年における書くことと随筆の関係

高学年では、自分の思いや考えを効果的に述べるために、事実と感想、意見などを区別して述べるとともに、文章全体の構成を考えて、詳しく書いたり簡単に書いたりすることを学習する。また、ある主題で文章を書く際には、考えるきっかけになった出来事や経験などを体験的にまとめて書くことを学習する。随筆は、自由な形式の文種であるだけに、それまで学んできた表現方法を総合的に生かすことができる学習が可能になる。

○感じたことや場面の様子をまじえながら、出来事や経験を生き生きと描き出すために、物語や詩などの文学的な表現を使う。

○出来事や経験について、なぜそれが起きたのか、そのことについて自分はどう考えるのかといったことを記述したり説明したりするために、説明文や報告文などの説明的な文章表現を使う。

随筆は、これらの文章表現を使いながら、言葉のリズムや語句の使い方、文章表現の適切さや美しさなどに対する感覚について学ぶことができる。

3　指導上の留意点

「どのような書き方をすればより的確に表すことができるか、あるいは、効果的に相手に伝わるか」といった他の文種の指導に見られる、文章表現力の育成の視点を超えて、児童自身が自分の文体や自分流の文章表現をつくっていくような指導を工夫することが大切である。

（1）「生活文」と随筆の違いを明確にする

児童は、学校行事や家庭での出来事を題材として作文を書いたり、日常的に身の回りの物事を切り取って、感じたことや考えたことを日記として自由に書いたりする。児童が書く文章の多くは、いわゆる「生活文」である。随筆も、見聞したことや身の回りの出来事を述べてるものであるが、「生活文」が体験を直接述べていくものであるのに比べ、随筆ではより感想的、思索的になっていく。その感想や思索は、気軽に筆を進めた結果表れてくるものである。つまり、随筆は、筆者の心と文章がより一体化されており、心の動きに働きかけるものとしての意味合いが強いので、形にとらわれず、思いのままに書きつづらせるようにする。

（2）心を育てる視点を持つ

思春期の入口にさしかかった高学年の児童にとって、随筆との出会いは、自分の感じ方をとらえ直したり、自分の考え方を見つめ直したりすることのできる大切な機会である。そこで、次の点をふまえておく。

○物事を細やかな感性で感じとったり、自らの考えを深めたりすることを愉しみ、そのため、まずは気軽に自分の感情や思い、考えを表出して、形にとらわれずに書き出させる。また、他者のものの見方や考え方を共有する喜びを味わわせる。

○日常的に自分ならではの文章世界を作り、その世界に遊ぶ愉しさにつなげる。そのため、思いついた時に、思いついたことを書きとめさせ、文章を気軽に書き進める楽しさを感じさせる。

書き手の個性的な文体による随筆作品に、継続的に出合わせていくことが不可欠である。

参考文献‥「日本文学小事典」　新潮社

（宮原　正行）

文種Q＆A（文種の定義）

おわりに

本著は　文集と文種の二本立てになっています。

文集は文種によって成り立ち、文種は文集に編まれることで生かされます。

文集と文種は、互いの活用・発展を支えるエネルギーとなると考えました。

以前、児童全員の作品を集大成の辞典のようにぶ厚い文集に仕上げたとき「将来、みんなが困った時、これをひもとけば笑顔にしてくれます。皆さん自身の宝物ですよ。」と話したことがありました。実際、高校生になった教え子から「文集をいつも枕元に置き、悲しいときや困ったときは、笑顔にしてもらっています。」という手紙をもらったこともあります。


この分厚い文集も未来の児童の力になると思いますが、今回提案した文集は、完成を目的とするのではなく、作成後の活用次第で、児童の明日の表現力、語彙力につながるもの　そして日常的に気軽に取り組めることを目的としています。

文集は本来、作品と作品をつなぐものですが、意図的に作品の書き方、作品に込められた願い、作品にふさわしい言葉や表現技法など　様々なものをつなぐこともできると思います。

ある文集に出会うことで、同じ題材なのに書き方や言葉や技法が多岐にわたること　同じ文種なのに様々なテーマがあることを発見し、一人一人の可能性と感性を高めることができます。


児童によっては、作品を書くこと自体に抵抗があることが有ります。

「何を書いたらよいか分からない」「どう書いたらよいか分からない」「何のために書いたらよいか分からない」

そして「どの言葉を使えばよいか分からない」これらの悩みを解決し、自分の感性を働かせて自分なりの考えを持つきっかけとして　文集が作用すればと願います。

「一つの題材（テーマ）で異なる三文種を書いてみると良いですよ。」とご指導いただいたことがあります。

たとえば「雪」という題材で考えると　一つは雪だるまを作った時の幼いときの思い出を物語に　二つ目は様々な雪の呼び方をもとに説明文に　三つ目は雪をテーマにした詩や句を集めて自作も添える韻文に　いや随筆も書けそうそれとも新聞の方が良いかしらなどと想像が膨らみます。

一「しんしんと寒い朝、カーテンをあけるとめったにない大雪が積っていました。あや子は思わず「やったー雪だるまをつくろう」と叫んでいました。……あやこが雪だるまつくりに夢中になっていると庭の隅っこで、お父さんも雪だるまを作っているのに気づきました。「まあ　お父さんも作っているの?」二人は……

二「皆さんは根雪という言葉を知っていますか。……雪にはざらめゆき　わたゆき　粉雪などのたくさんの名前が有ります。

三　積った雪　上の雪　……　中の雪　……　下の雪　……　これは　金子みすずさんの詩です。

私が好きなのは　○○というところです。雪の詩には他にも「」があります。私も作ってみました。……

児童によっては、物語は得意だけど説明文は苦手　短い文章はいいけど長文は苦手など実態や意欲が異なります。自分の表現したいものは、どの文種がよりふさわしいのか　目的や相手に応じて自在に選ぶためには、幼い時から様々な文種に出会わせることが大切です。多くの作品群の出会いの場をいかに設定するか児童と常に向き合っている教師こそが味わえる醍醐味ともいえます。

先生方の個性と児童の実態に合わせた文集と文種の組み合わせを愉しまれてください。

執筆者一覧（平成二十四年度現在）　五十音順

指導	白石壽文	佐賀大学名誉教授
会長	権藤順子	川上小学校
地区リーダー	楠修一郎	鳥栖市教育委員会
	橋本幸雄	山内西小学校
	峰　茂樹	多久市教育委員会
	本村一浩	佐賀市教育委員会
	米倉一成	佐賀市教育委員会
会員	浅井のぶ子	山代東小学校
	池田直人	附属小学校
	今泉博枝	江北小学校
	岩橋貴子	鳥栖小学校
	内川敏美	北茂安小学校
	小野美和	御船が丘小学校
	木村比奈子	基山小学校
	坂元俊文	有田小学校
	最所美紀	東脊振小学校
	重松景二	東脊振小学校
	須田千華	神埼小学校
	多々良美由紀	兵庫小学校
	長野篤志	附属小学校
	筒井泰登	小川中学校
	中原奈美	多良小学校
	中村謙輔	佐志小学校
	兵動敦子	東部小学校
	廣瀧由紀子	本庄小学校
	古川雅	北部小学校
	松尾寛	御船が丘小学校
	松永陽一郎	大志小学校
	宮原正行	成和小学校
	山口崇	本庄小学校
	山口孝治	嬉野小学校

固有名詞

索　　引

語句

編著者紹介

白石壽文（しらいし　ひさふみ）

1937（昭和12）生　広島大学大学院修了　広島大学助手、広島大学教育学部附属中・高等学校教諭、佐賀大学教育学部講師・助教授・教授を経て、2003（平成15）年退官、佐賀大学名誉教授

1985（昭和60）から1年間、中国南開大学大学院招聘教授（日本語学）

現場教師の方々と毎月勉強会を継続

著書『育つことば育てることば』（東洋館）、

共著『小学校作文の授業～練習学習と書くことを楽しむ学習～』（'86.教育出版センター）

『小学校作文の単元～個人文集への誘い～』（'89.教育出版センター）

『小学校作文の指導～広がる世界、深まる絆～』（'01.銀の鈴社）

『小学校作文の生活～子どもを育て、教師と保護者の絆を深める日記指導』

（'08.銀の鈴社）

権藤順子（ごんどう　じゅんこ）

長崎大学教育学部卒業、小学校教諭、教育センター研修員、附属小教頭を経て、現在、川上小校長

『小学校作文の単元～個人文集への誘い～』のワークシート作成時から作文教育研究会会員、佐賀童話仲間の会「ブランコ」会員

共同執筆

『小学校作文の指導～広がる世界、深まる絆～』（'01.銀の鈴社）

『作文指導実践事例集～楽しむ文章世界～』（'03.自費出版）

『朝倉国語教育講座Ⅰ国語教育入門』（'05.朝倉書店）

『小学校国語科 PISA 型読解力向上の学習問題と解説』（'07.明治図書）

『小学校作文の生活～子どもを育て、教師と保護者の絆を深める日記指導～』

（'08.銀の鈴社）

NDC375
白石壽文・権藤順子
東京　銀の鈴社　2012
248P　21cm（小学校作文の鑑賞）

定価＝二〇〇〇円＋税

国語教育叢書
小学校作文の鑑賞
―文集が誘う個性と文種―

二〇一二年六月二〇日（初版）
編著者――白石壽文©・権藤順子©
挿　画――阿見みどり
発行人――柴崎 聡・西野真由美
発　行――㈱銀の鈴社　http://www.ginsuzu.com
〒二四八―〇〇〇五　神奈川県鎌倉市雪ノ下三―八―三三
電話　0467（61）1930
FAX0467（61）1931

ISBN978－4－87786－762－1　C3337

印刷・電算印刷　製本・渋谷文泉閣